Martin Suter

Einer von euch

Bastian Schweinsteiger

ROMAN

Diogenes

Der Diogenes Verlag wird vom Bundesamt für Kultur
für die Jahre 2021 – 2024 unterstützt

*Für Margrith,
Ana und Toni*

Inhalt

Vorwort

Dieses Buch ist ein biografischer Roman. »Biografisch« bedeutet, dass ich aus dem Leben von Bastian Schweinsteiger und Ana Ivanović erzähle. »Roman« bedeutet, dass die Ereignisse, die darin vorkommen, auch frei erdacht sein dürfen. Oder dass sie zwar tatsächlich stattgefunden haben, aber so beschrieben sind, wie ich mir als Romancier vorstelle, dass sie sich hätten abspielen können. Oder auch, wie die handelnden Personen sie erlebt und empfunden haben könnten.

Ich erzähle und erfinde auch, wie sich die existierenden und erfundenen Personen vielleicht verhalten haben könnten. Ihre Monologe, Dialoge und Gedanken entspringen, wie immer in Romanen, der schriftstellerischen Fantasie des Autors. Doch weil es sich um einen biografischen Roman handelt, stammen sie manchmal auch von den handelnden Personen selbst.

Ich kann nicht behaupten, dass Ähnlichkeiten mit lebenden oder verstorbenen Personen oder Übereinstimmungen von Namen realer Personen oder Institutionen rein zufällig sind. Aber was sie tun und sagen und denken, entspringt oft meiner dichterischen Fantasie und ist immer freundlich gemeint.

Ich erzähle Wahres und fast Wahres und wünsche Ihnen dabei eine spannende, unterhaltsame und auch manchmal berührende Lektüre.

Diesen Roman habe ich faktengetreu, aber mit literarischer Freiheit geschrieben.

Martin Suter

Du kannst nicht beides werden

P feif schon, pfeif schon, dachte er.

Die neuen weißen Schuhe waren grün gefleckt, sie hatten schon eine Halbzeit gespielt.

Der Ball glänzte feucht und wartete ungeduldig darauf, gespielt zu werden.

Es fiel kein Regen, die Luft war einfach nass. Wie Morgentau legte sie sich auf die struppigen blonden Haare des Kleinsten und Jüngsten. Er stand im Anstoßkreis und sah nichts außer den weißen Schuhen und dem ungeduldigen Ball.

Pfeif schon, pfeif schon.

Eine Sekunde nach dem Anpfiff hatte er den Anstoßkreis hinter sich gelassen und umdribbelte den ersten Gegenspieler, trickste den zweiten aus, ließ den dritten stehen und stürmte wie durch einen Tunnel auf das Tor zu.

Keiner versuchte, ihn zu stoppen. Niemand feuerte ihn vom Spielrand aus an. Es war still. Wie in einem tiefen Traum.

Max, der Torhüter, stand wie angewurzelt in der Mitte des Tores, die Hände in die Hüften gestützt. Erst als der Junge ihn fast erreicht hatte, hob er die Rechte mit den zu großen Torwarthandschuhen auf Kopfhöhe und tippte sich mit dem Zeigefinger an die Stirn.

Der Junge schob den Ball mit dem rechten Außenrist

beiläufig hinter die Torlinie. Dann wandte er sich um und riss die Arme hoch.

Der Schiedsrichter pfiff das Tor.

Die Spieler standen ratlos auf dem Platz. Ein paar verlegen, ein paar kopfschüttelnd, ein paar grinsend.

Vom Spielrand her hörte er die Stimme seines Vaters: »Bist narrisch worn?«

Jetzt verstand der Junge. Zweite Halbzeit, Seitenwechsel. Das gegnerische Tor war ja jetzt auf der anderen Seite.

Ein paar Sekunden verschlug es ihm die Sprache.

Dann lachte er. Und lachte und lachte.

Bis der ganze Platz lachte.

Oberaudorf ist ein Städtchen im Landkreis Rosenheim, ein paar Steinwürfe von der österreichischen Grenze entfernt. Die Häuser an der Hauptstraße sind bemalt, ihre Fenster und Türen tragen barock anmutende Verzierungen auf gelbem, braunem oder türkisfarbenem Grund. Das Stadtzentrum wird dominiert von der Kirche »Zu Unserer Lieben Frau«, in der Ferne ist das Kaisergebirge zu sehen, der Wilde und der Zahme Kaiser. Und in der Nähe das Sudelfeld und der Tatzelwurm.

Die Schweinsteigers waren zu viert: Monika »Moni«, Alfred »Fred«, Tobias »Tobi« und Bastian »Basti«. Fred führte ein kleines Sportgeschäft in der Rosenheimerstraße und betrieb einen Skilift, den Trissl Lift. Er war Profiskirennfahrer gewesen und hatte in der österreichischen Liga Fußball gespielt. Wegen einer Fußballverletzung hatte er sich entschlossen, seine Stelle in Rosenheim zu kündigen und in seinen Heimatort zurückzukehren.

Die Mama, »Mum«, kümmerte sich um Erziehung, Haushalt und Garten. »Dad« war für die sportliche Erziehung zuständig. Kaum konnten die Buben gehen, legte er ihnen einen Ball vor die Füße oder schnallte ihnen Ski an.

Tobi war zweieinhalb Jahre älter als Basti, und sein Vorbild in allem.

Beinahe sechs Jahre vor seinem spektakulären Eigentor fuhr Basti zum ersten Mal alleine mit dem Trissl Lift. Sie standen an der Talstation und warteten, bis er an der Reihe war. Die Bretter des kleinen Holzhäuschens waren von der Sonne verbrannt und vom Wetter ausgelaugt. Es roch nach Holz und dem Schmierfett, welches das große Rad mit dem Stahlseil am Quietschen hindern sollte.

Es war erst der 6. November, aber es hatte schon so viel geschneit, dass Fred Schweinsteiger bereits am Vorabend das Pistenfahrzeug betriebsbereit gemacht, die Piste präpariert und den Trissl Lift offiziell eröffnet hatte. Seine Mutter verkaufte an ihrem kleinen Stand zum ersten Mal in dieser Saison Pfannkuchen und Germknödel.

Mum war ausnahmsweise auch mitgekommen. Sie wollte dabei sein, wenn Basti mit seinen drei Jahren zum ersten Mal alleine Skilift fuhr. Weniger, um es zu feiern, als aus Sorge, es könnte etwas schiefgehen.

Basti stand zwischen den Skiern seines Dad. Er trug einen hellblauen Skianzug und eine weiße Strickmütze und sah zu, wie sich sein großer Bruder den Bügel schnappte und den Berg hinaufglitt. Dad schob ihn immer näher zum Einstieg und sprach beruhigend auf ihn ein.

Beruhigen wäre nicht nötig gewesen. Basti freute sich auf die Liftfahrt. Ganz allein wie sein großer Bruder.

Jetzt war er mit Dad der Vorderste. Der leere Bügel kam pendelnd auf ihn zu, Dad fasste ihn und schob ihn unter Bastis Po. »Halt dich fest.«

Basti stieß ein Geräusch aus und wurde davongezogen.

»Siehst du, er ist noch zu klein, er hat geschrien«, hielt ihm Moni vor.

»Er hat gejauchzt«, antwortete Fred. Aber so ganz sicher war er sich nicht. Er holte sich den nächsten Bügel und fuhr seinem Jüngsten nach.

Über Nacht war es wärmer geworden, und der Schnee unter seinen Skiern klang etwas sulzig. Über dem Schleifen und Zischeln der Spur hörte er einen hohen hellen Ton. Er kam vom kleinen Basti, zwanzig Meter vor ihm.

Basti sang.

Am selben Tag, dem 6. November 1987, fast 900 Kilometer südöstlich vom Trissl Lift, zog ein Demonstrationszug an der Klinik Narodni front vorbei. Die Spruchbänder blähten sich im Wind, der in der Nacht zuvor noch als Sturm durch die Straßen von Belgrad gefegt war, und die Megafon-Parolen klangen bis zum Kreißsaal herauf, wo die Anwältin Dragana Ivanović gerade ein Mädchen zur Welt brachte.

Ana.

Es schneite. Die Geräusche auf dem Christkindlmarkt waren gedämpft, als sei alles in Watte gepackt. Auch die Menschen sprachen leiser, als wollten sie die feierliche Stimmung nicht stören. Und alles duftete nach Glühwein, gebrannten Mandeln, Bratwürsten und Pfannkuchen.

Basti ging an der Hand von Mum. Man konnte nie wissen, ob nicht plötzlich ein Krampus auftaucht.

Tobi ging ohne die Sicherheit einer Hand, aber er blieb für alle Fälle nahe bei der Familie.

Sie kamen an einem Stand vorbei, an dem Crêpes gemacht wurden, Bastis Leibspeise. Ein paar Leute standen davor und warteten.

»Wollt ihr Crêpes?«, fragte Dad. Es war eine rhetorische Frage, denn natürlich wollten sie Pfannkuchen. Sie waren der wichtigste Grund, weshalb sie hier waren.

»Ja!«, sagten beide im Chor. Eine rhetorische Antwort.

Die Familie Schweinsteiger stellte sich in die Reihe.

Basti sah dem Mann mit der Kochmütze zu, wie er eine Kelle voll weißer Flüssigkeit auf eine glänzende Metallplatte goss. Ein kurzes Aufzischen, ein wenig Rauch, die Masse wurde gelblich und zog sich etwas zusammen. Der Mann wartete. Nicht lange, dann schob er einen dünnen Wender unter die Crêpe und drehte das Untere nach oben.

»Nimmst du Nutella oder Marmelade oder Schokolade?«, fragte Tobi.

»Was nimmst du?«, fragte Basti.

»Nutella«, antwortete Tobi.

»Ich auch.«

In diesem Moment schrillte durch die Stille des Winterabends eine Glocke. Basti zuckte zusammen. »Krampus!«

Er zog an Mums Hand. »Komm!«

»Der tut dir nichts«, sagte Dad.

»Komm.« Basti war nahe am Weinen.

»Ihr wolltet doch Crêpes?«, fragte Mum.

»Deine sind besser«, antwortete Basti.

Er hatte ein zottiges Fell, eine hässliche Fratze und große spitze Hörner. Manchmal hörte Basti seine Ketten etwas rasseln oder seine schrille Glocke drohend ein bisschen bimmeln. Manchmal sah er seinen Schatten. Und manchmal sah er ihn ganz. Denn er war riesig. Und er stand im Flur.

Dad hatte dem Nikolaus gesagt, der Krampus dürfe nicht hereinkommen. Aber was war, wenn der nicht gehorchte? Wie Basti?

Der Nikolaus war freundlich. Aber ein wenig Angst hatte Basti auch vor ihm. Er tat zwar nichts, aber er schimpfte. Er wusste alles, was Basti und Tobi falsch gemacht hatten übers Jahr.

Der Nikolaus brachte zwar auch Geschenke, Lebkuchen und Schokolade und Nüsse, manchmal auch eine neue Wrestling-Figur. Aber Basti hätte gerne auf die Geschenke verzichtet, wenn der Nikolaus dafür nicht gekommen wäre. Und vor allem der Krampus.

Der Krampus war nämlich nicht nur böse. Er war auch gefährlich. Tobi hatte ihm erzählt, dass er manchmal Leute verprügelte, bis sie tot waren. Das passiere, aber nur in Österreich, hatte Tobi gesagt. Doch Österreich war ja nur über die Straße und den Fluss.

Besser, er weinte schon mal, dachte Basti und heulte los.

Tobi und Basti trugen weiße Hemden, dunkelgraue Hosen und Sakkos. Auch Mum und Dad waren sehr elegant. Sie trug ein graues Kostüm mit einer Seidenbluse. Er einen dunkelblauen Anzug und sogar eine Krawatte. Schon früh waren sie in der Kirche gewesen, um einen guten Platz zu ergattern. Jetzt saßen sie auf den ersten vier Plätzen in der dritten Reihe. Sehr gute Plätze. Basti hatte den direkt am Mittelgang bekommen, so konnte er, wenn er sich etwas hinauslehnte, alles sehen. Die Messdiener in ihren rotweißen Gewändern mit ihren Weihrauchfässern und Glöckchen aus Messing. Und den Pfarrer mit seiner schönen Stimme. Hinter ihm brannten unzählige Kerzen und warfen ihr Licht auf den goldenen Altar mit der Muttergottes und dem Jesuskind.

Alles war so besinnlich. Die Orgel spielte etwas Feierliches. Die ganze Kirche duftete nach Weihrauch. Basti wäre noch lange geblieben, wenn er nicht gewusst hätte, dass zu Hause das Christkind wartete.

Als die Gemeinde aus dem Kirchenportal strömte, waren die Straßenlaternen umgeben von gelben Höfen aus gemächlichen Schneeflocken. Dad spannte den Schirm auf, Tobi und Basti zogen die Kapuzen ihrer Skijacken über die Köpfe. Sie hatten den gleichen Schnitt und die gleichen Farben, Blau, Rot, Weiß. Die von Basti war nur eine Nummer kleiner.

Sie sprachen kaum auf dem Nachhauseweg, aber Basti summte *Stille Nacht*. Im Schneetreiben der Autobahn fuhr nur ganz selten ein Auto vorbei. Dann ließen die Scheinwerfer die Flocken aufleuchten, und langsam zog ein leuchtender Schleier vorbei.

Zu Hause gingen die Buben direkt in Tobis Zimmer. Das kannte Basti schon vom letzten Jahr.

»Wie viel Zeit ist jetzt rum?«, fragte Basti, der die Uhr noch nicht lesen konnte.

Tobi antwortete geduldig: »Noch nicht viel.«

Es kam ihnen vor wie eine Ewigkeit, bis das Glöckchen klingelte.

Sie rannten die Treppe hinunter. Die Terrassentür stand offen, und kalter Wind drang in die warme Stube.

»Dort! Schaut! Dort fliegt es davon, das Christkindl! Dort!«

Sie drängten zur Tür, reckten den Hals und starrten in das Schneegestöber.

Weit und breit kein Christkind zu sehen.

Aber der Christbaum stand da. Das Kerzenlicht spiegelte sich im Lametta und in den glänzenden Kugeln und färbte das Engelshaar golden. Golden, wie die Schneeflockenschleier vor den Straßenlaternen bei der Kirche.

Und vor dem Christbaum lagen Geschenke. »Hundert!«, rief Basti, »hundert!« Er konnte zwar noch nicht zählen, aber er wusste, dass »hundert« eine große Menge bedeutete.

Es war ganz dunkel, aber er fühlte sich sicher. Er hörte die Geräusche, die Mum machte. Es waren Küchengeräusche. Scheppern, Klimpern, Wasserlaufen und Schritte.

Manchmal musste er leise lachen, wenn er daran dachte, wie Mum erschrecken würde, wenn sie den Deckel hob und Müll in die Tonne werfen wollte. Buh!, würde er rufen. Und sie würde einen kleinen Schrei ausstoßen wie jedes Mal und »Saubub!« schimpfen. Und er würde aus der Mülltonne raushüpfen und davonrennen.

Manchmal dauerte es nur ganz kurz, bis sie etwas reinwerfen musste, und manchmal lange.

Lange hatte er fast lieber. Lange an einem sicheren Ort im Dunkeln sein war ein gutes Gefühl. Er war verschwunden, und nichts konnte ihm geschehen.

Wie im Bett im Dunkeln.

Aber er musste sicher sein, dass jemand in der Nähe war. Alleine im Dunkeln fühlte er sich nicht sicher.

Er hörte das Wasser laufen. Mum wusch etwas.

Sich in der Mülltonne verstecken war ein schönes Spiel.

»Was sind das für Instrumente?«, fragte Basti.

»Dudelsäcke«, antwortete Mum.

Den Männern mit den Dudelsäcken folgte eine Kutsche. Und darin saß der Weihnachtsmann. Er sah sehr freundlich aus, und viele Kinder erwarteten ihn.

Die Kutsche hielt, der Weihnachtsmann stieg aus und

verteilte Geschenke. Die Kinder hatten keine Angst, und der Weihnachtsmann lächelte immer und schimpfte nicht.

Und kein Krampus war zu sehen.

Plötzlich waren Kinder und Weihnachtsmann weg, und eine Frau war im Bild und sprach.

»Wer ist das?«, wollte Basti wissen.

»Die Königin von England.«

Was eine Königin ist, wusste Basti aus den Gutenacht-geschichten: die Frau vom König.

»Warum hat sie keine Krone?«

»Sie trägt sie nicht immer«, war Mums Antwort.

Und dann war die Königin weg, und der Nachrichten-sprecher erklärte das Wetter.

✪

Ein paar Tage später gab es wieder einen großen dicken Mann, der immer lächelte, wie der Weihnachtsmann.

Er trug auch keine Krone, wie damals die Königin.

»Ist er der König?«, fragte Basti.

Mum und Dad lachten.

»Fast«, sagte Dad. »Er ist der Bundeskanzler. Das ist ein wenig wie ein König.«

»Haben wir keinen richtigen König?«, fragte Basti.

»Nein.«

Eine Weile schaute Basti zu, wie dem Bundeskanzler im Fernseher gehuldigt wurde.

»Aber eine Bundeskanzlerin?«

Mum und Dad lachten jetzt noch mehr. Und Tobi auch.

Basti freute sich, dass er etwas Lustiges gesagt hatte, und lachte mit.

Ungläubig lächelnd schüttelte Dad den Kopf. »Eine Bundeskanzlerin!«

⚽

Das Sofa war großkariert, rotweiß und hatte die Form eines Ls. Darauf lagen Matratzen mit dem gleichen Muster und darauf weiche Kissen, auch rotweiß kariert. Es war sehr kuschelig, und die ganze Familie hatte darauf Platz und konnte fernsehen. Tobi und Basti schauten die *Sendung mit der Maus*, die *Schlümpfe* oder *Pippi Langstrumpf*. Wenn die Jungs im Bett waren, guckten Mum und Dad Filme oder *Wetten dass ..?* oder *Tatort*. Und an den Wochenenden schauten Dad, Tobi und Basti Skirennen, Fußballspiele oder Tennis.

Aber Basti saß jetzt nicht auf dem Sofa. Er kauerte daneben auf dem Parkett und fuhr die Lauberhornabfahrt.

Sie bestand aus sechs weißen, mit Tesa zusammengeklebten A4-Blättern. In die Kurven hatte er Tore gezeichnet und Fangnetze, an die Seiten Tannen und Büsche, ganz oben ein Starthäuschen und ganz unten einen Zielraum voller Leute.

Gerade ist der blaue Farbstift gestartet: Luc Alphand, hervorragender Gleiter. Beschleunigt in der langgezogenen Rechtskurve und fährt in tiefer Hocke über die Passage zum Russisprung und – oh, verschneidet kurz, ou!, hier hat er Zeit liegenlassen!, aber erwischt den Sprung trotzdem und – jaa – weit – vierzig, nein, fünfzig Meter, und jetzt das

Gleiterstück in den Traversenschuss – erste Zwischenzeit 42:21, hervorragend!

Skirennen war nur eines der Spiele, mit denen Basti sich die Zeit vertrieb, wenn Tobi noch in der Schule war. Er spielte auch Fußball. Das war mehr Aufwand als die Skipisten, denn er musste die ganzen Blätter grün ausmalen und die weißen Linien sorgfältig aussparen. Aber dafür konnte er sie mehrmals verwenden.

Die Spieler waren M&Ms, rote für Bayern München, gelbe für Borussia Dortmund. Als Ball diente ein kleiner Spielwürfel.

Bayern gewann immer.

Dad hatte nicht immer Zeit, mit seinen Söhnen auf dem Trainingsplatz zu üben. Dann trainierten Basti und Tobi eben im kleinen Vorgarten oder mit den Nachbarskindern auf der Straße, die am Haus vorbeiführte.

Mum gefiel beides nicht. Im Vorgarten litten immer wieder ihre Blumenbeete. Und auf der Straße herrschte Verkehr. Aber so wenig, dass man darauf ohne weiteres Fußball spielen konnte. Fanden jedenfalls Tobi und Basti. Alles, was es dazu brauchte, war etwas Kreide für die Markierungen. Wenn einmal ein Auto kam, dann machten sie ihm Platz, und wenn es vorbei war, spielten sie weiter.

Am besten wäre es gewesen, auf der Wiese an der anderen Straßenseite zu spielen. Denn wenn man auf dem Asphalt stürzte, dann schlug man sich die Knie auf, und Mum musste nachher die kleinen Steinchen, die vom Straßen-Winterdienst zurückgeblieben waren, mit der Pinzette aus der Haut pflücken. Das tat zwar nicht sehr weh, aber das Desinfektionsmittel danach brannte.

Doch die Wiese gehörte zum Bauernhof nebenan und war mit einem Zaun abgesperrt, damit die Kühe nicht abhauten.

An einem Tag, an dem Mum durch das ungeduldige Hupen eines Autos erschreckt wurde, und Basti, der wieder einmal mit besonders viel Einsatz und ohne Rücksicht auf sich selbst gespielt hatte, mit besonders großflächig aufgeschlagenen Knien nach Hause kam, sagte sie zu ihrem Mann: »Sprich doch mit Ackerhuber, ich hab seine Kühe gezählt. Es sind inzwischen elf weniger. Da kann er doch ein kleines Stück an uns verpachten.«

Ackerhuber war einverstanden, und sie einigten sich auf eine günstige Pacht. Fred half ihm, den Zaun zu versetzen.

Mit Holzlatten bauten Tobi, Basti und Fred zwei Tore, pinselten sie an, eines rot, eines blau, und spannten an jedes ein Netz.

Mit dem kleinen Rasenmäher für den Vorgarten mähten sie das Spielfeld zwischen den Toren, spannten Schnüre für die Markierungen, und an diesen entlang streuten sie Kreide.

Fertig war der Schweinsteiger-Bolzplatz. Mums Vorgarten blieb von nun an meistens heil.

Und die Knie von Tobi und Basti blieben es meistens auch.

Tobi zog seine Fußballklamotten an. Für Basti war dies das Zeichen, seine ebenfalls anzuziehen. Er fragte nie: »Wohin gehen wir?« oder: »Mit wem spielen wir?«, Basti war einfach immer ganz selbstverständlich dabei. Und weil er der Jüngste und Kleinste von allen war, konnte es schon vorkommen, dass er öfter ins Tor musste oder als Letzter gewählt wurde oder überhaupt nie. Aber dabei war er immer.

Wenn sie nach dem Verlassen des Hauses auf die Garage zusteuerten, war es meist noch nicht klar, was Tobi vorhatte. In der Garage waren die Bälle und die Fahrräder. Bälle brauchte es sowohl für den Bolzplatz auf der Kuhweide als auch für den Sportplatz im Dorf. Wenn sie die beiden Säcke mit den vier Bällen schulterten, dann hieß das: Sie nahmen die Fahrräder. Und das bedeutete: auf den Sportplatz. Denn nur um über die Straße zum Bolzplatz zu gehen, würden sie die Rucksäcke nicht schultern, sondern nur tragen. Sie zu schultern hieß, im Dorf mit Christian, Michael, Stefan, Dennis, Alexander, Thomas und wer sonst noch kam auf dem Vereinsplatz oder auf dem Trainingsplatz zu spielen.

Das war gut. Dort gab es richtige Tore, und Basti durfte mitspielen, vielleicht sogar nicht nur als Torwart.

Wenn sie die Ballsäcke nicht und nur die Fahrräder holten, dann war das nicht gut für Basti. Das bedeutete, dass Tobi mit seiner Mannschaft vom Fußballverein Oberaudorf spielte und Basti zuschauen musste.

Diesmal holten sie nur die Räder.

Beim Sportplatz war nicht viel los. Auf zwei Tennis-plätzen spielten zwei Ehepaare ein gemischtes Doppel. Auf der Terrasse der Sportgaststätte hatten Gäste ihre Stühle zu einer fröhlichen und lauten Runde zusammengeschoben.

Ein paar aus Tobis F-Junioren-Mannschaft waren schon da und spielten auf dem Platz, ein paar Eltern saßen auf den bemalten Bänken am Spielrand und unterhielten sich. Nach und nach trudelten die Spieler ein, und dann kam auch der Bus aus Kolbermoor an mit den Jungs, gegen die sie ein Freundschaftsspiel hatten.

Um halb vier pfiff der Trainer. Die, die noch am Spiel-rand herumlungerten, gingen auf den Platz, die, die auf dem Platz herumkickten, schickten die Bälle aus dem Spiel-feld und rannten zu ihren Trainern.

Basti schlurfte missmutig zur überdachten Trainerbank der Oberaudorfer, die aussah wie eine verwitterte Bussta-tion.

Nach dem Anpfiff begann Basti, das Spiel halblaut für sich zu kommentieren. »Und jetzt Christian zu Stefan, ein weiter Pass. Und dort, Tobi, steht ganz frei … aber Stefan sieht ihn nicht, dribbelt. Zu eigensinnig! Und lässt sich von Nummer acht den Ball abnehmen. Gegenangriff!«

Bald war er in Gedanken selbst auf dem Platz, rannte mit, stürmte, verteidigte und stellte sich seine Spielzüge vor. Wenn man ihn lassen würde.

Die Nummer vier der Kolbermoorer grätschte Dennis, er stürzte und blieb liegen. Der Schiedsrichter zeigte dem Täter die gelbe Karte, ging zu Dennis, der noch immer am Boden lag, sprach mit ihm und winkte den Trainer herbei.

Die Mutter von Dennis kam mit einem Baby im Arm

gleichzeitig mit dem Trainer bei Dennis an. Beide sprachen auf ihn ein, das Baby begann zu schreien, Dennis rappelte sich auf und humpelte, gestützt von seiner Mutter, vom Feld. Als sie an der Nummer vier vorbeikamen, zeigte ihm die Mutter die Faust. »Saubub!«, fauchte sie ihn an.

Trainer und Schiedsrichter kamen jetzt auf die Trainerbank zu. Der Trainer gestikulierte hilflos und zeigte immer wieder seine nach oben gerichteten leeren Handflächen. Vor Basti blieben sie stehen.

»Und der hier?«, fragte der Schiedsrichter.

»Der gehört nicht dazu.«

»Warum ist er dann gleich angezogen?«, wollte der Schiedsrichter wissen.

»Er ist der Bruder von einem aus der Mannschaft. Die sind meistens gleich angezogen. Der Vater ist der Schweinsteiger vom Sportgeschäft.«

Jetzt richtete der Schiedsrichter sich direkt an Basti: »Kannst du spielen?«

»Klar.«

»Der ist zu jung«, erklärte der Trainer, »der kommt nächste Spielzeit erst zu den G-Junioren.«

»Bist du zu jung?«, fragte der Schiedsrichter Basti.

»Nein«, antwortete der bestimmt.

»Dann steh auf.«

Basti erhob sich von der Bank, und der Schiedsrichter notierte sich seine Rückennummer. Zufällig die Vierzehn.

»Wie Cantona. Kennst du den?«

Basti schüttelte den Kopf.

»Spielt bei Marseille. Von dem wirst du noch hören. Und das ist dein richtiger Name, Bastian Schweinsteiger?«

»Ja«, nickte Basti eifrig.

»Dann geh schon und spiel. Mal sehen, ob man von dir auch noch hören wird.«

Oberaudorf besiegte Kolbermoor vier zu zwei. Zwei der Tore schoss der Jüngste und Kleinste.

»Doch«, sagte der Schiedsrichter nach dem Abpfiff zu Basti, »von dir wird man noch hören.«

❊

Basti war erst fünf und schon richtiges Mitglied im fvo, dem Fußballverein Oberaudorf e. V. Er spielte bei den G-Junioren und war dort der Kleinste. Aber der Trainer erkannte rasch sein Talent und setzte ihn im Mittelfeld ein. Basti wäre zwar lieber Stürmer gewesen, Stürmer konnten mehr Tore schießen. Doch er fand bald Geschmack an der Aufgabe. Die Stürmer riefen oft seinen Namen, weil sie den Ball wollten. Das gefiel ihm.

Was ihm nicht gefiel, war, dass er nicht mit Tobi in der gleichen Mannschaft war. Aber wenn die F-Junioren spielten, war Basti immer im Publikum und schaute zu. Manchmal geschah es, dass ihn der Trainer kurz gegen einen F-Junior einwechselte. Das passte anfangs natürlich nicht allen Ausgewechselten. Aber bald hatte er sich genug Respekt erspielt, dass sie Basti beinahe als ihresgleichen akzeptierten.

Bei einem Training sprach der Trainer Bastis Vater an: »Basti gehört zu den F-Junioren.«

»Das geht doch frühestens ab sieben.«

»Es wäre zwar sehr unüblich«, räumte der Trainer ein. »Aber Basti gehört ins F.«

»Und Tobi«, forderte Schweinsteiger, »gehört ins D.«

»Noch nicht«, widersprach der Trainer.

Als Fred Schweinsteiger auf dem Nachhauseweg seinen Jungs die Neuigkeit überbrachte, sagte Basti nur: »Okay«, als sei es die selbstverständlichste Sache der Welt.

Tobi schwieg.

⚽

Moni und Fred saßen im Wohnzimmer, Basti war schon im Bett. Tobi durfte noch aufbleiben, weil er älter war. Aber Fernsehen durfte er nicht. Nur in seinem Zimmer sein und noch Licht haben.

Also saß er auf der Treppe und hörte Fernsehen.

In einer Werbepause wurde der Ton leiser, und Mum sagte: »Heute hat er wieder stundenlang ganz allein Skirennen und Fußballspielen gespielt. Bis Tobi aus der Schule kam und mit den Aufgaben fertig war.«

Mum und Dad waren wieder beim Thema. Nächstes Jahr am 1. August hatte Basti seinen sechsten Geburtstag und wurde schulpflichtig. Aber weil er zwischen Juli und September sechs Jahre alt wurde, bestand die Möglichkeit, die Einschulung um ein Jahr zu verschieben.

»Ich sag's ja: zu verspielt für die Schule«, antwortete Dad.

»Wenn wir ihn noch ein Jahr weiterspielen lassen, wird er noch verspielter.«

»Oder einfach noch besser im Spielen. Vielleicht wird das mal sein Beruf.«

»Spielen?«

»Ja. Sport. Sport ist spielen. Fußball. Ski. Eishockey. Tennis. Golf. Alles ist spielen. Lassen wir ihn doch noch ein Jahr spielen.«

Eine Weile hörte Tobi nur leise die Fernsehwerbung.

Dann Mums Stimme: »Warum fragen wir ihn nicht?«

Die Lautstärke des Fernsehers wurde wieder hochgedreht.

Basti war noch wach, als Tobi das Zimmer betrat, Licht machte und fragte: »Willst du nächstes Jahr in die Schule?«

Basti blinzelte ins Licht. »Ich muss.«

»Nein. Mum und Dad wollen dich fragen, ob du willst.«

»Dann sage ich nein.«

Das Jahr war bisher warm und trocken gewesen. Die Herbststürme waren ausgeblieben und hatten die Bäume im Laub gelassen. Aber jetzt lag am Morgen manchmal etwas Reif, und der Gipfel des Wilden Kaisers war an diesem Tag leicht überzuckert gewesen. Tobi und Basti freuten sich auf den Schnee.

Die Familie hatte gerade das Abendessen beendet, Dad half Mum den Tisch abzuräumen.

Die Jungs wurden hinaufgeschickt. Basti musste ins Bett, und Tobi durfte noch spielen, weil er schon siebeneinhalb war.

Danach schaltete Dad den Fernseher ein, wie jeden Abend.

Spät abends weckte Dad die Jungs und sagte den verschlafenen Buben. »Kommt schnell runter! Etwas ganz Wichtiges.«

Der Fernseher lief, und Mum telefonierte aufgeregt mit jemandem. Draußen fuhren hupende Autos vorbei, wie damals, als Bayern München Deutscher Meister wurde.

Auf dem Bildschirm sah man viele Menschen, die feierten.

»Hat Bayern München wieder gewonnen?«, fragte Basti.

»Nein. Das Volk hat gewonnen. Die Grenze ist offen.«

Was die Grenze ist, wusste Basti. Die war gleich am Ende der Straße, wenn man mit dem Fahrrad über die hölzerne Brücke fuhr, zum Zollhaus.

»Beim Zollhaus?«, fragte er.

»Nein. In Berlin. Dort, wo die Mauer ist.«

Mauer, dachte Basti, wie im Fußball bei einem Freistoß. Aber er sagte nichts, er schaute nur zu, wie die Menschen sich freuten. Sich umarmten, lachten, mit Sekt spritzten, auf die Kühlerhauben der Autos schlugen und Fahnen schwenkten.

Nachbarn kamen mit Sekt und sprachen durcheinander und stießen an und lachten und klopften sich auf die Schultern und tanzten sogar. Es wurde spät an diesem Abend. Niemand merkte, dass Basti längst auf dem Sofa eingeschlafen war.

»Es hat aufgehört zu schneien, Dad«, sagte Basti. Er stand an der Verandatür und hielt den Tüllvorhang zur Seite.

Dad saß mit gerunzelter Stirn am Tisch über Ordnern und Papieren und rechnete. Tobi saß neben ihm und machte Aufgaben. Mum hörte man in der Küche mit Geschirr hantieren. Niemand reagierte auf Bastis Wetterbericht.

»Es hat aufgehört zu schneien«, wiederholte Basti.

Tobi stand auf, ging zum Fenster und schaute hinaus. Auf der Hecke lag ein halber Meter Neuschnee. Diesen Winter musste Dad fast täglich den Schnee vom Buchs schütteln.

Die Berge hatte man fast den ganzen Tag nicht gesehen, so undurchsichtig war der Schleier aus Wolken und Schneeflocken gewesen. Aber jetzt hatte es aufgeklart.

»Stimmt«, bestätigte Tobi. »Es schneit nicht mehr.«

Jetzt erst sah Dad von seiner Buchhaltung auf. »Zum Skilaufen ist es jetzt zu spät.«

»Aber zum Fußballspielen nicht«, protestierte Basti.

Die Brüder sahen ihren Vater fragend an.

»Zum Fußballspielen?«, lachte der.

Die Buben nickten.

»Im Schnee?«

Tobi zuckte mit den Schultern. Basti tat es ihm nach.

Fred Schweinsteiger schaute zur Verandatür, die Basti jetzt aufgemacht hatte, blickte unschlüssig auf den Papierkram vor sich und sagte: »Es wird schon bald dunkel.«

»Nur bis es dunkel wird«, bettelten die Jungs.

Als Moni mit dem Geschirr ins Zimmer kam, war es leer. Sie rief die Treppe hinauf: »Tobi? Basti?« Und als sie keine Antwort bekam, lauter und ungehaltener: »Fred!«

Sie ging zurück ins Wohnzimmer und sah, dass die Verandatür nur angelehnt war. Sechs Fußspuren führten durch den Schnee, und in der Ferne hörte sie die übermütigen Stimmen der zwei Buben. Oder der drei.

Sie schloss gereizt die Tür und fing an, die Papiere vom Tisch zu räumen. Alles Rechnungen. Und Banksachen. Sie begann, den Tisch fürs Abendessen zu decken.

Hinter einem der Tore des Fußballplatzes Oberaudorf gab es einen Kinder-Skilift, wo die Allerkleinsten ihre ersten Schwünge machten. Basti gehörte zwar nicht mehr zu den Allerkleinsten, aber manchmal ging er doch gerne hin. Ihm gefiel, dass er dort seine liebsten Sportarten gleichzeitig ausüben konnte: Fußball und Skifahren. Wenigstens im Winter.

Wenn nicht zu viel Neuschnee lag, kam es nicht selten vor, dass Tobi und er zu Hause sagten, sie gingen etwas »am Babylift trainieren«. Sie übten dann auch der Form halber ein wenig. Dann tauschten sie ihre Skischuhe gegen die Fußballschuhe, die sie im Rucksack trugen, holten den Fußball aus seinem Versteck hinter dem Holzstoß des kleinen Geräteschuppens und schossen ein wenig aufs Tor. »Standardsituationen üben«, nannte es Tobi.

Manchmal spielten sie so lange, dass der Schnee des ganzen Strafraums festgestampft war. Und am nächsten Tag gefroren wie ein Eisfeld.

Für das richtige Eisfeld musste nach wie vor die Straße vor dem Haus herhalten.

Wenn die Temperaturen unter den Gefrierpunkt fielen, dann holten Basti und Tobi den Gartenschlauch aus der Garage und spritzten die Straße, warteten, bis die erste dünne Wasserschicht gefroren war, und spritzten wieder, bis die Eisschicht dick genug war. Mit vier Backsteinen markierten sie die Tore, und im Nu füllte sich das Eisfeld mit den Nachbarsbuben und -mädchen.

Nicht selten kam es vor, dass der Postbote anhielt, den Motor abstellte und geduldig wartete, bis die Mannschaften das Spiel unterbrachen und ihn durchließen.

⚽

Tobi und Basti fuhren inzwischen für den Wintersportverein Oberaudorf. Um das zu ermöglichen und das Rennprogramm mit den vielen Ortswechseln zu bewältigen, hatte Dad eine Skigruppe auf die Beine gestellt mit vierzehn Kindern. Alle Eltern hatten Geld zusammengelegt, um zwei Minibusse kaufen zu können, und Sport Schweinsteiger steuerte die Skiausrüstungen dazu bei. Die Busse waren übersät mit Werbeaufschriften der Hotels, Restaurants, Handwerker und Geschäfte von halb Oberaudorf. Damit kam zwar nicht viel Geld zusammen, aber genug, um die Gruppe finanziell über Wasser zu halten.

Im Training und bei den Rennen hatte Basti sich angewöhnt, seine Fahrten wie bei seinen Rennspielen im Wohnzimmer als Sportreporter zu kommentieren. Manchmal war er Marc Girardelli, manchmal Luc Alphand, manchmal Bastian Schweinsteiger. Aber am liebsten war er Alberto Tomba. In dieser Saison war der kaum zu schlagen. Er gewann sechs der neun Weltcupslaloms und siegte dreimal im Riesenslalom.

Also war Basti an diesem Tag nur als Tomba la Bomba unterwegs und kommentierte seine Läufe so laut, dass alle verstanden, wer er gerade war. Und sie hänselten ihn damit.

Beim Abendessen zu Hause zeigte Tobi lachend auf Basti und fragte Mum: »Weißt du, wer das ist?«

»Mein Sohn Bastian, glaub ich.«

»Nein. Tomba la Bomba.«

Mum fragte entsetzt: »Das ist dein Vorbild, Basti? Ein Playboy?«

Dad und Tobi lachten.

Basti fragte: »Was heißt das, ›Playboy‹?«

»›Play‹ heißt spielen«, erklärte Dad. »Und ›boy‹ heißt Bub. Ein Playboy ist ein Spielbub. Einer, der immer spielen will.«

Basti nickte ernst: »Das will ich auch. Immer spielen.«

Nicht weit vom Haus der Schweinsteigers entfernt fließt der Auerbach. Er entspringt zwei Quellen beim Wildalpjoch, oberhalb des Skigebietes Sudelfeld wo Tobi und Basti Ski fuhren, seit sie dem Trissl Lift entwachsen waren.

Sechzehn Kilometer lang ist die Reise des Auerbachs bis zum Inn, und es ist eine unruhige Reise. Immer wieder stürzt sein Wasser senkrecht das Bachbett hinunter in Strudelbecken, die das Wasser in den Jahrtausenden ausgehöhlt hat. »Gumpen« nennt man sie in der Gegend von Oberaudorf.

Manchmal folgen die Gumpen so dicht aufeinander, dass sie Wasserfälle bilden. Ungefähr nach einem Drittel seines Laufs rauscht und schäumt der mächtigste Wasserfall des Auerbachs, der »Tatzelwurm«.

Ein Tatzelwurm ist ein riesiges schuppiges Tier mit

einem mächtigen Schädel und Zähnen wie ein Löwe. Wer mit ihm kämpft und ihn verletzt und mit seinem giftigen Blut in Berührung kommt, ist auf der Stelle tot. Mit dem wollte Basti nichts zu tun haben.

»Du brauchst dich nicht zu fürchten«, beruhigte ihn Dad. »Der Wasserfall heißt nur ›Tatzelwurm‹, weil er so groß und wild ist.«

Aber das stimmte nicht. Der heißt so, weil in seiner Gumpe der Tatzelwurm haust.

Es war Hochsommer, der erste Tag im August, Bastis sechster Geburtstag. Im Osten des tiefblauen Himmels türmten sich gewaltige weiße Wolkengebilde. Manchmal verdeckten sie die Sonne, und es wurde schlagartig kühl. Dad befeuchtete den Zeigefinger und hielt ihn in die Luft. »Westwind«, stellte er fest, »der bläst die Wolken weg.«

Sie planten, bis zur Gumpe des Tatzelwurms hinaufzusteigen und von dort aus am Auerbach entlang wieder hinunterzugehen und in jede seiner Gumpen zu springen.

Sie waren eine Dreiviertelstunde unterwegs, bis sie von weitem die Gischt hochsteigen sahen und das dumpfe Donnern hörten. Der Tatzelwurm, der brüllte und fauchte und Rauch ausstieß.

»Komm schon!«, rief Dad, als Basti immer langsamer wurde.

Als sie seine Gumpe erreichten, war das Brüllen des Tatzelwurms so laut, dass sie sich kaum mehr verständigen konnten. Dad und Tobi zogen ihre T-Shirts aus und sprangen in Badehosen und Turnschuhen hinein. Basti behielt das T-Shirt an und sah zum Felsen hinauf, wo der Auerbach in mehreren Kaskaden fast hundert Meter herunterstürzte.

Dad rief ihm etwas Unverständliches zu.

Basti schüttelte den Kopf.

Dad rief wieder.

Wieder schüttelte Basti den Kopf. Dann setzte er sich auf einen Felsbrocken und wartete.

Als die beiden prustend ans Ufer kletterten, fragte Dad: »Was ist los?«

»Nichts«, antwortete Basti.

Tobi erklärte: »Angst vor dem Tatzelwurm.«

Dad lachte. »Den gibt es nicht. Das sind Märchen.«

»Den Krampus gibt's auch«, stellte Basti fest.

Sie gingen den steilen Weg zur nächsten Gumpe hinunter. Die schwarzen Felsen, an denen das schäumende Wasser vorbeitobte, waren glattgescheuert. Die Fichten klammerten sich mit dicken Wurzeln an die Felskanten. Eine hatte aufgegeben, ihr nadelloses Skelett hing kopfüber im schmalen Felsspalt. Wie ein Essensrest des Tatzelwurms.

Auch hier weigerte sich Basti hineinzuspringen.

Erst bei der dritten sprang er. Ihr Wasser war kristallklar, Basti konnte jeden Stein, jeden Ast und jede Pflanze im grünlichen Grund sehen. Er hätte auch einen Tatzelwurm sofort entdeckt.

Als Tobi plötzlich schrie: »Achtung! Tatzelwurm!«, lachte er bloß.

Es dämmerte schon, bis sie in alle Gumpen des Auerbachs gesprungen waren und die Eisenbahnbrücke erreichten. Dort wurden sie von Mum erwartet. Sie hatte auf den Felsbrocken alles hergerichtet: Kaffee, Kakao, Kuchen. Überall brannten Kerzen und spiegelten ihr Licht im Wasser des Bachs.

Mum legte ein großes blauweiß gestreiftes Badetuch über Bastis Schultern. »Alles Gute zum Geburtstag«, wünschte sie. Und fügte besorgt hinzu: »Und erkälte dich nicht.«

Am nächsten Morgen erwachte er mit Husten, Schnupfen und achtunddreißig sechs Fieber.

⚽

Obwohl es Mai war, drückte ein Tief die Temperaturen auf knapp zehn Grad, und dicke, graue Wolken verdeckten das Bergpanorama. Familie Schweinsteiger saß auf dem Sofa, Basti hatte eine Decke über die Beine gezogen. Nicht weil er fror, sondern weil es kuscheliger war.

Sie schauten Tennis. Steffi Graf gegen Monica Seles. Das Finale des French Open. Steffi würde gewinnen. Steffi gewann immer. Basti konnte sich nicht erinnern, dass Steffi einmal nicht gewonnen hatte. Deshalb langweilte er sich ein wenig.

»Musst du aufs Klo?«, fragte Tobi, als Basti die Decke zurückschlug und vom Sofa rutschte.

»Nein, ich geh spielen.«

»Willst du denn nicht wissen, wer gewinnt?«, fragte Dad.

»Ich weiß es schon«, gab Basti zur Antwort. »Steffi.«

Dad lachte. »Aber du weißt nicht, wie. Beim Zuschauen lernt man.«

Die Jungs hatten schon mit drei Jahren ihre Tennisschläger und auch Tennisstunden bekommen. Aber sie waren nicht mit der gleichen Begeisterung dabei wie beim Fußball oder Skifahren.

»Ich werde nicht Tennisspieler. Ich werde Fußballer«, sagte Basti.

»Ich Skirennfahrer«, sagte Tobi.

»Ich auch.«

»Du kannst nicht beides werden«, widersprach Tobi.

»Kann ich schon.«

»Kannst du nicht.«

Im Fernseher brandete Jubel auf.

»Warum helfen alle der Monica Seles?«, wollte Basti wissen.

»Sie helfen der Schwächeren. Das ist doch nett«, erklärte Mum.

Basti ging in sein Zimmer hinauf und begann, mit seinen Actionfiguren zu spielen.

Er war so in die Kämpfe der Superhelden vertieft, dass er erst auf das Rufen von Tobi reagierte, als der schon bei ihm im Zimmer stand. »Komm! Schnell! Steffi verliert vielleicht!«

Ana kauerte auf dem Teppich im Wohnzimmer und spielte mit ihrer Lieblingspuppe. Die Eltern saßen auf dem Sofa und hatten den Fernseher eingeschaltet. Sie wollten etwas schauen, das Ana nicht interessierte. Man hörte die eintönige Stimme eines Sportkommentators. Mama und Papa unterhielten sich ernst über etwas, das sie nicht verstand. Und sie unterhielt sich mit Lana, so hieß ihre Puppe. Auch ernst.

Plötzlich veränderte sich die Stimme des Mannes im

Fernseher, und Mama und Papa hörten auf zu sprechen. Ana hörte Applaus und viele Stimmen rufen. So klang es immer, wenn die Eltern Sport schauten.

Ana interessierte sich nicht für Sport. Und Lana noch weniger. Sie unterhielten sich über wichtigere Dinge. Kleiderfragen, Frisuren, Breie, Windeln, was einen als Baby eben so beschäftigt.

Im Hintergrund begann jetzt das helle Plopp eines kleinen Balls. »Tennis«, erklärte Ana ihrer Puppe. Sie kannte das Wort, weil Mama und Papa ab und zu dieses Spiel schauten.

Ein seltsames Geräusch erschreckte sie. Es klang wütend wie ein Schimpfwort und laut wie ein Schrei. Und es wiederholte sich. Plopp – plopp – Schrei! – plopp – plopp – Schrei!

Ana stand auf und ging mit Lana vor den Fernseher. »Was hat die Frau?«, fragte sie.

»Nichts«, antwortete ihr Vater. »Sie atmet so. Dann werden die Schläge schärfer.«

Ana lachte. Beim nächsten Schrei machte sie mit. Sie schrie zaghaft und lachte. Die Eltern lachten jetzt auch.

Bis die Mutter den Finger an die Lippen legte.

Ana setzte sich neben sie und schaute dem Spiel zu.

»Das ist Monica Seles, sie ist auch Jugoslawin, wie wir«, erklärte der Papa. »Und sie ist nicht viel älter als du, erst sechzehn.«

Ana war erst zweieinhalb und wusste nicht, wie viel älter das war.

Mit ihr könnte sie sicher auch über Kleider und Frisuren sprechen, wie mit Lana. Sie hatte blondes Haar, das mit einer violetten Schleife zusammengebunden war, und sah sehr hübsch aus.

»Ich hoffe, sie gewinnt.«

»Das wird schwer«, sagte Papa. »Die andere ist Steffi Graf. Die Beste der ganzen Welt.«

»Lana und ich wollen aber, dass Monica gewinnt.«

Die Eltern schauten sich an und lachten. Und Mama sagte: »Dann wird sie gewinnen.«

Und Monica gewann.

Nun, da Basti in einem richtigen Fußballclub spielte, sah er die Weltmeisterschaft mit anderen Augen. Fachmännischer. Er durfte zwar nicht alle Spiele schauen, für viele war es zu spät für Sechsjährige. Aber wenn Deutschland spielte, durfte er dabei sein. Und wenn Deutschland nicht spielte, schaute er auch. Einfach heimlich von der Treppe aus.

Einmal wurde er dabei von Dad erwischt. Der ging an der Treppe vorbei, blickte hinauf und sah ihn dort sitzen. Dad wollte etwas sagen, schloss aber den Mund wieder und grinste.

Doch an dem Abend, als Deutschland gegen Argentinien das WM-Finale spielte, saß die ganze Familie offiziell vor dem Fernseher. Es war ein unerträglich spannendes Spiel. In der ersten Halbzeit musste Basti manchmal die Augen schließen und sich die Ohren zuhalten. Es spielte nämlich der beste Fußballer der Welt gegen Deutschland: Maradona.

Aber in der zweiten Hälfte fürchtete er sich nicht mehr so vor dem Besten der Welt. Der Verteidiger Buchwald neutralisierte ihn.

Aber es wollte kein Tor fallen.

Bis zur zweiundachtzigsten Minute.

Dann rief der Kommentator: »Matthäus ... Traumpass Völler, und was gibt er? Er gibt Elfmeter! Er gibt Elfmeter!«

Und Brehme schoss das eins zu null.

Es folgten die schlimmsten Minuten des Spiels. Im Wohnzimmer der Schweinsteigers wechselte sich gebannte Stille mit lauten »Neiiiin!« ab. Mum ging in die Küche, Dad und Tobi riefen Spielanweisungen, und Basti schloss immer wieder die Augen und hielt sich die Ohren zu.

Dann endlich der Schlusspfiff. Deutschland war Weltmeister. Im Zimmer war es laut geworden, Mum kam aus der Küche zurück, und die Jungs schwenkten ihre schwarzrotgoldenen Fähnchen.

Die Preisverleihung schaute sich die Familie stehend an. Erst für die unzähligen Ehrenrunden ließen sie sich wieder auf dem Sofa nieder.

Im Olympiastadion in Rom schien der Vollmond auf ein schwarzrotgoldenes Fahnenmeer. Der Pokal ging von Spieler zu Spieler.

Und mitten auf dem grünen Rasen, ganz allein, tief versunken in Gedanken, die Hände in den Taschen der beigen Hose, im dunklen Sakko, die Krawatte noch immer korrekt gebunden, die Goldmedaille vor der Brust baumelnd, schlenderte Franz Beckenbauer über das verlassene Spielfeld.

»Warum ist er allein?«, fragte Basti. »Freut er sich nicht?«

»Doch, doch«, sagte Dad, »er wird später mit der Mannschaft feiern. Jetzt genießt er es einfach. Vielleicht will er sich das alles einprägen. Damit er es sein ganzes Leben nie mehr vergisst.«

⚽

Basti lümmelte auf dem Sofa und starrte auf den Bildschirm. Dad war im Sportgeschäft und Tobi noch in der Schule. Mum hatte Crêpes zum Mittagessen gemacht, und jetzt wartete er auf den zweiten Lauf des Slaloms in Saalbach. Nach dem ersten führten seine beiden Lieblinge: Marc Girardelli hauchdünn vor Alberto Tomba.

Bis zum Start dauerte es noch eine Viertelstunde, und Basti hatte zum Zeitvertreib etwas gezappt und war bei einem Bericht über das zehnjährige Jubiläum der Hochzeit von Prinz Charles und Lady Diana hängengeblieben.

Fasziniert schaute Basti zu. Wie der Braut aus der mit dem Tüll des Brautschleiers und der Seide der Brautschleppe vollgestopften vergoldeten Kutsche geholfen wurde. Wie die kleinen Brautjungfern die immer länger werdende Schleppe arrangierten, während die Prinzessin langsam die Treppe hinaufstieg zum Salut der Trompeten. Wie sie am Arm ihres Vaters zu den Klängen der Orgel langsam durch den Mittelgang an den Gästen vorbeischritt.

Das Gesicht der Braut sah er nur schemenhaft. Es war verborgen hinter einem Schleier, der von einem funkelnden Diadem festgehalten wurde. Basti fand sie wunderschön.

Gerade als seine Mutter aus der Küche kam und sich

neben ihn setzte, wurde die Orgelmusik durch laute, noch feierlichere Orchesterklänge abgelöst. Braut und Brautvater, gefolgt von Brautjungfern und Pagen, näherten sich jetzt dem Altar.

Dort wartete der Prinz. Er trug eine prächtige Uniform und sah immer wieder über die Schulter zurück zu seiner Braut.

Basti und seine Mum verfolgten gebannt die Zeremonie. Bis das Brautpaar in der offenen Kutsche lächelnd und winkend langsam am jubelnden Volk vorbeifuhr und schließlich ausgeblendet wurde.

»Schön«, sagte Mum.

Basti erklärte: »Wenn ich groß bin, heirate ich auch so.«

Seine Mutter lachte. »Du bist doch kein Prinz.«

»Kann man das nicht werden?«

Bevor Mum antworten konnte, stürmte Tobi herein. »Wer hat gewonnen?«

Basti nutzte das Jahr zum Spielen. Er machte rasch große Fortschritte im Skifahren und stand bei der Siegerehrung oft auf dem Treppchen. Bald konnte er mit Tobi mithalten, freundete sich mit dem gleichaltrigen Felix Neureuther an und fuhr mit ihm um die Wette.

Auch im Fußball machte er von sich reden. Er entwickelte sich als Jüngster und Kleinster seiner Mannschaft rasch zum etablierten Mittelfeldspieler und bereitete für die Größeren immer wieder traumhafte Torchancen und Tore vor.

Er lernte mit Tobi Tennis spielen und machte Fortschritte im Eishockey. Es war ein schönes, verspieltes Jahr.

Aber nach den Sommerferien wurde es ernst. Die Schule begann. Auf den ersten Schultag hatte er sich noch gefreut. Er würde mit Tobi wie ein Großer zur Schule radeln. Und er würde eine Schultüte bekommen, wie Tobi damals.

Die erste Woche in dem kleinen gelben Schulhaus hinter der haushohen Eiche war dann auch ganz okay. Es wurde viel gespielt, im Unterricht und in den Pausen. Aber in der zweiten Woche begann das Lernen. Das war dann weniger interessant. Basti fing an, sich vor allem auf das Spielen in der Pause, nach der Schule und zu Hause zu freuen.

Tobi, der schon in der Vierten war, hatte oft später aus. Dann stellte Basti sein Fahrrad beim Sportplatz ab, holte den Fußball aus dem Versteck und spielte, bis sein Bruder kam und ein wenig mitspielte.

Lange blieb der aber nie, denn er wollte nach Hause und zuerst die Hausaufgaben machen.

»Was tust du da?«, fragte Frau Gablunger, die Lehrerin, die Pausenaufsicht hatte.

Während der Schulstunde hatte es in großen schweren Flocken zu schneien begonnen. Der Schnee legte sich im Nu auf den Pausenhof, die kahlen Äste der Eiche und die

44

Hausdächer. Die Klasse war aufgeregt und konnte die Pause kaum erwarten.

Als es endlich klingelte, stoben alle aus dem Schulzimmer, holten Mäntel und Windjacken von der Garderobe und stürmten hinaus, fingen mit der herausgestreckten Zunge die Flocken auf und bewarfen sich mit dem frischen Schnee.

Basti, der sonst immer mitmachte, stand etwas abseits. Er hielt ein Häufchen Schnee in den zu einer Schale geformten Händen und sein Gesicht so nahe dran, dass man meinen konnte, er wolle den Schnee essen.

»Schnee essen ist ungesund«, mahnte Frau Gablunger.

»Ich esse ihn nicht, ich rieche daran.«

»Weshalb?«

»Ich will wissen, wie er riecht.«

»Schnee riecht nicht.«

»Doch. Mein Onkel hat gestern gesagt, es rieche nach Schnee. Und jetzt? Jetzt schneit es.«

»Ach, du hast aber einen lustigen Onkel.«

Basti schüttelte den Kopf. Nein, Onkel Gustl war nicht lustig. Nett, aber lustig nicht.

Er senkte seine Nase wieder zu seinem Schneehäufchen hinunter, und Frau Gablunger entfernte sich lächelnd und kopfschüttelnd.

Basti roch nichts. Er ließ den Schnee aus den Händen rieseln. Und in diesem Augenblick roch es nach kalt. Nicht der Schnee roch kalt, die Luft. Die Luft, die von dem pulvrigen Schnee ausging, den er gerade fallen ließ.

Es war kein fremder Geruch. Basti kannte ihn. Er hatte ihn schon oft gerochen. Nur hatte er nie gewusst, wonach er roch.

Es war wieder Sommer geworden, die Fußballjahreszeit. Das Gelb von Bastis BMX-Rad biss sich ein wenig mit dem Gelb seines Fußballtrikots. Die Felder auf beiden Straßenseiten würden gleich vom Wald abgelöst. Die Dämmerung war schon fortgeschritten, Basti hatte sich verspätet. Jetzt musste er alleine durch den Auerbachwald nach Hause radeln.

Als die Straße das Portal aus Tannen und Fichten erreicht hatte, war es, als würde das Licht ausgeknipst. Basti trat kräftig in die Pedale, denn ehrlich gesagt: Er fürchtete sich im dunklen Wald.

Ein Fahrzeug kam ihm entgegen. Der Fahrer hielt es noch nicht für nötig, die Scheinwerfer einzuschalten. Basti senkte das Tempo und fuhr so weit rechts wie möglich.

Auch das Auto war langsamer geworden. Basti erkannte jetzt den Lieferwagen der Mareier Hofkäserei. Der Fahrer winkte ihm zu und trat wieder aufs Gas.

Ihr Haus war Teil eines langen Gebäudes aus drei aneinandergebauten Wohnhäusern. Im Garten des äußersten arbeitete eine blonde schlanke Frau. Sie schnitt die welken Blüten aus einem Beet gelber Sonnenbraut. »Hallo Mum!«, rief Basti.

»Hausaufgaben!«, rief die Frau zurück.

Er ging ins Haus und holte die Schultasche aus seinem Zimmer.

Tobi saß schon an seinen Aufgaben, als Basti sich mit dem Rechenheft neben ihn setzte. Und er saß noch immer dort, als Basti kurz darauf das Zimmer verließ und begann, auf dem Bolzplatz neben dem Haus auf das Tor zu schießen.

Mum war keine, die ihre Söhne ausspioniert. Es war reiner Zufall, dass das Rechenheft von Basti auf dem Esszimmertisch lag, als sie ihn für das Abendbrot deckte. Es war nicht einmal zugeschlagen, und ihr Blick fiel auf Additionen und Subtraktionen. Und auf die Resultate, die Basti in seiner kindlichen Schrift eingesetzt hatte.

Kein einziges stimmte auch nur annähernd. Die Resultate bestanden aus willkürlichen Zahlen. Summen von einstelligen Zahlen konnten durchaus auch dreistellig sein. Oder problemlos fünfstellig.

Beim Essen fragte sie behutsam: »Basti, hast du deine Hausaufgaben eigentlich gemacht?«

»Ja.«

»Blitzschnell hat er sie gemacht«, bestätigte Tobi.

Nach einer Pause sagte Mum: »Ich habe sie gesehen. Du hast sie gemacht, aber alles falsch.«

Basti aß ruhig weiter. Es gab Germknödel, eine seiner Leibspeisen.

Dad mischte sich ein: »Hast du gehört? Alles falsch.«

Basti schluckte runter. »Fehler sind nichts Schlimmes, sagt die Lehrerin. Aus Fehlern lernt man.«

Dad und Tobi saßen vor dem Fernseher. Dort lief ein Kriegsfilm. Basti war erst sieben und durfte noch keine Kriegsfilme schauen. Deshalb interessierten sie ihn.

Niemand sagte etwas, als er sich wortlos dazusetzte.

Der Film zeigte ein paar Häuser. Ihre Fenster waren schwarze Löcher, ihre Fassaden hatten Risse, ihren Dächern fehlten die Ziegel. Da und dort stiegen schwarze Rauchsäulen in den grauen, windstillen Himmel.

Panzer fuhren durch die von Trümmern übersäte Straße, in jeder Panzerluke ein Soldat mit einem Gewehr.

»Wie heißt der Film?«, flüsterte er Tobi zu.

»Das ist kein Film«, antwortete der laut, »das ist echt.«

»Richtiger Krieg?«

»Ja«, sagte jetzt Dad. »In Jugoslawien.«

»Wo die wohnt, die Steffi besiegen kann?«

»Genau. Monica Seles.«

»Hoffentlich passiert ihr nichts.«

Vor dem Wilden Kaiser hing aus dem Grau des Himmels ein Fetzen herunter wie ein zerrissener Stoff.

»Dort regnet es bereits«, sagte Mum.

Aber die Jungs und Dad trugen schon die Fußballsachen. »Ein bisschen Wasser schadet nichts«, erwiderte Dad, »wir sind nicht aus Zucker.«

Mum verzog das Gesicht. »Aber ihr putzt dann«, murmelte sie.

Kaum hatten sie die Garage ein paar hundert Meter zurückgelassen, ging es los. In einer Sekunde war die Windschutzscheibe mit Tropfen gesprenkelt.

»Wollen wir umdrehen?«, fragte Dad. Die Frage war nicht ernst gemeint, und das »Nein!« kam wie aus einem Mund.

Sie stellten sich wie immer vor einem der beiden Trainingstore am Straßenrand des Trainingsplatzes des FVO auf und warteten auf Dads Anweisungen.

»Eins gegen eins«, rief Dad. »Aber heute habt ihr nur einen Fuß, den linken!«

Tobi und Basti stöhnten auf.

Dad kickte den Ball zu Basti. Der stoppte ihn mit dem rechten.

»Schon falsch!«, rief Dad.

Basti spielte ihn mit links weiter zu Tobi. Der stoppte ihn mit links und wartete.

Basti griff an. Tobi täuschte mit links an, spielte mit rechts weiter und zog an Basti vorbei.

Aber Basti folgte ihm, ließ sich auf die linke Seite fallen, machte ein Slide Tackling und kickte Tobi den Ball vom rechten Fuß weg.

Der Rasen war schon so aufgeweicht, dass Bastis Tackling eine tiefe Schleifspur hinterließ. Er stand sofort wieder auf und klaubte Lehm und Gras unter der kurzen Hose hervor.

»Mit dem *linken* Fuß.«

Der Regen fiel immer dichter. Keine Hügelzüge und keine Berge waren mehr zu sehen. In einigen der Häuser in der Ferne brannte schon Licht. Ganz selten fuhr auf der Tirolerstraße ein Auto vorbei. Einmal hupte eines und blendete kurz die Scheinwerfer auf.

Basti erwiderte den Gruß.

»Wer war das?«, fragte sein Vater.

»Jemand, der uns kennt.«

»Wer?«

»Keine Ahnung«, antwortete Basti und spielte weiter.

Wie immer beendeten sie das Training mit einem Elfmeterschießen. Und wie immer stand Fred im Tor.

Basti versenkte den ersten. Tobi auch. Dad hielt Tobis zweiten. Bastis zweiter ging ins Netz. Tobi versenkte seinen dritten. Basti scheiterte mit seinem dritten. Es stand zwei zu zwei.

Tobi schickte Dad mit dem vierten in die falsche Ecke. Basti tat es ihm nach.

Jedem blieb noch ein Schuss.

Basti spielte ihn stinkfrech: Er nahm kaum Anlauf und schoss ihn scharf ins Lattenkreuz. Aber Dad hatte es geahnt und faustete das Geschoss über die Latte.

Drei zu drei. Und Tobi hatte noch einen Schuss. Er nahm Anlauf, täuschte einen Schuss in die rechte Ecke an und schoss in die linke. Nur trickste er sich dabei selbst ein wenig aus und traf den Ball nicht richtig.

Das Leder blieb zu nahe am Boden, landete ein Stück weit vor der Torlinie, wurde von der Pfütze, die sich dort inzwischen angesammelt hatte, abgebremst und rollte ganz langsam weiter.

Dad, der in die andere Ecke getaucht war, hätte ewig Zeit gehabt, den Ball zu stoppen. Aber er stellte sich so an, dass der Ball gemütlich über die Linie rollen konnte.

»Tor!«, schrie Tobi und riss die Arme hoch.

»Absicht!«, schrie Basti. »Absichtlich reingelassen!«

Dad lachte. »Du kannst nicht verlieren. Das musst du noch lernen.«

»Ich muss nicht lernen, beschissen zu werden.« So wütend war Basti, dass er, als sie zum Auto gingen, schrie: »Ich komme nicht mit! Ich will euch nicht mehr sehen! Nie mehr!«

Dad und Tobi stiegen ins Auto. Als Basti ihnen noch immer nicht folgte, fuhren sie im Schritttempo los.

Schnaubend folgte Basti dem Wagen im strömenden Regen bis zum Haus. In der Garage zogen sie sich aus. Dad und Tobi spritzten sich wie immer, wenn sie in diesem Zustand nach Hause kamen, gegenseitig mit dem Gartenschlauch ab und warfen ihre dreckigen Klamotten in den Waschzuber, den Mum bereitgestellt hatte.

Basti wartete, bis die beiden fertig waren. Erst dann spritzte er sich selbst ab.

Als Fred und die Jungs umgezogen zum Essen kamen, fragte Mum: »Was ist?«

»Nichts«, antworteten die drei.

Seit sie das Match von Monica Seles gesehen hatte, wollte Ana jedes sehen, bei dem Monica spielte. Sie war ein begeisterter Tennisfan geworden, hatte mit ihren drei Jahren die Spielregeln rasch begriffen und mit vier bereits zählen gelernt.

Bei einem Spiel von Monica Seles wurde die Telefonnummer eines Tennisclubs in Belgrad eingeblendet, und Ana schrieb sie auf. Von da an bettelte sie bei ihren Eltern ständig darum, in diesen Club gehen zu dürfen, bis sie sich erweichen ließen und sie für eine Probestunde anmeldeten. Ana war so begeistert, dass ihr Vater ihr zum fünften Geburtstag einen Tennisschläger schenkte.

Er hatte mit diesem Geschenk das Familienbudget überzogen. Seit Ausbruch des Krieges herrschte galoppierende Inflation. Im Januar 1990 war der neue Dinar eingeführt worden. Er besaß den Wert von 10 000 alten Dinar.

Ana hatte nur Augen für dieses Geburtstagsgeschenk und vergaß, die anderen Päckchen zu öffnen. Sie hüpfte in der Wohnung herum, hielt den Tennisschläger beidhändig und imitierte Monica Seles. Auch ihre Schreie.

Mama legte den Zeigefinger an die Lippen. »Psst, Miloš schläft.«

Ana verstummte erschrocken. Miloš war ihr kleines Brüderchen, gerade eben ein Jahr alt geworden.

»Du musst nicht so schreien beim Spielen«, erklärte ihr die Mutter, »es geht auch leise.«

»Papa sagt, das ist nicht schreien«, antwortete sie, »das ist atmen.«

Das olympische Schwimmbecken in Belgrad war in diesen Zeiten ein Verlustgeschäft. Sein Unterhalt war teuer, und es war kaum besucht. Da kamen die Betreiber auf die Idee, es zu leeren, mit einem Teppich auszulegen und in einen Tennisplatz zu verwandeln.

Der Platz war in zwei Hälften unterteilt und gerade groß genug, dass darin vier Jugendliche spielen konnten. Die Ballwechsel waren eintönig, denn sie konnten die Bälle immer nur geradeaus schlagen, cross zu spielen war nicht möglich, so nah waren die Wände des Beckens.

Aber das störte Ana nicht. Sie war begeistert von diesem Sport, wollte Steffi Grafs Vorhand lernen und Monica Seles' beidhändige Rückhand. Und sie lernte so schnell, dass die Fünfjährige bald die Aufmerksamkeit des Trainers weckte.

⚽

Nur ein Jahr lang besuchten Tobi und Basti dieselbe Schule. Dann kam Tobi aufs Gymnasium. Für Mum war es eine klare Sache, dass er das Abitur machen würde. Dad hingegen sah ihn als Skirennfahrer.

Er trat in die fünfte Klasse des Finsterwalder Gymnasiums in Rosenheim ein, Basti blieb in der Grundschule Oberaudorf.

Für Tobi bedeutete das auch, dass er den Fußballverein wechselte. Von nun an spielte er im TSV 1860 Rosenheim. Und Basti selbstverständlich auch.

Für Mum war dies der Beginn der Jahre, in denen sie ihre Söhne Tausende Kilometer herumchauffierte.

Tobi nahm meistens die Bahn zur Schule, aber Basti wurde von Mum zu den Trainings gebracht. Nach Hause fuhren danach beide mit ihr.

Die dreißig Kilometer lange Hinfahrt mit Mum alleine war eine gute Gelegenheit für Gespräche zwischen Mutter und Sohn. Zum Beispiel über den Sinn des Lernens in der Schule. »Warum muss ich rechnen können?«

»Damit du nicht übers Ohr gehauen wirst.«

Basti sah sie verständnislos an.

»Wenn eine Crêpe mit Nutella zwei Mark sechzig kostet und du zehn Mark gibst und eine Mark zurückbekommst, dann bist du übers Ohr gehauen worden. Aber das merkst du nicht, wenn du nicht rechnen lernst.«

»Ich kauf mir einen Taschenrechner.«

»Und wenn die Batterie leer ist?«

»Dann kauf ich eine volle.«

»Und woher nimmst du das Geld?«

»Weißt du, wie viel Cantona verdient?«

»Wie viel?«

»Viel.«

»Wie willst du wissen, wie viel viel ist, wenn du nicht rechnen kannst?«

»Dad sagt, er ist steinreich.«

»Du bist aber nicht Cantona.«

»Noch nicht«, antwortete Basti.

⚽

Basti putzte sich die Zähne vor dem Spiegel. Tobi stand unter der Dusche.

Als er hinter dem Vorhang hervorkam und sich abtrocknete, sah Basti, dass er blaue Flecken am ganzen Körper hatte.

»Was hast du da?«, fragte Basti erschrocken.

»Nichts.«

»Bist du hingefallen?«

Tobi schüttelte den Kopf. Dann erzählte er, dass er auf der Bahnfahrt aus Rosenheim verprügelt worden war.

Basti fing an zu weinen.

»Was weinst du denn?«, sagte Tobi. »Ich wurde verprügelt, nicht du.«

Moni hatte, wie immer im Frühling, in den Beeten die Erde aufgelockert und etwas Kompost eingearbeitet. Jetzt säte sie die einjährigen Sommerblumen aus. Etwas Löwenmäulchen, Ringelblume, Schleierkraut und Sommer-Astern.

Basti kam aus dem Haus. Er hätte Aufgaben machen sollen, hatte aber den Fernseher eingeschaltet und ein wenig gezappt.

»Prinz Charles und Prinzessin Diana lassen sich scheiden«, eröffnete er seiner Mutter.

»Hast wieder Fernsehen geschaut statt Aufgaben gemacht«, sagte sie vorwurfsvoll.

»Ich wusste nicht, dass sich Prinzen und Prinzessinnen auch scheiden lassen können.«

Moni ließ neue Samen in die hohle Hand rieseln. »Es ist selten.«

Basti fragte: »Warum lässt man sich scheiden?«

»Wenn man sich nicht liebhat.«

»Aber die hatten sich lieb. Das hat man gesehen bei der Hochzeit.«

»Man kann auch nur so tun als ob.«

Das gab Basti zu denken. Schließlich fragte er: »Kann man sich auch liebhaben, ohne zu tun als ob?«

»Warum fragst du?«

»Einfach so«, antwortete Basti und ging ins Haus zurück.

Der 30. April 1993 war ein milder, föhniger Tag. Die Familie Schweinsteiger saß beim Abendessen. Es gab Fisch, wie jeden Freitag. Basti, der sich strikt weigerte, Fisch zu essen, aß mit Genuss ein paniertes Schnitzel. Im Fernsehen lief das Viertelfinale vom Hamburger Rothenbaum zwischen Monica Seles und Magdalena Maleeva.

Seles führte, wie fast immer, und die Familie schenkte dem Match keine große Beachtung. Ein anderes Thema war viel interessanter. Die Frage nämlich, wie Basti das panierte Schnitzel schmeckte.

»Gut«, sagte Basti.

»Gut oder sehr gut?«, hakte Mum nach.

»Super.«

»Weißt du, was es ist?«

»Schnitzel«, antwortete Basti. Die Tennisspielerinnen saßen auf ihren Bänken, trockneten sich den Schweiß und tranken ihre isotonischen Getränke.

»Ja«, bestätigte Mum, »Schnitzel. Fischschnitzel.«

Im Gelächter, das auf diese Mitteilung folgte, ging ein Schrei unter. Erst als die Heiterkeit am Tisch sich gelegt hatte, sahen die Schweinsteigers, dass das Spiel unterbrochen war und sich viele Leute um Monica Seles kümmerten, die mit verzerrtem Gesicht auf dem Boden saß und sich immer wieder an die Schulter griff.

Die Fernsehkameras zeigten die verwirrten Gesichter der Zuschauer und einige Männer, die einen Mann im Würgegriff hielten und wegbrachten.

»Was ist passiert?«, fragte Basti. Niemand wusste es.

Monica Seles wurde auf einer Rollbahre hinausgefahren, das Publikum applaudierte ihr.

Erst aus der *Tagesschau* erfuhren sie, dass ein verrückter Fan von Steffi Graf Monica Seles mit einem Fleischermesser in den Rücken gestochen hatte. Weil er wollte, dass seine Steffi wieder die Nummer eins der Welt werde, hatte er ausgesagt.

Als Mum in Bastis Zimmer kam, um ihm gute Nacht zu wünschen, fragte er: »Glaubst du, sie kann nie mehr Tennis spielen?«

»Doch, doch«, beruhigte ihn Mum.

Ana Ivanović war fünfeinhalb an diesem Tag. Und selbstverständlich schaute sie die Übertragung des Viertelfinales ihres Idols auch. Außer Lana, ihrer Puppe, saß niemand mit ihr vor dem Fernseher. Ihre Mutter war mit dem kleinen Miloš beschäftigt, ihr Vater nicht zu Hause.

Ana zählte die Punkte laut mit und erklärte Lana jeden Schlag.

Sie hörte den Schrei, sah aber nicht, was passiert war. Erst als sie Monica auf dem roten Sand liegen sah, wusste sie, dass es etwas ganz Schlimmes gewesen sein musste.

Sie rannte laut weinend zu ihrer Mama.

Basti sah Mum zu, wie sie zwei große Kellen Spaghetti aus dem hohen, dampfenden Topf in seinen tiefen Teller schöpfte, Bolognese-Soße dazugoss und geriebenen Parmesan darüberstreute. Wie so oft aß Basti alleine mit Mum zu Mittag.

»Was ist ein Nudelpaar?«, fragte er.

Mum stellte den Teller vor ihn und schöpfte sich auch. »Du meinst, ein paar Nudeln?«

»Nein, nein, ein Nudel-Paar.«

»Woher hast du das?«

»In der *Bild* nennen sie Steffi Graf und Alberto Tomba das neue Nudel-Paar oder so.«

»Liest du die *Bild*-Zeitung?«

»Nein. Stefan hat es erzählt.

Erst am nächsten Tag verstand sie es. Wieder aßen sie alleine, wieder Spaghetti Bolognese. Mum kochte immer die doppelte Portion, damit sie die andere Hälfte braten und mit einem Spiegelei servieren konnte. Basti hatte es auf diese Art fast noch lieber.

»Steffi macht doch Werbung für diese Nudeln.«

»Barilla.«

»Genau. Und Tomba jetzt auch.«

Basti aß nachdenklich. »Glaubst du, die küssen?«

Mum schüttelte den Kopf.

Sie aßen weiter.

»Sind das auch Barilla?«

»Nein.«

»Machst du die auch mal?«

»Wenn du willst.«

»Möchte wissen, wie die schmecken.«

Beim Skifahren war die Kontaktaufnahme zu den Wesen, die Bastis Interesse zu wecken begannen, weniger kompliziert. Es war nämlich so, dass die Mädchen ihn manchmal am Skilift zwischen ihren Skiern mitnahmen, weil das Nebeneinanderfahren mit dem kleinen Basti wegen des Größenunterschieds schwierig war.

Bald wusste er es so einzurichten, dass er es mit dem richtigen Mädchen auf denselben Bügel schaffte.

Er fuhr kurz vor ihr durch die Slalomtore, wie im Training, und ein Stück vor dem Ziel fuhr er hinaus, wartete, bis sie vorbeifuhr, folgte ihr und erreichte wie zufällig den Skiliftbügel zur selben Zeit.

Dass er viel kleiner war als seine Begleiterin, machte ihm nichts aus. Den Größenunterschied machte er mit seiner beeindruckenden Art, Ski zu fahren, spielend wett.

Mit zehn verließ Basti das gemütliche gelbe Schulhaus mit der Aufschrift »Volksschule«, das so nahe am Fußballplatz und nicht weit von zu Hause entfernt lag. Er besuchte von nun an die Dientzenhofer Realschule in Brannenburg, zwanzig Minuten mit dem Bus von Oberaudorf entfernt.

Brannenburg lag auf dem Weg nach Rosenheim, Mum konnte ihn auf dem Weg zum Training beim TSV Rosenheim ohne Umweg abholen.

Das Schulhaus war erst vor ein paar Jahren gebaut worden. Ein moderner Gebäudekomplex mit schlichten Holzverkleidungen und großen Fensterfronten.

Es war aber nicht die Architektur, die Basti schätzte. Es waren die warmen Leberkassemmeln, die man in der Pause kaufen konnte. Die besten, die er je gegessen hatte. Es verging kaum ein Tag, an dem er sich nicht eine gegönnt hätte.

An dieser Realschule wurde auch Hauswirtschaft unterrichtet. Auf den ersten Blick ein etwas seltsames Fach für einen Fußballer und Skirennfahrer. Aber es wurde bald Bastis Lieblingsfach. Vor allem wegen dem Kaiserschmarrn.

Das Abmessen der Zutaten war ja einfach, die Mengen konnte man im Rezept ablesen. Mehl, Salz, Eier, Milch, Vanillezucker und ein Gläschen alkoholfreier Rum. Aber auf das Umrühren kam es an. Es musste *gefühlvoll* sein. Das war Bastis Stärke, das gefühlvolle Umrühren.

Das Gefühl spielte auch beim Braten eine entscheidende Rolle. Die Bratbutter musste auf der höchsten Stufe geschmolzen werden, doch aufgepasst: Der Teig durfte unter gar keinen Umständen anbrennen. Er musste sich vom Pfannenboden lösen, ohne schwarz geworden zu sein. Auch das war eine Gefühlssache, denn man musste die Pfanne zudecken und fühlen, wann der Moment zum Wenden gekommen war.

Das war die andere Stärke von Basti: das Wenden. Da kam ihm sein Ballgefühl zugute. Die Bratpfanne in die Rechte, wie einen Tennisschläger. Etwas vor- und zurückruckeln, um sicherzugehen, dass der Teigfladen gut rutschte. Und dann in einer kleinen Bewegung waagrecht hoch und im letzten Moment locker aus dem Handgelenk den richtigen Drall geben, damit der Teig steil in die Luft stieg und sich im Fallen so wendete, dass er auf der noch ungebratenen Seite in der Pfanne landete.

Sofort kam der Deckel wieder drauf, und erneut musste er den richtigen Zeitpunkt abpassen, an dem er den Kaiserschmarrn mit zwei Gabeln in kleine Stücke reißen konnte, ihn zuckerte, wieder zudeckte und erfühlte, wann der Zucker karamellisiert war, aber die Unterseite nicht verbrannt.

Basti entwickelte darin eine solche Virtuosität, dass er in der Kaiserschmarrnprüfung eine glatte Eins erhielt. Und zwar in Theorie und Praxis.

»Wenn du nur in den anderen Fächern auch so gut wärst wie im Kaiserschmarrn«, bemerkte Mum, als Basti mit dieser Note nach Hause kam. Aber sie wusste, dass er nur gut war in dem, was er liebte. Und er nur das liebte, was ihm leichtfiel.

Wie Fußball oder Ski. Es strengte ihn nicht an, weil es ihm Freude machte. Und die Freude war stets die Kompassnadel, nach der er sein Leben ausrichtete.

Englisch gehörte zum Beispiel nicht in diese Kategorie. In diesem Fach wandte er die gleiche Technik an wie damals in der Grundschule beim Rechnen.

Wenn er eine Englischprüfung hatte und das gefürchtete Buch mit den Lücken im Text bekam, in die er die grammatikalische Bezeichnung der Wörter – Verb, Adjektiv und so weiter – einsetzen musste, dann trug er rasch die Bezeichnungen ein, die er kannte. Und in die vielen Lücken, die übrig blieben, einfach wahllos ein paar andere. Vielleicht stimmte es. Und falls nicht – na, dann eben nicht.

Das einzige andere Fach außer Hauswirtschaftslehre, in dem er sich noch hervortat, war ein freiwilliges: Stenografie. Da schaffte er eine Zwei. Auch hier, weil es ihm Freude machte.

Denn je schneller er schreiben konnte, desto schneller konnte er wieder raus zum Fußballspielen oder Skifahren.

In dieser Skisaison füllte sich der Trophäenschrank in Bastis Zimmer weiter.

Auf eine Trophäe war er besonders stolz: Die Besten im Skizirkus der Schüler fuhren um das rote Trikot. Wer die meisten Rennen gewann, durfte es tragen. Bisher waren es immer die zwei Jahre Älteren gewesen, die um diese Trophäe fuhren.

Aber in dieser Saison war es plötzlich der Jüngere, dem es zustand. Als ihm der bisherige Träger das rote Trikot überreichen musste, schaute er so widerwillig, dass Basti tröstend sagte: »Ach, komm, ist ja nur Sport.«

Auch sein Idol, Alberto Tomba, hatte eine Erfolgssaison. Er gewann sieben der neun Weltcupslaloms und am Schluss die große Kristallkugel des Gesamtweltcups.

Für ein anderes Idol, Éric Cantona, der inzwischen nach Olympique Marseille und Leeds der Stürmerstar von Manchester United geworden war, endete die Saison hingegen schlimm: Er wurde für neun Monate weltweit gesperrt.

Basti sah die Szene, die dazu führte, in der *Sportschau*: Cantona wurde wegen eines Fouls vom Platz gestellt. Schimpfend ging er an den Zuschauern vorbei zur Trainerbank. Plötzlich blieb er bei einem Fan stehen, sprang wie ein Karatekämpfer schräg hoch und rammte diesem mit gestrecktem Bein seine Stollen in die Brust. Später erfuhr man, dass ihn der Fan angespuckt und beschimpft hatte.

»Schöne Vorbilder hast du«, sagte Mum.

Von da an bewunderte er Cantona nur noch heimlich.

Basti saß mit seinem Kumpel Xaver am Fenster des Schulzimmers, und sie kommentierten die Mädchen, die aus dem Schulbus stiegen.

»Du weißt ja, wie man Kinder macht«, sagte Basti.

»Längst«, grinste Wolfgang.

»Weißt du auch, wie man Schafe macht?«

»Auf die gleiche Art.«

»Neuerdings nicht mehr.«

»Wie denn?«

»Wie Dolly«, antwortete Basti, »das Schaf. Man klont sie.«

»Ach so, das meinst du. Das habe ich auch gesehen im Fernsehen. Du meinst, das geht auch mit Menschen?«

»Ja. Aber ich glaube, es macht weniger Spaß.«

Still im Haus

Katarina hatte halblanges, blondes Haar und war groß. Etwas größer als Basti, wie damals fast alle Mädchen.

Sie war so hübsch, dass Basti eines Tages Mut fasste und ihr eine Zettelpost schickte. Da stand drauf:

»Liebe Katarina, die warmen Leberkassemmeln hier sind super. Wollen wir in der Pause zusammen eine kaufen? Basti.«

Darunter zeichnete er zwei Häuschen. Neben dem einen stand »Ja«. Neben dem andern stand »Nein«.

Er faltete den Zettel zweimal zusammen, so, dass man den Text beim Weiterreichen nicht sah, und schrieb auf die leere Rückseite den Namen der Adressatin: »Katarina«. Dann tippte er seinem Vordermann in einem unbeobachteten Moment auf die Schulter und steckte ihm den Zettel zu.

Gespannt beobachtete Basti, wie die Post von Hand zu Hand durch die Klasse bis zu Katarina gereicht wurde. Sie faltete die Nachricht auf, las sie, nahm einen Stift vom Schultisch, beugte sich so weit vor, dass ihr offenes Haar Gesicht und Hand verbarg.

Dann richtete sie sich auf, faltete das Papier zusammen, und als die Lehrerin in eine andere Richtung sah, steckte sie es wieder der Mitschülerin zu, von der sie es erhalten hatte.

Basti verfolgte den Rückweg des kleinen Dokuments mit

klopfendem Herzen. Es dauerte einen Moment, bis er es zu öffnen wagte.

Das Häuschen neben dem »Ja« war angekreuzt.

✪

Der Einzige von Bastis Jahrgang, der es im Skifahren mit ihm aufnehmen konnte, war Felix Neureuther, der Sohn von Rosi Mittermaier und Christian Neureuther.

Die beiden Freunde fuhren seit ihrer Kindheit heiße Rennen gegeneinander und schenkten sich nichts. Eines der heißesten war das um die Fila-Sprint-Trophäe in Brixen. Das Aufregendste war, dass kein Geringerer als Alberto Tomba die Preisverleihung durchführen würde.

Es war der letzte Sonntag im März 2005. Bei der Bergstation der Plose, etwas über 2000 Meter hoch gelegen, herrschte viel Betrieb. Schüler aus sieben Ländern mit Helmen und Startnummern wimmelten im Startgebiet und sprachen in ihren Sprachen und Dialekten durcheinander. Beim Starthäuschen war es still. Nur die gedämpften Stimmen der Trainer erteilten ihren Schützlingen die letzten Anweisungen.

Mitten in diesem Durcheinander saßen zwei Jungs auf ihren Skiern und unterhielten sich so ruhig, als wären sie allein. Ihr Thema war die Fußballeuropameisterschaft, deren Endrunde im Juni in England stattfinden würde.

»Glaubst du, Berti bietet Matthäus auf?«

»Mein Dad sagt: eher nein«, antwortete Basti.

»Und du? Was sagst du?«, wollte Felix wissen.

»Eher Ziege. Oder Scholl.«

Felix bezweifelte das. »Ich glaube, eher Strunz. Ziege *und* Strunz.« So plauderten die beiden über Fußball, kurz vor ihrem wichtigen Skirennen.

Fred Schweinsteiger kam, ein wenig außer Atem. »Noch sechs Starter vor dir, Basti. Ist das dein Stretching?«

Basti stand auf und begann gehorsam seine Stretchübungen. Felix tat es ihm nach.

»Scholl oder Strunz?«, fragte Basti seinen Vater.

»Was?«

»Wen bietet Berti auf für Matthäus?«

»Konzentrier dich jetzt aufs Rennen«, befahl Fred Schweinsteiger.

»Das tu ich dann schon«, antwortete Basti.

»Wann?«

»Beim Rennen.«

⚽

Bastis letzter Gedanke, bevor er sich in Startposition warf, war: Heute schlag ich ihn.

Dann hörte er die vielstimmigen Anfeuerungsrufe vom Pistenrand und begann, die Piste zu spüren. Die Rufe verschwammen und wurden vom Wischen und Rauschen der Ski auf dem bereits etwas ausgefahrenen Schnee übertönt. Aus den Augenwinkeln sah er Tobi, etwas weiter unten seinen Trainer. Er spürte genau, an welcher Stelle er sich befand und wie weit das nächste Tor gesteckt war und wie eng das folgende.

Sein Gefühl für die Piste war heute besonders gut. Er konnte sich voll auf die Tore konzentrieren und dennoch erkennen, wer wo stand und wann er dosieren musste und wann er voll laufenlassen durfte.

Noch während er abschwang im Zielraum, spürte er, dass die Fahrt gut gewesen war. Zwei kleine Ausrutscher und zwei Mal die Ideallinie ein wenig verlassen. Aber die Zeit von einer Minute, vier Sekunden und zweiundachtzig Hundertstel war Bestzeit. Doch Benjamin Prosch aus Gitzberg war noch nicht unten, der konnte ihm gefährlich werden. Und Felix natürlich, der war auch noch oben.

Prosch war gut unterwegs, beste Zwischenzeit. Dad, der neben Basti im Zielraum stand, sagte aufgeregt: »Keine Angst, du hast den zweiten Teil super erwischt, keine Angst!«

»Ich habe keine Angst«, beruhigte ihn Basti.

Als Prosch durchs Ziel fuhr, war er eine Sekunde zwölf hinter Basti zurückgefallen. Fred reckte eine Faust gegen den blauen Himmel und stieß ein »JA!« hervor. Basti blickte leicht befremdet zu ihm auf und sagte: »Das wäre hart für Lothar Matthäus, wenn ihn Berti Vogts nicht aufbieten würde.«

»Zweitbeste Zwischenzeit«, stöhnte Fred.

»Wer?«

»Felix. Zwölf Hundertstel hinter Prosch. Aber achtzehn schneller als du!«

Basti blieb ganz ruhig, aber Fred vergrub seine beiden Daumen in den Fäusten und schüttelte sie beschwörend.

Kurz vor dem Ziel hatte Felix am Schwungende einen Wackler drin, verpasste beinahe das Tor und rettete sich akrobatisch. Aber das hatte Zeit gekostet! Er fuhr durch das Ziel mit eins null fünf zweiundneunzig!

»Zweitbeste Zeit!«, jubelte Fred. Und Basti strahlte.

Seine Bestzeit hielt stand bis zum letzten Fahrer. Felix gratulierte seinem Freund. Und Fred seinem Sohn. Mit den Worten: »Wenn Felix nicht diesen Wackler gehabt hätte!«

Basti grinste. »Dann wäre ich ja immer noch Zweiter.«

Als er die Glückwünsche von Alberto Tomba entgegengenommen hatte, zwischen Prosch und Neureuther zuoberst auf dem Treppchen stand und den Pokal in die Höhe stemmte, raunte er Felix zu: »Ich glaube, Berti nimmt Mehmet Scholl.«

⚽

In Brixen war es immer so, dass die Mitglieder des Skiclubs nach dem offiziellen Rennen noch ein privates veranstalteten. Eines, bei dem es darum ging, wer von der Bergstation zuerst an der Talstation war. Pfeilgerade runter auf der normalen Piste.

Für Basti war es ein Skirennen gegen die Älteren, und das hieß, dass er mehr riskieren musste. Das tat er, beschwingt vom großen Sieg, zu dem ihm sogar Tomba la Bomba gratuliert hatte, vielleicht noch waghalsiger als sonst. Er fuhr die direkteste Linie nahe an den Kanten der Felsabbrüche, wo die Fangnetze nicht so straff gespannt und so sorgfältig unterhalten waren wie die neben der Rennpiste.

In einer Kurve, die er über dem Limit fuhr, löste sich die Bindung. Basti hob ab, flog ins Fangnetz und knallte auf die Steine und Baumstrünke.

Tobi, der fürsorglich in der Nähe von Basti gefahren war, hatte den Sturz kommen sehen. Er eilte zur Unfallstelle.

Ein Teil des losen Fangnetzes hatte seinen Bruder zum Glück kurz vor dem zehn Meter tiefen Abgrund aufgefangen. Er war benommen, und als Tobi ihn zum Pistenrand hinaufschaffte, schlug er wild mit den Händen um sich, die noch immer in den Schlaufen der Skistöcke steckten.

Basti hatte den Riemen nicht geschlossen und beim Sturz den Helm verloren. Er blutete aus einer großen Kopfverletzung.

Als er wieder zu sich kam, lag er angeschnallt auf einem Rettungsschlitten der Bergwacht. Der Schnee neben ihm war rotgefleckt. Er hörte die Stimme von Tobi, die seinen Namen rief. »Basti! Basti! Basti!«

Man diagnostizierte eine Gehirnerschütterung. Als Mum ihn im Krankenhaus besuchte, sagte er: »Wenn ich in Zukunft etwas vergesse, kann ich immer sagen, es sei wegen der Gehirnerschütterung.« Mum fand es nicht lustig.

Und Dad sagte: »Ich sag's ja: Du wirst besser Fußballprofi.«

In diesem Sommer ging für Basti ein neuer Stern auf: David Beckham. Er spielte im gleichen Club wie sein anderer Star: Éric Cantona. Aber man hatte von Beckham bisher noch nicht viel gehört. Bis zu diesem Tag im August:

Manchester United spielte gegen Wimbledon und führte kurz vor Schluss zwei zu null. Cantona hatte in der fünfundzwanzigsten den Führungstreffer erzielt und Denis Irwin in der achtunddreißigsten das zwei zu null.

In der neunzigsten Minute spielte in der eigenen Spielhälfte der Schotte Brian McClair einen kurzen Pass zum freien David Beckham. Der ließ den Ball ein paar Meter zur Mittellinie weiterrollen, nahm etwas Anlauf und traf ihn genau in dem Moment, als er die Mittellinie erreichte.

Der Ball flog still und zielsicher, wie ein ferngesteuertes Flugobjekt, über die ganze gegnerische Spielhälfte. Der etwas weit vorgerückte Torhüter Neil Sullivan sprintete zurück. Aber er kam zu spät. Er konnte nur noch zuschauen, wie der Ball in elegantem Bogen im Netz landete.

Von nun an hing in Bastis Zimmer neben dem Bild von Éric Cantona, dem neuen »Fußballer des Jahres«, auch eines von David Beckham.

Dass bei ihm jetzt mehr Bilder von Fußballern als von Skifahrern hingen, bestärkte Dad in seiner Überzeugung, dass Tobi Skiprofi und Basti Fußballprofi würde.

Basti nickte dazu. Aber im Stillen war für ihn klar: Er wollte einfach das tun, was ihm Freude bereitete. Und das waren: Fußball und Ski, Kaiserschmarrn und Musik hören.

Sein Lieblingslied war die Nummer eins der Hitparaden von dreißig Ländern: *Wannabe* von den Spice Girls. Bastis Englisch reichte noch nicht aus, um zu verstehen, was die Girlgroup da sang, aber er sang aus voller Kehle mit: »So tell me what you want, what you really, really want.«

Kaum war für Basti ein neuer Stern aufgegangen, ging ein anderer unter: Éric Cantona trat, für alle überraschend, zurück! Eine Woche vor seinem einunddreißigsten Geburtstag.

Basti war bodenlos enttäuscht, dass er seine beiden Helden, Cantona und Beckham, nie mehr zusammen spielen sehen würde. Aber den Grund, den Cantona angab, verstand er gut: »Ich höre auf, weil ich den Wunsch habe, etwas anderes zu machen.«

⚽

Wieder saß Basti wegen Lady Di neben Mum auf dem karierten Sofa vor dem Fernseher. Aber diesmal aus einem traurigen Grund.

Langsam zog eine schwarze Kutsche mit ihrem Sarg vorbei, flankiert von Palastgarden mit roten Jacken und Bärenfellmützen, gefolgt von den Prinzen.

Als die Kamera auf das kleine Bouquet aus weißen Rosen auf dem Sarg zufuhr, mit dem Briefumschlag, auf dem »Mummy« stand, wandte seine Mutter den Kopf zu Basti.

Als sie bemerkte, dass er Tränen in den Augen hatte, drehte sie ihn schnell wieder weg.

🎾

Das Essen war knapp in Belgrad. Anas Eltern gehörten zu den Privilegierten, die ein Auto besaßen und damit die über dreihundert Kilometer lange Reise über die ungarische Grenze unternehmen und sich dort ein paar Lebensmittel besorgen konnten.

Zwei Reihen einer Tafel Schokolade und vielleicht einen Liter Milch, etwas Teigwaren, ein wenig Reis und Öl.

In der Nacht wurde Ana immer wieder von einem lauten

Knall geweckt. Das erste Mal rannte sie erschrocken ins Schlafzimmer ihrer Eltern. »Keine Angst«, tröstete sie ihr Vater, »nur ein Lastwagen, der über ein Schlagloch gefahren ist.«

In Wahrheit waren es die Jets der NATO, die durch die Schallmauer brachen.

⚽

In den letzten zwölf Jahren hatte keine Mannschaft die U13 von Bayern München schlagen können. Entsprechend selbstbewusst liefen die Jungs sich warm, als sie gegen den unterklassigen TSV 1860 Rosenheim antraten.

Basti und Tobi schauten ihnen zu.

»Unschlagbar sehen die nicht aus«, sagte Tobi nach einer Weile.

Basti hob die Schultern. »Ich hab die Zehn, sagt der Trainer.«

»Den Hitzlsperger? Wirst sehen, der hat einen Wahnsinnsschuss.«

Basti lächelte. »Nein. Das werde ich nicht sehen.«

Tatsächlich kam Hitzlsperger an diesem Nachmittag nicht zum Schuss. Basti hatte bei diesem Match zum ersten Mal das Slalomgefühl. Die Mitspieler und die Gegner waren bewegliche Slalomstangen, die er umkurvte, deren Position er voraussah und denen er auswich.

Der TSV Rosenheim schlug die U13 des FC Bayern München an diesem Nachmittag sensationell drei zu eins.

Nicht ganz zufällig war der Bayern-Scout Jan Pienta unter den Zuschauern gewesen. Kurz darauf wurde Basti vom fc Bayern zu einem Probetraining auf dem großen Platz in der Säbener Straße eingeladen. Nach diesem Training bekam Fred Schweinsteiger einen Anruf von Bayerns Chef-Scout, Wolfgang Dremmler.

Am nächsten Tag beim Abendessen eröffnete Fred seinen Söhnen feierlich: »Bayern München will den Basti.«

Basti hörte auf zu kauen. »Mich?«

»Nicht mit vollem Mund«, mahnte Mum.

Basti schluckte runter. »Mich?«

»Du kommst in die Jugendabteilung«, bestätigte Dad.

Basti reckte beide Fäuste gegen die Decke und rief: »Jippiie!« Dann stoppte er brüsk, ließ die Hände sinken und fragte: »Und der Tobi?«

»Der Tobi kommt in die Junioren-Ski-Nationalmannschaft.«

»Und warum ich nicht?«

»Beides geht nicht.«

Basti sagte: »Das muss ich mir überlegen.«

Er spießte ein Stück Kaiserschmarrn auf die Gabel, tunkte es ins Apfelmus und steckte es in den Mund. Er kaute lange nachdenklich. Endlich schluckte er runter. Doch er gab noch immer keine Antwort. Er spießte ein zweites Stück auf die Gabel.

Erst als er den Teller leer hatte, murmelte er: »Also gut.«

Mum sagte das, was sie immer sagte: »Das wird nix, weil es sieht aus wie eine Ente, wenn du läufst.«

Aber Mums Meinung dazu war nicht gefragt. Allerdings war sie es, die von nun an Basti jede Woche dreimal nach München und zurück fahren sollte. Zweimal fünfundachtzig Kilometer.

Die ganze Familie Schweinsteiger saß vor dem Fernseher, als Deutschland das WM-Viertelfinale gegen Kroatien bestritt. Für Basti spielten »wir« gegen Kroatien, und das »Wir« meinte er doppelt: Deutschland und Bayern. Berti Vogts hatte sechs von seinem Club aufgeboten. »Von uns«, wie er sagte.

Die erste Enttäuschung war, dass Berti Vogts nur drei »von uns« in die Aufstellung nahm.

Die zweite war, dass ab der vierzigsten Minute nur noch zehn Deutsche spielten, weil Christian Wörns für ein Foul vom Platz gestellt wurde. Eine nach Meinung der Familie Schweinsteiger absolut ungerechte und übertriebene Maßnahme.

Diesen zwei Enttäuschungen folgten noch drei: Das eins zu null, das zwei zu null und das drei zu null.

Deutschland musste nach Hause.

Es war halb zwölf geworden. Mum zog sich zurück. Dad trank noch ein Trostbier. Basti und Tobi eine Cola. Am Bildschirm beantwortete ein Sportkommentator die Frage des Reporters, ob der Trainer die richtige Auswahl nach Frankreich mitgenommen habe. »Die Liga gibt nicht mehr her. Das sind Strukturen, die da falsch laufen in der Jugendarbeit seit Jahrzehnten. Wo sind die Jugendspieler, die sich in den Vordergrund drängen?«

Basti sprang vom Sofa auf. »Hier!«, schrie er. »Hier!«

Die WM 1998 hielt für Basti eine weitere Enttäuschung bereit:

David Beckham wurde im Achtelfinale gegen Argentinien in der siebenundvierzigsten Minute vom Platz gestellt, und England verlor im Elfmeterschießen und musste, wie Deutschland, nach Hause.

Aber die Enttäuschungen wurden wettgemacht durch ein neues Idol: den Franzosen Zinédine Zidane.

Frankreich schlug Brasilien mit drei zu null Toren. Zwei davon waren Kopfballtore von Zinédine Zidane, die Franzosen nannten ihn »Zizou«.

Zizou hatte nicht nur die entscheidenden Tore gemacht, er hatte die französische Mannschaft gelenkt und motiviert und inspiriert.

Er war Berber, der jüngste Sohn algerischer Einwanderer aus dem entlegenen Dorf Taguemoune und in einem Arbeiterviertel im Norden von Marseille aufgewachsen, in der Cité La Castellane, dem schlechtesten Viertel der Stadt. Der Vater war Nachtwächter in einem Supermarkt. Damals riefen sie Zinédine noch Yazid.

Basti sah im Fernsehen, wie der Mannschaftscar nach dem Spiel mit den Helden zurückfuhr. Tausende standen am Straßenrand und warteten, bis der Bus endlich ankam. Der Weg war verstopft, um zehn Meter vorwärtszukommen, brauchte es Minuten, Tausende schrien, schwangen Fahnen, drückten ihre Gesichter an die Scheiben, wollten ihre Stars sehen. Und drinnen im Bus winkten sie zurück, tanzten zwischen den Sitzen, sangen.

Nur Zizou saß ganz hinten im Bus in der letzten Reihe am Fenster. Einige Male hob er die Hand, grüßte wie ein verlegenes Kind, lächelte glücklich, schaute wieder ins Leere und genoss still den Moment.

Was ist das wohl für ein Gefühl, dachte Basti, wenn man die Brasilianer drei zu null geschlagen hat?

⚽

Endlich erlöste der FC Bayern Bastis Mum und richtete für die Jungs aus der Rosenheimer Gegend einen Fahrdienst ein. Für Basti bedeutete das eine noch längere Fahrt, denn er war der Erste, der abgeholt, und der Letzte, der daheim abgesetzt wurde.

Wenn er endlich zu Hause ankam, hatte er seine Eltern praktisch den ganzen Tag nicht gesehen. Es gab Abendessen, und Mum und Dad wollten etwas vom Tag ihres Jungen erfahren.

»Na, wie war's denn so heute?«

»Gut.«

»Beim Training?«

»Ja.«

»War der Trainer zufrieden?«

»Ja.«

»Irgendetwas Besonderes?«

»Nein.«

»Was möchtest du noch?«

»Ins Bett.«

Die vielen Stunden im Auto zwischen Oberaudorf und München verbrachte er mit seiner Musik. Seine Eltern hatten ihm einen Walkman geschenkt, und den fütterte er jeden Freitag ab achtzehn Uhr null fünf mit den »Schlagern der Woche« von Bayern 3. Viel Hip-Hop, aber auch Christina Aguilera und Britney Spears.

Es war keine leichte Aufgabe. Er musste die Aufnahme stoppen, wenn ein Song kam, den er schon hatte, und, während er lief, zurück zum Schluss des letzten Stücks spulen und rechtzeitig auf »Record« drücken, wenn die Ansage zum nächsten Stück begann.

Die gleiche Manipulation musste ihm gelingen, wenn die Moderatoren reinquasselten, bevor das Stück zu Ende war. Er hasste es, wenn Britney Spears auf Bayerisch unterbrochen wurde.

Tobi meinte, dass die Plattenfirmen die Radiostationen dafür bezahlten, dass die Moderatoren die Aufnahmen störten. Basti war nicht sicher, ob das stimmte.

Aber zuzutrauen wäre es denen schon.

Ana Ivanović mochte Enrique Iglesias und J Lo. Hip-Hop nicht besonders, aber dafür Britney Spears und Christina Aguilera sehr. Und von Ricky Martin lernte sie die ersten Brocken Spanisch.

Doch es waren andere Töne, die das Leben und das ihrer Familie bestimmten. Jeden Morgen gegen sechs Uhr drangen die Sirenen durch die morgendliche Stille Belgrads. Das bedeutete, dass die Flieger der NATO, die in der Nacht das Land angegriffen hatten, sich verzogen.

Dann brachte sie ihr Vater zum Training im leeren

Pool. Sie trainierte bis gegen Mittag, dann ertönten die Sirenen wieder, und ihr Vater brachte Ana wieder nach Hause.

Das erste Mal, als die NATO das Land bombardierte, ging die Familie in den Keller. Aber dann fragten sie sich, was sie machen würden, wenn das Haus über ihnen einstürzte, und beschlossen, möglichst normal weiterzuleben.

Einmal gab es Gerüchte, dass das Postgebäude bombardiert würde. Die Eltern weckten Ana und ihren Bruder und brachten die Kinder durch die verdunkelte Stadt zu den Großeltern. Kaum waren sie dort wieder im Bett, brach die Hölle los. Es knallte und schüttelte und bebte.

Am nächsten Tag stand das Postgebäude noch. Aber ein Gebäude, an dem sie kurz vor dem Angriff vorbeigegangen waren, lag in Trümmern.

⚽

Diesmal war Basti kein Beckham-Fan. Bayern München spielte in Barcelona gegen Manchester United das Champions-League-Finale. Im Falle eines Siegs konnten beide Mannschaften das Triple gewinnen, Meisterschaft, Cup und Champions League.

Tobi war damals Manchester-United-Fan, und Bastis Herz schlug wie immer für Bayern München. Bei jedem anderen Gegner von Manchester United hätte er David Beckham unterstützt.

Basti saß am Esstisch und Tobi auf dem Sofa. Bereits nach sechs Minuten schoss Basler das eins zu null, und Basti konnte sich ein wenig entspannen. Nicht ganz, dafür war die Führung zu knapp, aber schon ein wenig, Bayern dominierte das Spiel.

Als es in der neunzigsten Minute noch immer eins zu null für Bayern stand, holte Basti für Tobi und sich eine Cola aus dem Kühlschrank.

Von dort aus hörte er einen Aufschrei von Tobi.

Er eilte zurück ins Wohnzimmer und sah die Wiederholung: David Beckham schoss eine Ecke, der Ball landete bei Ryan Giggs, und der eingewechselte Teddy Sheringham staubte ab.

Wie angewurzelt blieb Basti stehen, in jeder Hand eine Flasche. Tobi, der aufgesprungen war, stand neben ihm.

Zwei Minuten später in der Nachspielzeit noch eine Ecke. Und wieder schoss Beckham.

Und – nein! – auch der ebenfalls eingewechselte Ole Gunnar Solskjær verwandelte!

In einhundertzwei Sekunden hatte Bayern das Finale verloren.

Basti, der noch immer mit den beiden Flaschen in der Hand neben seinem Bruder stand, führte die Flasche an die Lippen.

Die für Tobi behielt er geistesabwesend in der Hand.

Nur ein paar Wochen nach diesem Finale heiratete David Beckham Posh Spice, das Spice Girl Victoria. Eine der fünf Frauen, die mit dem Welthit *Wannabe* Bastis Situation so genau getroffen hatten: »So tell me what you want, what you really, really want.«

Inzwischen wusste Basti genau, was er wirklich, wirklich wollte. Das, was ihm am leichtesten fiel und bei dem er nicht so früh aufstehen, immer frieren und schwer schleppen musste: Fußball spielen.

Zu gerne hätte er die Übertragung der Traumhochzeit gesehen, die sieben Meter lange Schleppe der Braut, den weißen Frack von Beckham, das efeuüberwachsene Märchenschloss Luttrellstown. Aber die Beckhams hatten die Rechte exklusiv an das Magazin OK! verkauft.

Wieder etwas, was Basti ihm vielleicht abschauen könnte.

Bastis Schulhaus in München war vor fünfundneunzig Jahren erbaut worden, sah aber viel älter aus. In seinen schmutziggrauen Rohputz waren unzählige Bogenfenster eingelassen und gelbe, glattverputzte Verzierungen ausgespart.

In den Fluren mit ihren Klinkerböden mussten die Kugellampen auch tagsüber brennen, weil die Fenster nicht genug Licht hereinließen.

Die Fenster der Schulzimmer waren etwas größer und gingen auf den Schulhof hinaus. Basti, der von der Realschule in Brannenburg Licht, Luft und einen Blick auf Berge und Felder gewohnt war, hätte am liebsten die Fenster aufgerissen.

Stattdessen stand er schüchtern im Klassenzimmer und hielt den Blicken der Klasse stand.

Der Lehrer saß hinter seinem Pult und sagte: »Wir haben heute einen neuen Schüler bei uns, den Bastian. Kannst du dich mal bitte vorstellen?«

Er musste dazu an die Tafel treten. »Ich bin der Basti. Ich komme aus Oberaudorf.«

Die Klasse schwieg. Sie wartete auf mehr.

Basti fügte hinzu: »Das liegt in Oberbayern.«

Schweigen.

»Im Landkreis Rosenheim.«

Jetzt wusste er nicht mehr weiter.

Der Lehrer half: »Sag doch mal, du machst ja was ganz Besonderes nebenbei, nicht?«

Basti sah ihn hilflos an.

»Du spielst ja Fußball, richtig?«

»Ja, ich spiele Fußball.«

Wieder wartete alles auf die Fortsetzung.

Und wieder wollte der Lehrer helfen: »Na ja, du spielst doch beim FC Bayern Fußball.«

»Ja, ich spiele beim FC Bayern Fußball.«

Das löste nun doch etwas Unruhe aus im Klassenzimmer.

Basti ging an seinen Platz zurück.

Er war jetzt sechzehn und hatte eine eigene Wohnung. Der FC Bayern stellte sie ihm zur Verfügung. Ein Zimmer mit Küche und Bad. Alles in allem fünfzehn Quadratmeter. Schon ein wenig klein, aber Basti genügte es. Er war stolz darauf und konnte es kaum erwarten, sie jemandem zu zeigen.

Sein erster Gast war Stefanie. Sie gehörte zu einer kleinen Gruppe von Mädchen eine Klasse unter ihm, die sich den älteren Jungs angeschlossen hatten und schon nach ein paar Tagen beide Pausen mit ihnen verbrachten.

Stefanie hatte lange blonde Haare und grüne Augen, die ständig in Bewegung waren. Sie war lustig, lachte über die Sprüche von Basti und brachte auch ihn zum Lachen.

Sie nahm den gleichen Bus wie er, und so kam es, dass sie zusammen zur Haltestelle gingen. Sie begannen, sich dafür zu verabreden oder einander abzupassen.

Stefanies Haltestelle lag drei Stationen vor der von Basti. Bei der vierten gemeinsamen Busfahrt fragte sie ihn: »Wo wohnst du eigentlich?«

Er nannte ihr die Straße.

»Bei einer Familie?«, wollte sie wissen.

»Nein, in meiner Wohnung.«

»Du hast eine eigene Wohnung?«, fragte sie ungläubig.

»Willst du sie sehen?«

Sie zögerte nur kurz.

Am nächsten trainingsfreien Nachmittag fuhr Stefanie die drei Haltestellen mit Basti weiter. Er führte sie zu seinem Mehrfamilienhaus und die drei Etagen hinauf zur Wohnung. Stolz schloss er die Wohnungstür auf und bat sie mit einer theatralischen Bewegung in den winzigen Raum.

Ein Bett, ein Tisch, ein Stuhl, eine Kochnische, ein Fenster auf die Straße, eine Tür, die wohl zum Badezimmer gehörte, ein Wandschrank.

»Magst du einen Kakao?«, fragte Basti.

»Eine Kaba?«

»Magst du das nicht? Ich liebe Kaba.«

»Doch, doch, gerne.«

Basti ging zur Kochnische. »Setz dich doch.«

Nach einer Pause fragte Stefanie: »Wohin?«

Basti blickte über die Schulter zurück. Auf dem einzigen Stuhl des Raumes türmten sich Kleider. »Aufs Bett«, schlug er vor und konzentrierte sich wieder auf die Kaba.

Als er die Getränke zubereitet hatte und zum Tisch trug, stand Stefanie noch immer. Es war ihr anzusehen, dass sie etwas zu sagen hatte: »Ich setz mich schon zu dir aufs Bett, aber es hat nichts zu bedeuten. Einfach so wie Freunde. Wie zwei Kumpel.«

»Wir können nicht zwei Kumpel sein«, antwortete Basti todernst.

»Warum nicht?«

Er lachte. »Du bist eine Kumpelin.«

Es war still im Haus. Fred war im Laden, Tobi in Bad Endorf in der Bundespolizeisportschule, Basti in München.

Monika Schweinsteiger hatte im Garten gearbeitet, was im Sommerflor verblüht war, herausgeschnitten und die Erde zwischen den Pflanzen etwas geharkt.

Ein unerwarteter Regenschauer hatte sie ins Haus getrieben, und jetzt saß sie im Wohnzimmer und hörte das eintönige Rauschen durch die offene Terrassentür.

Sie hatte sich noch nicht an die Stille gewöhnt.

Die Jungs waren ja nicht am anderen Ende der Welt. Sie kamen fast jedes Wochenende nach Hause. Und sie besaßen jetzt beide Handys und meldeten sich zwischendurch. Aber sie waren eben doch etwas jung, um auszuziehen, fand sie. Dass Fred beide zu Berufen ermuntert hatte, die sie aus dem Haus trieben, nahm sie ihm, ehrlich gesagt, übel.

Und wenn sie zu Hause waren, luden sie ihre Wäsche ab. Die Wochenenden verbrachte sie mit Waschen und Bügeln. Natürlich hätte das auch etwas warten können, niemand verlangte von ihr, dass immer alles übers Wochenende erledigt wurde. Nur sie selbst. Moni Schweinsteiger hasste Unerledigtes.

Eine Böe stieß die halbgeöffnete Terrassentür auf. Sie stand auf und schloss sie.

Jetzt war es noch stiller.

⚽

Seit sie sich auf Kumpel und Kumpelin geeinigt hatten, war ihre Beziehung wunderbar entspannt.

Einmal, als Stefanie in Bastis Wohnung eine *Bravo Sport* auf dem Kopfkissen liegen sah, spottete sie: »Aber du weißt schon, dass es auch eine richtige *Bravo* gibt.«

»Ja, ja, ich weiß. Da lernt man, wie man richtig küsst. Aber ich dachte mir, küssen kann ich ja schon. Doch im Sport könnte ich noch ein bisschen was dazulernen.«

Für das Kusstraining boten sich Basti immer wieder Gelegenheiten. Zum Beispiel mit Sandra.

Sandra war eine Klassenkameradin von Stefanie. Sie war zierlich und klein, und wenn sie ihr blondes Haar offen trug, reichte es ihr bis zum Po, der die Blicke der Jungs nicht nur deswegen anzog.

An der Flurstraße gegenüber der Schule lag ein Friedhof. Er war mit einer hohen Backsteinmauer eingefriedet, und man betrat ihn durch ein Backsteinportal mit einem schmiedeeisernen Tor. Es hätte an die Himmelspforte erinnert, wenn die zwei Verbotstafeln nicht gewesen wären: eine für Fahrräder und eine für Hunde.

Auf diesen Friedhof entführte ihn Sandra an einem schönen Spätsommertag unerlaubterweise in einer Pause. Sie wolle ihm etwas zeigen.

Es war das erste Mal, dass Basti den Friedhof betrat. Im Schatten alter Bäume lagen die Gräber, viele von ihnen verwittert wie die Stämme, die sie umgaben.

»Ist es nicht romantisch?«, fragte Sandra mit einer Stimme, die so leise war, als fürchtete sie, die Toten zu stören.

»Ja, romantisch«, bestätigte Basti. Ein prima Stichwort, um das Küssen noch etwas zu üben.

Dann spazierten sie Hand in Hand langsam weiter.

Vor einem moosüberwachsenen Grabstein blieb Sandra stehen. »Schau. Das wollte ich dir zeigen.«

Die Inschrift war kaum mehr zu entziffern: »Josef Huber, 17. März 1897 bis 9. April 1969« stand dort. Und darunter: »Maria Huber, 3. September 1907 bis 22. Mai 1969.«

»Nach zweiundvierzig Tagen ist sie ihm gefolgt. Und jetzt liegen sie nebeneinander. Der Tod hat sie nicht lange getrennt. So muss es sein.«

»War das nicht die Pausenglocke?«, fragte Basti.

Sie eilten zurück zum Schulhaus.

Basti begann, sich vorsichtig nach einer anderen Trainingspartnerin umzusehen.

Englisch gehörte auch in der Adalbert-Stifter-Realschule nicht zu den Dingen, die ihm leichtfielen und die er deshalb gerne tat. Er schaffte es einfach nicht, die Vokabeln zu behalten, die er für die Prüfung büffelte. Die Erklärung, dass diese Gedächtnisschwäche von der leichten Gehirnerschütterung herrührte, die er sich beim Sturz in Brixen zugezogen hatte, nahm ihm seine Englischlehrerin, Frau Eilberg, nicht ab.

Doch eine Vier in Englisch konnte er sich auf keinen Fall leisten, das war ihm klar. Frau Eilberg auch. Sie behielt Basti im Auge. Und der wiederum sein Vokabelbuch.

Dieses lag nämlich an der richtigen Stelle aufgeschlagen zuoberst in seinem Rucksack, der neben ihm auf dem Boden stand. Wie zufällig ein bisschen offen.

Basti schrieb und schielte immer ein wenig am Tisch vorbei in den Rucksack.

Und immer wieder ging langsam und gemessen Frau Eilberg an seinem Tisch vorbei.

Bastis Gespür dafür, wer wann wo stand und wohin ging, sagte ihm, dass sie sich umwandte und zurückkam. Reflexartig blickte er auf. Ihre Augen trafen sich.

Frau Eilberg schüttelte kaum merklich den Kopf.

Nach der Stunde bestellte sie ihn in ihr Büro. »Spick nicht. Wenn du mal eine Freundin hast, die nur Englisch spricht, kannst du auch nicht spicken.«

»Ich konnte nicht lernen. Wir hatten zwei Spiele am Wochenende.«

»Hast du ein Tor geschossen?«, fragte Frau Eilberg.

Basti nickte.

Sie lächelte. Und gab ihm eine Zwei.

Ein halbes Jahr später wurde vieles anders. Im Internat von Bayern München, direkt neben dem Trainingsplatz in der Säbener Straße, war ein Zimmer frei geworden. Basti durfte dort einziehen.

Durfte oder musste?

Er war sich nicht sicher. Natürlich war es schön, in seinem Club zu wohnen, vor seinem Schlafzimmer zu trainieren, mit anderen Fußballern zusammenzuleben.

Aber ganz alleine in einer eigenen Wohnung zu leben, das hatte er schon genossen. So erwachsen wie in diesen Monaten hatte er sich noch nie gefühlt.

Und jetzt musste er sich wieder in die Obhut begeben: in die der Internatsleiterin Christa Schweinberger. Sie sei zwar nett, hatten die anderen gesagt, aber streng. Um 22 Uhr müsse man zu Hause sein und um 23 Uhr im Bett.

Das war auch nötig, denn bereits um halb sieben stand im Frühstücksraum Frau Schweinbergers Frühstück bereit. Danach zur Schule. Um dreizehn Uhr wieder zum Bayern-München-Gelände, Training, Mittagessen, Nachhilfestunden oder Hausaufgaben.

Und am Dienstag und Donnerstag um achtzehn Uhr noch einmal Training.

So kam Basti auf sieben Trainingseinheiten pro Woche. Und am Wochenende auf ein, zwei Spiele.

Nur am Montag, Mittwoch und Freitag konnte er mit

Stefanie und der Clique ausgehen. Um zehn Uhr musste er wieder im Internat sein.

»Stinkt dir das nicht manchmal?«, fragte Stefanie ihn an einem Freitagabend, als er sich kurz nach neun verabschieden musste.

Basti überlegte, als hätte er noch nie darüber nachgedacht. Dann schüttelte er ernsthaft den Kopf.

»Bist du sicher?«, wollte sie wissen.

»Ja. Es macht mir Freude.«

Von der Talstation Sudelfeld bis zur Schweinsteiger Alm waren es über den Sudelfeldpass keine dreißig Minuten. Tobi und Basti waren noch nie im Sommer dort oben gewesen.

An einem der seltenen Wochenenden, an denen beide Brüder die Eltern in Oberaudorf besuchen konnten, bestand Fred Schweinsteiger darauf, seinen Söhnen endlich einmal zu zeigen, woher sie kamen.

Es war ein heißer Tag. Einer, der, wie oft in den Bergen, plötzlich gewittrig werden könnte. Den Wagen hatten sie beim Bergrestaurant geparkt und wanderten gemütlich in Richtung Wildalpjoch.

Dad trug den kleinen Rucksack mit dem Picknick, wie früher.

Immer wieder kamen sie an Almhütten vorbei, viele davon waren unbewohnt. Bei einer von diesen machten sie Rast.

»Jetzt schon?«, fragte Tobi.

»Ja«, antwortete Fred, »hier erzähl ich euch was.«

Vor der Hütte lag ein längs gespaltener Baumstamm, der früher wohl als Feierabendbank gedient hatte. Sie setzten sich darauf, und Fred packte die Sandwichs aus. Sauerteigbrot mit Bierwurst, Mum hatte sie ihnen mitgegeben.

Die Alm war nicht bestoßen, aber ein paar Kühe von der nächsten weideten in der Nähe und kamen jetzt neugierig noch näher.

»Das hier sollte eigentlich uns gehören.«

»Uns?«, fragte Basti. »Warum?«

»Weil es mal meinem Opa gehört hatte.«

»Und dann?«, fragte Basti. Es klang ein wenig wie die Frage eines Kindes bei der Gutenachtgeschichte.

»Dann kam der Krieg. Und mein Opa wurde eingezogen. Und als der Krieg zu Ende war, kam er nicht zurück.«

»Alles klar«, sagte Tobi.

»Schade«, sagte Basti.

»Mein Vater und seine Geschwister verkauften das Haus. Für ein Trinkgeld, hat meine Mama immer gesagt.«

Die beiden Brüder standen von der Bank auf und begutachteten das Gebäude. Es war sonnenverbrannt, und zwei der kleinen Fenster waren zerbrochen. Innen konnte man ein kleines Zimmer mit niedriger Decke erkennen.

Die Kühe standen jetzt am Zaun, der den kleinen Sitzplatz vor der Hütte von der Weide abgrenzte. Neugierig, als würden sie dem Gespräch folgen.

»Nach einem Jahr kam er zurück«, sagte Fred.

»Wer?«

»Mein Opa. Er war nicht tot.«

»Und das Haus?«, wollte Tobi wissen.

»Verkauft ist verkauft.«

»Das war sicher furchtbar für ihn«, vermutete Tobi.

»Ich weiß nicht«, sagte Fred, »mit mir hat er nie darüber gesprochen.«

Sie aßen schweigend ihre Bierwurst-Brote und betrachteten das Haus.

Basti sagte: »Ist ja nur ein Haus. Bestimmt war ihm wichtiger, dass er noch lebte.«

Sie setzten ihre Wanderung fort. Ganz selten sahen sie andere Wanderer. Dann sagten sie »Grüß Gott« zueinander.

Über ihnen vollführte ein Schwarm Alpenkrähen seine flugakrobatischen Kunststücke. Im Westen begannen sich weißgraue Wolken zu türmen.

»Tust du mir einen Gefallen?«, fragte Fred unvermittelt seinen Ältesten.

»Was für einen?«, fragte der misstrauisch.

»Sag ihr, dass du nach deiner Skikarriere das Abi machst. Es wird sie freuen.«

Als Tobi nicht antwortete, ergänzte Fred: »Es muss ja nicht stimmen.«

»Ich soll Mum anlügen?«

»Nein. Das ist ja nicht gelogen. Man kann etwas meinen und dann seine Meinung ändern.«

»Aber wenn man von Anfang an weiß, dass man sie ändern wird, dann ist es eben doch gelogen.«

»Das weißt du ja noch gar nicht, ob du die Meinung ändern wirst. Vielleicht änderst du mal dein Lebensziel.«

Aus der Entfernung war nun eine Reihe von Hütten zu sehen. Dad, der etwas Vorsprung hatte, blieb stehen und wartete.

»Schweinsteiger Alm«, sagte er, als sie sie erreicht hatten. »Unser Ziel.«

In diesem Moment verschwand die Sonne. Sie wanderten weiter.

»Ich habe das nicht«, sagte Basti.

»Was?«, fragte Tobi.

»Ich habe das nicht, ein Lebensziel.«

»Natürlich hast du ein Lebensziel«, warf Fred etwas unwirsch ein. »Fußballprofi.«

»Vielleicht werde ich das mal, wenn es mir Spaß macht. Aber das ist doch nicht mein Lebensziel. Ich will kein Lebensziel.«

Es fielen die ersten schweren Tropfen.

»Warum nicht?«, fragte Tobi.

»Wenn man kein Ziel hat, ist man nicht enttäuscht, wenn man es nicht erreicht«, erklärte Basti. »Ohne Ziel lässt du dir alle Türen offen.«

Als hätte der Himmel alle Schleusen geöffnet, begann es zu schütten.

Dad blieb stehen. »Kommt, wir kehren um!«, rief er.

»Schade«, sagte Tobi.

Basti winkte der Schweinsteiger Alm zu und rief: »Tschüss, Ziel!«

In der Kabine zog Basti die Schuhe aus und schleuderte sie wütend unter die Bank. Das war eines seiner schlechtesten Spiele seit langem gewesen.

»Ich hab's ja gesagt. Damit spiele ich nie mehr.«

Sein Nachwuchstrainer Stephan Beckenbauer, Sohn von Kaiser Franz, lachte. »Schieb's nicht den Schuhen in die Schuhe, wir haben einen Vertrag mit Adidas und spielen mit den Schuhen, die sie uns stellen.«

»Egal, wie schlecht ich spiele, Hauptsache, mit den richtigen Schuhen«, maulte Basti.

»Die sind doch einwandfrei. Was soll daran falsch sein.«

»Die Farbe. Sie sind nicht weiß.«

»Nein, das sind sie nicht«, bestätigte der Trainer. Er war nicht leicht aus der Ruhe zu bringen und führte seine Zöglinge an der langen Leine.

»Wir haben immer weiße Schuhe getragen, mein Bruder und ich. Wenn die Schuhe nicht weiß sind, sieht man seine Füße nicht. Und wenn man seine Füße nicht sieht, dann spielt man so wie ich heute.«

»Ich frag mal«, antwortete Beckenbauer, »ob es die auch in Weiß gibt.«

Am nächsten Tag kam er mit der schlechten Nachricht: »Leider nein.«

Da spielte Basti mit den weißen Schuhen der letzten Saison.

Und er spielte so, dass der Trainer am nächsten Tag eine Spraydose Weiß mitbrachte.

Wie begossene Pudel saßen sie am Spielfeldrand auf dem Boden und warteten auf die Standpauke von Stephan Beckenbauer. Sie hatten soeben gegen den VfB Stuttgart zwei zu vier verloren.

Der Trainer hatte auf der anderen Seite des Spielfelds mit seinem VfB-Kollegen gesprochen und kam jetzt über den Platz zurück zu seiner Mannschaft.

Keiner sprach ein Wort.

Der Trainer setzte sich auf die Bank und sah jeden der Spieler einen Moment an. Auch er schwieg.

Es dauerte eine ganze Weile, bis er fragte: »Und jetzt?«

Von niemandem kam eine Antwort.

»Und jetzt«, sagte er, »jetzt gehen wir alle zu McDonald's.«

Eine Woche später gewannen sie das Rückspiel mit vier zu null.

Und noch eine Woche später wurden sie B-Junioren-Meister.

Dan Holzmann war ziemlich verschwitzt, Maksim, sein Tennistrainer, hatte ihn gefordert. Sie saßen in der kleinen Cafeteria der Tennishalle in Basel und sprachen über die Situation in Belgrad, den fragilen Waffenstillstand, die galoppierende Inflation und die Schwierigkeit, dort zu überleben.

Maksim war soeben von einem Besuch in Belgrad zurückgekommen und erzählte vom Tennisclub eines Freundes in einer ehemaligen Schwimmhalle und den beengten Verhältnissen, unter denen der Nachwuchs dort trainieren musste. Nicht ganz zufällig kam er auch auf eine Dreizehnjährige zu sprechen, eines der größten Talente, das er je gesehen habe.

»Aber«, sagte er, »was nützt dir alles Talent der Welt, wenn dir das Geld fehlt, etwas daraus zu machen.«

Ein Satz, den Maksim nicht zu jedem Schüler sagen würde. Aber zu einem sehr wohlhabenden, der auch schon den Formel-1-Piloten Nick Heidfeld und den Skispringer Sven Hannawald gesponsert hatte, zu so einem schon.

Dan Holzmann lud Ana nach Basel ein, und kurz darauf traf sie mit ihrer Mutter dort ein und spielte vor ihm und ein paar Experten.

Nach dem Spiel fragte er sie: »Und was sind deine Ziele?«

»Nummer eins«, antwortete Ana.

⚽

Der Mannschaftsbus kam in der Säbener Straße an, und die Spieler stiegen aus. Sie hatten sich am Rathaus feiern lassen, hatten vom Balkon aus der singenden und grölenden Menschenmenge zugewinkt und die Pokale immer wieder hochgestemmt.

Jetzt verließen sie gesittet den Bus. Ein paar wechselten zwei, drei Worte, die meisten schwiegen.

Als einer der Letzten kam Ottmar Hitzfeld. Auch er stumm.

Die Bewohner des Jugendhauses schauten zu, unter ihnen Philipp Lahm und Basti Schweinsteiger.

»So still, alle«, wunderte sich Basti. »Dabei haben sie das Double geholt.«

»Vielleicht, weil es nicht das Triple war«, scherzte Philipp.

Basti lachte auf. Ein paar sahen ihn an, so still war es.

Philipp schüttelte den Kopf. »Wegen dem Trainer, glaube ich.«

»Hitzfeld ist doch nett.«

»Schon. Aber hast du sein Gesicht gesehen?«

»Was hat er wohl?«

»Genug.« »Es macht ihm keinen Spaß mehr. Schon länger nicht. Fällt dir das nicht auf? Sieht er aus wie jemand, der Spaß an dem hat, was er macht?«

»Das nicht gerade.«

»Wir hatten mal einen Lehrer, der so war. Man sieht es denen an den Augen an, hat uns die Englischlehrerin erklärt. Sie sind auf etwas gerichtet, aber schauen es nicht an. Auf Englisch heißt es *burnout*, sagte sie. Ausgebrannt. Vielleicht ist er ausgebrannt.«

»Wenn er keine Freude hat an dem, was er macht, warum macht er es dann?«

»Vertrag«, konstatierte Philipp lakonisch.

»Den kann man doch auflösen?«

Lahm zuckte mit den Schultern.

»Würdest du etwas machen, an dem du keine Freude hast?«, fragte Basti. Es klang ein wenig fassungslos. »Ich nie im Leben!«

Jetzt schaute Hitzfeld in ihre Richtung. Sie winkten ihm einen Gruß.

Er sah sie nicht.

Fünftausend. Seit heute verdiene ich fünftausend Euro im Monat. Jedenfalls behaupten sie das. Seit heute sollte ich auf meinem Konto zu den dreihundertzweiundvierzig fünfundsechzig fünftausend mehr auf dem Konto haben. Das hatte man ihm mitgeteilt. In aller Form. Er war in der

U-Bahn auf dem Weg zur Säbener Straße und verdiente zum ersten Mal richtig Kohle mit dem, was er am liebsten tat: Fußball spielen.

Das bedeutete, dass, wenn er zu einem Bankautomaten ging, die Karte reinsteckte, den Code eingab und auf »Guthaben« drückte, dann musste auf dem Bildschirm die Zahl 5342,65 erscheinen. Und wenn er wollte, konnte er einen beliebigen Betrag, der nicht höher war als fünftausenddreihundertzweiundvierzig fünfundsechzig, eintippen, und dann käme das Geld geräuschvoll heraus.

An der Haltestelle »Silberhornstraße« hielt er es nicht mehr aus. Dort gab es eine Bank mit einem Geldautomaten. Er stieg aus und rannte dorthin.

Vor ihm stand eine ältere Dame und fingerte am Automaten herum. Als sie Basti hinter sich fühlte, wandte sie sich um und warf ihm einen misstrauischen Blick zu. Basti trat einen Schritt zurück und wartete ungeduldig. Die nächste U-Bahn musste er erwischen, sonst würde er zu spät kommen.

Endlich gab die Frau den Automaten frei. Basti steckte seine Karte ein und wählte den Code.

Wow! Fünftausenddreihundertzweiundvierzig fünfundsechzig! Was man damit alles kaufen könnte!

Wenn man in München lebte, lag Leverkusen als Spielort nicht gerade auf dem Weg. Aber Ottmar Hitzfeld nahm die Reise in Kauf. Im Verein wurde immer wieder Kritik darüber laut, dass die Talente im Profikader fast ausschließlich von auswärts rekrutiert wurden. Das Finale der A-Junioren war eine Gelegenheit, den eigenen Nachwuchs einmal in einem wichtigen Entscheidungsspiel zu sehen.

Vor allem Philipp Lahm interessierte ihn – Hermann Gerland, der Trainer von Bayerns zweiter Mannschaft, hatte ihn lobend erwähnt. Und Michael Rensing, der Torhüter. Und noch einer: Bastian Schweinsteiger.

Er kannte ihn vom Sehen, vom Training auf dem Areal der Säbener Straße und als Zuschauer beim Training der Profis. Ein fröhlicher Junge mit Hautproblemen und Zahnspange. Ernsthaft spielen hatte er ihn noch nie gesehen.

Aber jetzt sah er ihn.

Sofort nach dem Anpfiff stach er heraus durch seine Präsenz, sein Spiel und seine Ausstrahlung.

Die Technik, die er beherrschte, konnte er in aller Ruhe umsetzen. Nie wurde er hektisch.

Er war ein Ballbesitzer. Er hatte einen unglaublich sicheren Pass und eine hohe Spielintelligenz. Er konnte das Spiel lesen, und es schien, als hätte er eine Navigation im Kopf.

Wenn ein Mitspieler keine Lösung fand, gab er Basti den Ball. Und der machte etwas Gescheites daraus.

Die A-Jugend des FC Bayern gewann das Spiel mit vier zu null und damit die Deutsche Fußballmeisterschaft.

Ottmar Hitzfeld gratulierte allen Spielern mit einem herzlichen Händedruck.

Bei Bastian Schweinsteiger rutschte ihm ein »Auf Wiedersehen« heraus.

Sie trainierten in ihren roten Regenjacken, und einige der Mannschaft trugen lange Hosen, denn es war kühl, keine zehn Grad.

Basti trug kurze Hosen, aber er hatte wie immer die Stutzen über die Knie gezogen. Ein Tipp von Mum, den er noch immer befolgte.

Basti sah aus den Augenwinkeln Frau Schweinberger mit einem Schirm eilig auf den Trainingsplatz kommen. Sie rief dem Assistenztrainer etwas zu.

Dass Frau Schweinberger das Training störte, war äußerst ungewöhnlich, und die Spieler unterbrachen ihre Trainingsübung.

Der Trainer rief ihnen zu: »So, weiter, weiter! Nichts kann wichtiger sein als das Training!« Erst dann ging er zu der Internatsleiterin hinüber.

Basti sah, wie sie aufgeregt auf den Assistenztrainer einredete. Der schüttelte ungläubig den Kopf und ging zum Trainer.

Der hörte ebenfalls ungläubig zu. Dann rief er: »Stopp! Alles mitkommen!«

Im Laufschritt führte er die Spieler zum Internatsgebäude. Frau Schweinberger folgte ihnen außer Atem.

Im Aufenthaltsraum lief der Fernseher, und überall standen und saßen Mitarbeiter des Vereins. Es herrschte Stille, nur da und dort war ein Flüstern zu vernehmen von Neuankömmlingen, die fragten, was passiert sei.

Auf dem Bildschirm war ein Hochhaus zu sehen, von dem eine schwarze breite Rauchwolke aufstieg.

Und während Basti noch rätselte, was sie hier sahen, näherte sich ein Flugzeug und bohrte sich in den zweiten Turm, der noch nicht brannte.

Ein vielstimmiger Schrei erfüllte den Raum.

Seit über zwei Jahren hatte die NATO aufgehört, Bomben auf Belgrad abzuwerfen. Ana Ivanović war fast vierzehn und träumte von einer Profikarriere.

Sie kam vom Training nach Hause zu einem kurzen Mittagessen. Kaum saßen sie am Tisch, als das Telefon klingelte. Ihre Mama nahm das Gespräch entgegen. Ana begann schon zu essen, sie hatte nicht viel Zeit.

Das Telefonat war kurz. Mama legte auf und schaltete den Fernseher ein.

»Mama!«, rief Ana vorwurfsvoll.

Das Bild erschien und zeigte zwei brennende Hochhäuser.

»Nein!«, stieß Ana aus, »sag nicht, die haben wieder angefangen.«

Doch dann erkannte sie den Ort. Es war derselbe wie auf dem Kalenderblatt von New York, das in ihrem Zimmer hing. Die Twin Towers von New York.

Sie würde sie nicht sehen, falls sie zu den US Open ging.

»Du sollst zur Gwen hinauf«, sagte Frau Schweinberger, als Basti frisch geduscht vom Training kam.

Er überlegte, was er ausgefressen hatte. Gwen war im Marketing des FC Bayern.

»Wann?«, fragte er.

»Jetzt gleich.«

Basti ging hinauf und klopfte zuerst schüchtern und dann beherzt an die Tür mit der Aufschrift »Marketing«.

Er hörte ihr resolutes »Herein« und betrat den Raum. Gwen saß an ihrem Schreibtisch und hielt ihre Hand über die Sprechmuschel. »Setz dich«, sagte sie und telefonierte weiter.

Als sie endlich auflegte, fragte sie: »Magst ein Auto?«

Es klang so selbstverständlich, als fragte sie: »Magst ein Stück Kuchen?«

Mit der gleichen Selbstverständlichkeit antwortete Basti: »Ja, gerne.«

»Es wird ein Audi sein, unser neuer Sponsor. Ein A3. Ich lass dich wissen, wann du ihn in Ingolstadt abholen kannst.«

Basti bedankte sich und ging in sein Zimmer. Dort spielte er die Backstreet Boys in voller Lautstärke und tanzte dazu. Ein Auto! Ein eigenes Auto! Ein eigener Audi 3!

Nur einen kurzen Moment, während er eine neue Kassette in den Walkman schob, stutzte er. Sie hat gefragt, ob ich ein Auto will. Nicht, ob ich den Führerschein habe. Er hatte ihn ja so gut wie. Die praktische Prüfung hatte er bestanden. Und die theoretische zum zweiten Mal gemacht. Da fiel er bestimmt nicht noch einmal durch.

Es war eine Bahnfahrt von kaum vierzig Minuten nach Ingolstadt, aber Basti hatte eingekauft wie für eine lange Reise: Schinkenbrote, Nusskipferl, Cola und zwei Becher Kaffee.

Der Zug war halb leer, sie hatten ein Viererabteil für sich. Stefanie erzählte von der Schule, und Basti begleitete die Erzählung mit einem gelegentlichen »So« und »Hm« und »Ja«. Er war in Gedanken bei seinem Wagen und bei dem, was er damit alles machen würde.

»Hörst du mir überhaupt zu?«, fragte Stefanie.

»Nein«, antwortete Basti. Und versuchte, das mit einem fröhlichen Lachen zu übertünchen.

Eine gute Stunde nach ihrer Ankunft im Audi Forum steuerte Basti seinen Wagen stolz Richtung München. Als er sich zum zweiten Mal verschaltete, lachte Stefanie auf. »Fußballspielen kannst du besser als Autofahren.«

Basti lachte mit. Etwas zu laut.

Zwei Uhr nachts, aber kein Problem. Er war achtzehn und konnte, wenn er am nächsten Tag kein Spiel hatte, ins Jugendhaus zurückkommen, wann er wollte. Er hatte mit Trix, in die er so verliebt war, eine Clubtour gemacht und sie danach nach Hause gefahren. Sie wohnte noch bei ihren Eltern. Leider.

Auf der Grünwalder Straße sah er im Rückspiegel zwei Scheinwerfer, die rasch näherkamen. Plötzlich gesellte sich ein Blaulicht dazu. Polizei.

Basti sah auf den Tacho. Nicht einmal fünfzig Kmh. Und getrunken hatte er auch nichts. Er trank keinen Alkohol.

Also kein Problem. Bis auf eines.

Er verlangsamte, blinkte nach rechts, hielt an und ließ die Scheibe runter.

Ein älterer, fülliger Polizist kam zur Wagentür, bückte sich herunter und salutierte nachlässig.

»Führerschein und Wagenpapiere, bitte«, sagte er freundlich.

Basti gab ihm die Wagenpapiere. »Den Führerschein habe ich nicht dabei.«

»Dann brauche ich Ihre Angaben.« Der Beamte zog resigniert ein Notizbuch und einen Kugelschreiber aus der Tasche. »Name?«

»Klaus Bergmaier«, sagte Basti.

»Adresse?«

»Säbener Straße 51–57.«

Der Polizist war kein Fußballfan und horchte nicht auf bei der Nennung der Adresse von Bayern München. Er notierte sie einfach und fragte: »Geburtsort?«

»Nürnberg.«

Der Beamte ging zum Streifenwagen und sprach mit seinem Kollegen, der hinter dem Steuer saß und rauchte.

Jetzt prüfen sie die Angaben, dachte Basti bange.

Nach ein paar endlosen Minuten kam der Polizist zurück. »Das nächste Mal haben Sie bitte den Führerschein dabei. Und morgen gehen Sie zur Verkehrspolizeiinspektion an der Tegernseer Landstraße 210 und weisen dort Ihren Führerschein vor.«

Er reichte Basti einen Strafzettel, kassierte zwanzig Euro und wünschte gute Fahrt. »Weit haben Sie es ja nicht.«

Am nächsten Morgen beim Frühstück im Jugendhaus bat Basti seinen Fußballerfreund Klaus Bergmaier um einen großen Gefallen.

In der Trainingspause fuhren sie mit Bastis Audi in die Tegernseer Landstraße zur Verkehrspolizeiinspektion.

Dort wies Bergmaier seinen Führerschein vor. Und die Sache war erledigt.

Ganz erledigt dann doch nicht. Als Basti den Zwischenfall schon beinahe vergessen hatte, fragte ihn Ottmar Hitzfeld unvermittelt und ganz nebenbei: »Sag mal, Basti, hast du eigentlich einen Führerschein?« Jemand musste ihn verpfiffen haben.

Basti, dessen große Stärke als Mittelfeldspieler das Antizipieren und sekundenschnelle Reagieren war, antwortete mit einem empörten: »Aber selbstverständlich habe ich das, Trainer.« Und das war ja auch fast die Wahrheit. Er hatte am nächsten Tag die theoretische Prüfung. Der Führerschein war nur noch eine Formsache.

Und tatsächlich: Zwei Tage später hatte er bestanden. Und die Lüge hatte sich in Wahrheit verwandelt.

Mit dem nagelneuen Führerschein geschah Basti das nächste Missgeschick: Auf der Autobahn bei Unterhaching gab es eine Geschwindigkeitsbeschränkung von achtzig zwischen zweiundzwanzig und sechs Uhr. Basti übersah das erste Schild, wurde mit hundertvierzig geblitzt, verlor den Führerschein für drei Monate und erhielt vom Verein die erste Verwarnung. Bei der dritten würde es teuer werden.

Drei Monate lang fuhr er auf den Rollerblades zum Training.

In der Maximilianstraße gab es einen kleinen Laden, an dem Basti schon oft vorbeigegangen war. In seinem Schaufenster lagen auf samtenen Unterlagen Füllfederhalter, die meisten schwarz mit silbernen oder goldenen Federn und Verzierungen. Unsichtbare Spots warfen präzise ausgerichtete Lichtkegel auf die Meisterstücke.

Basti griff noch einmal in die Außentasche seines Sakkos und tastete nach den Geldscheinen. Dann betrat er das Geschäft.

Eine diskrete Glocke klingelte gerade laut genug, um einen alten Herrn hinter einem weinroten Brokatvorhang hervorzulocken. Er musterte Basti und sagte: »Guten Tag.«

»Guten Tag«, antwortete er.

Der Ladentisch besaß eine gläserne Platte. Darunter waren Füllfedern und Kugelschreiber ausgestellt. Auch die Wände bestanden aus Vitrinen, in denen Schreibwerkzeug glänzte.

»Wie kann ich Ihnen behilflich sein?«, fragte der Mann. Man merkte ihm an, dass er davon ausging, dass der Kunde nicht lange bleiben würde.

»Ich suche einen Füllfederhalter.«

»Da sind Sie am richtigen Ort«, antwortete der Geschäftsinhaber, jetzt schon etwas freundlicher. »Haben Sie eine Preisvorstellung?«

»Nein. Was kosten die denn so?«

»Die Preisspanne bewegt sich so zwischen zweihundertzwanzig und mehreren tausend Euro.«

Sechshundert Euro hatte Basti eingesteckt. »Unter tausend«, sagte er.

Der alte Herr deutete auf einen kleinen Schreibtisch mit einem Biedermeierstuhl. »Bitte nehmen Sie doch Platz.«

Basti setzte sich, und der Geschäftsinhaber brachte ihm die erste Füllfeder. Basti schrieb »Bastian Schweinsteiger«. Und mit dem nächsten Füller auch. Und mit dem übernächsten wieder.

Zwölf Füllfederhalter probierte er aus, reduzierte die Auswahl auf drei und dann auf zwei. Schließlich entschied er sich für einen schwarzsilbernen für fünfhundertdreißig Euro.

»Eine sehr gute Wahl«, bestätigte ihm der alte Herr.

Basti sah hinunter auf die vielen Papierbögen mit seinem Namen.

Ob er jemals wieder so oft seinen Namen schreiben würde?

⚽

Eine schwüle Münchner Sommernacht, wie es selten eine gab. Er zog mit Trix durch die Clubszene. »Wollen wir nicht schwimmen gehen bei der Hitze?«

»In der Isar? Um diese Zeit?«

»Nein. Im Pool?«

»Die Schwimmbäder sind doch alle geschlossen. Es ist nach eins.«

»Ich habe einen Badge.«

Er fuhr sie in die Säbener Straße, parkte den Audi in der fast leeren Spielergarage und führte Trix zur Schwimmhalle. Es war fast dunkel, nur die Außenbeleuchtung der Trainingsanlage erhellte den Raum ein wenig. Die Poolpumpe war zu hören und das leise Plätschern des durch die Skimmer fließenden Wassers.

»Ich habe keine Badesachen«, sagte Trix lächelnd.

»Trifft sich gut, ich auch nicht.«

Sie stieß ein leises »Brrrr« aus, als sie vorsichtig die verchromte Leiter hinunterkletterte. Basti machte einen Kopfsprung.

Nach ein paar Minuten des Herumplanschens fragte Trix: »Ist dir nicht kalt?«

»Ich bin mit Gletscherwasser aufgewachsen. Ich liebe es.«

»Ich bin am Erfrieren.«

Basti hatte die zweite Glanzidee dieser Sommernacht: Neben dem Pool gab es ein Jacuzzi mit Warmwasser. Dorthin führte er Trix und setzte es in Betrieb.

»Und wenn jemand kommt?«, fragte sie.

»Um diese Zeit?«, lachte Basti.

Es dauerte eine ganze Weile, bis es aufgeheizt war und sie sich ins Wasser setzen konnten.

Basti startete die Düsen, und ein fröhliches Gurgeln und Brodeln und Blubbern ging los.

Ohne diese Geräuschkulisse wäre dem Zeugwart, der

mitten in der Nacht sein Handy suchte, gar nicht aufgefallen, dass jemand im Jacuzzi war.

Wäre er etwas verschwiegener gewesen, hätte er Basti seine zweite Verwarnung erspart.

⚽

Am nächsten Tag war Basti bei Frau Schweinberger in der Wohnung zu Kaffee und Kuchen eingeladen. Sie öffnete ihm die Tür und führte ihn in das kleine Wohnzimmer.

Zum Kaffee servierte sie Rohrnudeln: warme Hefeteigkugeln mit Vanillesoße und Früchtekompott. Ähnlich wie Germknödel, von denen sie wusste, wie sehr Basti sie liebte.

Er setzte sich an den Tisch, sie schenkte ihm Kaffee ein und servierte ihm eine der Buchteln.

Gleich würde sie auf gestern Abend zu sprechen kommen, das wusste Basti. Sie hatte die Gewohnheit, auch Dinge anzusprechen, über die man nicht reden wollte.

Über die anderen sprach er schon mit ihr. Über die rohe Art von Trainer Gerland, über die distanzierte von Hoeneß und über die eigenartige von Oli Kahn. Der war in der Kabine sein Sitznachbar, aber er hatte nie ein Wort mit Basti gewechselt. Jeder Spieler hatte immer ein frisches Frottiertuch in seinem Spind, nur Basti nie. Bis er einmal beobachtete, wie Kahn sich das Haar frottierte und die Torwarthandschuhe polierte – und dabei zwei Tücher benutzte.

Basti wagte es nicht, etwas zu Kahn zu sagen. Aber zu Frau Schweinberger schon.

Kurz darauf fehlte Bastis frisches Handtuch nicht mehr.

Sie war auch die Einzige, mit der er über seine Akne sprach. Frau Schweinberger war seit der Eröffnung des Jugendhauses vor zwölf Jahren die Internatsleiterin und hatte schon viele Jungs mit Akne gesehen. Sie gab ihm Akne-Gel und Waschlotion und schärfte ihm ein, nicht zu viel davon aufzutragen, weil sonst die Haut rot werde und jucke. Sie redete ihm die Hausmittelchen wie Heilerde, Teebaumöl und Apfelessig aus. Vor allem erklärte sie ihm, dass er nicht allein damit sei, Akne sei die häufigste Hautkrankheit der Welt. Und erinnerte ihn immer wieder diskret daran, die Pickel und Pusteln nicht auszudrücken. Sie ermahnte ihn auch zur Geduld, denn alle Mittel brauchen Wochen und Monate, bis sie wirken.

»Der Zeugwart hat es mir schon heute früh um sieben erzählt. Ich hab ihn gebeten, das Maul zu halten. Aber der Mann ist zu pflichtbewusst.«

Basti winkte ab. »Egal. Soll jeder machen, was er für richtig hält. Für die einen ist es das Jacuzzi, für die anderen das Verpetzen.»

Frau Schweinberger lachte. »Wer ist sie?«

»Sie heißt Trix.«

Die Internatsleiterin legte ihm noch eine Rohrnudel auf den Teller. »Bist verliebt?«

Basti hob die Schultern bis zu den Ohren und ließ sie langsam wieder sinken.

»Ich? Weiß nicht. Sie schon.«

Frau Schweinberger schüttelte den Kopf. »Männer! So eingebildet. Besonders die Fußballer.«

Basti wohnte noch immer im Jugendheim und aß im Bayern-Stüberl. Auch seine Wäsche wusch er noch selbst in der Gemeinschaftswaschküche. Lichterlöschen war um dreiundzwanzig Uhr. Aber das war mehr ein theoretischer Wert. Basti war achtzehn. Mit achtzehn besaß man einen Badge.

Eines Donnerstagnachts benutzte Basti seinen sehr spät. Es war etwa halb vier Uhr früh, als ihn eine Überwachungskamera filmte, wie er die Eingangstür des Jugendheims aufsperrte. Die Kamera war neu und wurde getestet. Basti wusste nichts davon, und es war ein blöder Zufall. Aber es war die Sache wert.

»Die Sache« war die Begegnung mit Daniela. Basti war zu einer Geburtstagsparty in der Disco Pasha eingeladen. Daniela war ihm sofort aufgefallen. Hübsch, natürlich, ausgelassen mit einem ansteckenden Lachen. Und so anziehend, dass man den Eindruck hatte, sie sei der Mittelpunkt der Party.

Gerne hätte er sie angesprochen, aber er wusste nicht, wie. Einmal fasste er sich ein Herz, nahm ein Schälchen von der Theke, ging zu ihr hin und fragte: »Salzstangen?«

Sie blickte auf, sah ihn kurz an, nahm eine Stange, bedankte sich und wandte sich wieder ihren Gesprächspartnern zu, unter denen sich auch Stefanie befand.

Damit er nicht sitzengelassen aussah, tanzte er übermütig auf dem Floor. Mit niemand Bestimmtem, wie man in Clubs eben so tanzte. Als es Zeit wurde, zurück in die Säbener Straße zu fahren, hatte er ihr zwar noch ein paarmal Salzstangen angeboten, aber es war kein Gespräch daraus entstanden. Er hatte die Wahl, sie entweder dem Charme seiner Konkurrenten auszusetzen oder zu bleiben.

Er blieb, bis sie aufbrach. Sofort drängte er Stefanie, ebenfalls aufzubrechen, und konnte gerade noch sehen, wie Daniela mit ein paar anderen in ein Auto stieg.

Auf dem Weg zu Stefanies Elternhaus fragte er: »Wie heißt die... ähm...«

»Du meinst die, die du den ganzen Abend mit den Augen verschlungen hast? Das ist Daniela, Dani. Die ist nett.«

»Hast du ihre Telefonnummer?«

Stefanie lachte und gab sie ihm. »Aber von mir hast du sie nicht.«

Nach dem Training wurde er zu Hoeneß gerufen. »Du kennst die Regeln: drei Verwarnungen. Bei der ersten gibt es nur die Androhung von fünftausend Geldstrafe, bei der zweiten auch. Beim dritten Mal werden alle drei fällig. Macht fünfzehntausend.«

Gleich nachdem er die Geldstrafe kommentarlos akzeptiert hatte, schrieb er Dani eine SMS. »Ich möchte dich gerne kennenlernen.«

Dani hatte nichts dagegen.

Nach dem ersten Treffen musste Basti dringend Stefanie bei Spaghetti Bolognese über den Verlauf des Treffens informieren.

»Hast du ihr auch das mit der Geldstrafe erzählt?«, wollte Stefanie wissen.

»Ja, und dass ich es abstottern müsste.«

»Das musst du doch nicht.«

»Nein. Aber ich wollte nicht sagen, dass ich es aufs Mal bezahlen kann. Zu angeberisch.«

»Was hat sie dazu gesagt, dass du eine Geldstrafe kriegst, wenn du zu spät ins Bett gehst?«

»Ob ich nicht plane, mir eine Wohnung zu nehmen, dann würde man es nicht so merken.«

»Was hast du geantwortet?«

»Ich plane nicht weit voraus.«

»Das stimmt. Das tust du nicht.«

Schulterzuckend sagte Basti: »Alle planen für mich voraus. Warum soll ich auch noch damit anfangen?«

»Damit du tun und lassen kannst, was du willst.«

Basti lächelte. »Glaubst du, das tu ich nicht?«

Stefanie nickte. »Doch, das tust du.«

Die Liegewiese war fast menschenleer. Ein paar junge Familien spielten mit ihren Kindern, und einige ältere Frauen plauderten unter Sonnenschirmen, die kaum nötig gewesen wären. Die Sonne verschwand immer wieder hinter einer Wolkenschicht, dann kühlte es rasch ab.

Basti lag mit Stefanie auf einem großen gestreiften Badetuch. Es war Samstag, einer der Tage, an denen sie oft etwas zusammen unternahmen, wenn er spielfrei hatte oder Ferien, wie jetzt gerade.

Es war ein ganz normaler Münchner Frühsommertag, bis auf ein Detail: In Yokohama trug Deutschland gerade gegen Brasilien das WM-Finale aus.

Stefanie hatte am Vortag Basti angerufen und ihm vorgeschlagen, den Samstag am Unterschleißheimer See zu verbringen. Der Strand der Liegewiese sei mit Sand aufgeschüttet, man fühle sich wie in der Südsee.

Basti war immer zu haben für eine gute Idee, was man unternehmen könnte, und hatte sofort zugesagt.

Erst eine Stunde später, als er mitbekam, wie der Aufenthaltsraum für die Übertragung eingerichtet wurde, war ihm das WM-Finale eingefallen.

Ein anderer hätte wohl die Verabredung abgesagt, aber Bastis einzige Maßnahme war, sein Radio mitzunehmen.

Als er Stefanie bei ihren Eltern abholte, sagte sie: »Um Himmels willen, ich habe total vergessen, dass heute WM-Finale ist.«

Basti freute sich wie ein Kind darüber, dass er die Hand vor den Mund schlagen und ausrufen konnte: »Neinnn!! Totaaal verschwitzt!!«

Auf der Fahrt zum Unterschleißheimer See fragte Stefanie: »Wie kannst du das wichtigste Match des für dich wichtigsten Sports vergessen?«

Basti antwortete: »Es ist nicht das Wichtigste.«

»Was ist denn für dich wichtiger?«

»Das Leben.«

Immer wieder mussten sie darüber kichern, dass der »Lichtblick für die Zukunft«, wie ihn Ottmar Hitzfeld in den Medien genannt hatte, das WM-Finale seines Landes auf der Liegewiese eines bayrischen Badesees an einem billigen Transistorradio hörte.

Nur zweimal verging Basti kurz das Lachen. Beide Male war der Grund dafür Ronaldo.

Nur zweiundzwanzigtausend Zuschauer wollten an einem klirrend kalten Novemberabend im Olympiastadion Bayern München gegen den FC Lens spielen sehen.

Für Basti war es dennoch das wichtigste Match seines Lebens.

Er war aus allen Wolken gefallen, als er für dieses Champions-League-Spiel bei den Profis aufgeboten wurde.

Neben ihm saß Philipp Lahm, sein Mitspieler beim Meisterschaftsfinale der A-Junioren.

Aber sie hatten wenig Hoffnung, dass sie noch eingesetzt würden. Es waren schon bald siebzig Minuten gespielt.

Das Spiel stand zwei zu zwei, und es sah nicht so aus, als ob sich daran noch etwas ändern würde.

Doch plötzlich gab Trainer Hitzfeld Basti das Zeichen, sich bereitzumachen. Es folgten ein paar Anweisungen. Und in der sechsundsiebzigsten Minute wurde Basti gegen Mehmet Scholl eingewechselt.

Elf Minuten später ließ Basti den WM-Star Kameruns, Rigobert Song, aussteigen und bediente Giovane Élber mit einem präzisen Flankenball.

Dieser knallte ihn gegen die Latte, und der andere Junior auf dem Platz, Markus Feulner, schoss das drei zu zwei für Bayern.

Dass Lens drei Minuten später ausglich, war ein Schönheitsfehler.

Und dass Hitzfeld in der Nachspielzeit noch Feulner gegen den dritten Junior, Philipp Lahm, auswechselte, eine nette Geste.

Es folgten Bastis erste Champions-League-Interviews. Er aß dabei eine Banane und ein paar Kekse und schwärmte von der Größe des Doppelbetts in seinem Hotelzimmer.

Im Dezember setzte Ottmar Hitzfeld Basti zum ersten Mal in der Bundesliga ein. Beim Auswärtsspiel gegen den VfB Stuttgart wechselte er ihn in der dreiundachtzigsten Minute ein gegen Niko Kovač. Und im Januar, beim Abschiedsspiel von Olaf Thon gegen Schalke, wechselte ihn der Trainer auch ein.

Die Presse lobte Basti und verlangte, dass er mehr eingesetzt werde. Bei Ottmar Hitzfeld rannte sie damit offene Türen ein.

Aber Schweinsteiger war ein zentraler Mittelfeldspieler. Und für diese Position hatte Hitzfeld Spieler, die er nicht einfach zugunsten eines Nachwuchstalents auf der Bank sitzen lassen konnte.

Damit Basti überhaupt in der Bundesliga spielen und in der Mannschaft Fuß fassen konnte, musste er ihn auf der Seite einsetzen. Und Basti war einer, der das akzeptierte. Der nicht sagte: Nein, ich bin eine Nummer zehn, ich spiele nicht auf der Seite.

Und noch etwas musste er akzeptieren: Bis auf weiteres keine Interviews mehr. Hitzfeld sagte: »Konzentriere dich auf den Fußball. Mit der Presse sprechen kannst du noch lange.«

Es hatte geschneit in der Nacht. Seine Mitspieler waren dabei, für die Profis den Schnee vom Trainingsplatz zu räumen. Basti stand am Fenster des Vorzimmers von Hoeneß und sah zu. Es war noch gar nicht so lange her, dass ihm der Mann, zu dem er nun gleich gerufen würde, einen Fünfziger zugesteckt hatte, als er diese Arbeit einmal freiwillig an einem Wochenende getan hatte.

»Der Herr Hoeneß erwartet dich jetzt«, meldete die Sekretärin.

Ein wenig höher klopfte sein Herz schon, als er das Büro betrat.

»Setz dich«, sagte Hoeneß und schob ihm lächelnd den Vertrag über den Tisch. »Lies ihn gut durch. Bis 2005 kannst du daran nichts mehr ändern.«

Basti las. Aber es fiel ihm schwer, sich auf den Inhalt zu konzentrieren. An einer Stelle blieb er kurz hängen: »€ 150 000,00 jährlich plus Prämien.«

War das viel? War das wenig? War das okay?

Es war wurscht.

Basti griff in die Innentasche seines einzigen Anzugs, zückte den Fünfhundertdreißig-Euro-Federhalter, schraubte den Deckel ab und unterschrieb.

Miroslav und Miloš standen am Fenster des Fernbusses und warteten. Ana und Dragana, ihre Mutter, saßen in der neunten Reihe und sahen auf die beiden hinunter.

Ana hasste diesen Moment des Abschieds. Wenn alle nur warten, bis es endlich losgeht, weil man nichts mehr sagen kann durch die geschlossenen Fenster, nur noch verlegene Gesichter machen und das Winken vorbereiten.

Dragana und ihr Mann wussten nicht, ob sie die richtige Entscheidung getroffen hatten. Mutter und Tochter zogen in die Schweiz und von dort aus, wenn alles gut ging, durch die Welt. Miroslav blieb mit Anas kleinem Bruder in Belgrad als alleinerziehender Vater. Die Familie trennte sich, um Anas Traum zu erfüllen, ein Tennisprofi zu werden.

Sie wussten nicht, wann sie sich wiedersehen würden. Es herrschte zwar kein Krieg mehr in Serbien. Aber auch überhaupt kein Frieden.

Alle hatten sie bedrängt und gesagt, wie talentiert Ana sei und wie groß die Chance, dass sie ein Star werde, so wie sie spiele und so wie sie aussehe und jetzt, wo sie einen großzügigen Sponsor habe, der an sie glaube.

Viele Nächte lang hatten die Eltern diskutiert. Schließlich hatte Miroslav gesagt: »Wenn wir es nicht tun, wird sie uns das nie verzeihen. Nie. Sie muss in die Schweiz. Und du musst mit. Ana ist vierzehn. Alleine kann sie nicht gehen.«

Es klang sehr definitiv. Dragana war froh, dass es klang, als wäre es Miroslavs alleinige Entscheidung.

Endlich startete der Fahrer den Motor, und der Bus fuhr los. Sie winkten einander zu und durften endlich traurig und doch erleichtert sein.

Sechs Stunden dauerte die Busfahrt nach Budapest. An der zentralen Busstation stiegen Dragana und Ana aus und schleppten ihr Gepäck zur Station des Flughafenbusses.

Der Flug nach Zürich dauerte knapp anderthalb Stunden. Dort mussten sie umsteigen in eine Maschine nach Basel. Kaum war der Flieger gestartet, landete er auch schon wieder.

Dan Holzmann holte sie am Flughafen ab und fuhr sie zu ihrer Wohnung. Sie lag in einer ruhigen Straße und hatte drei Räume, ein Wohnzimmer und zwei Schlafzimmer.

In der ersten Nacht schliefen sie im selben Bett. So fühlten sie sich nicht so alleine.

Vielleicht das Blut des Tatzelwurms

Ottmar Hitzfeld sollte es nicht bereuen, dass er Basti im Viertelfinale des DFB-Pokals von Anfang an für den grippekranken Jeremies spielen ließ.

Das Spiel gegen den 1. FC Köln fand im abendlichen Schneegestöber des Olympiastadions statt. Nach einunddreißig Minuten schoss Basti das zwei zu null. Nach fünfzig das fünf zu null. Die beiden ersten Pflichtspieltore seiner Bundesliga-Karriere.

Am nächsten Tag rief Dad ihn an und las ihm alles vor, was er aus der Presse ausgeschnitten hatte.

»Die nennen dich den Musterschüler aus dem Bayern-Internat«, las er. »Und Beckenbauer fordert, dass man dich spielen lässt.«

»Ich weiß, Dad.«

»Und du seist ein ›Lichtblick für die Zukunft‹.«

»Ja, Dad, hab's auch gelesen.«

»Und der Bursche macht Spaß. Hast du gehört? Spaß! Dem Kaiser!«

»Ja, Dad.«

Weihnachten feierte die Familie Schweinsteiger zusammen. Vielleicht zum letzten Mal, sagte Mum wie jede Weihnacht. Und vielleicht hatte sie ja recht. Für Tobi war an diesen Tagen Rennsaison, für Basti Winterpause.

Sie hatten gemeinsam die Weihnachtsmesse besucht und waren zusammen auf dem Christkindlmarkt gewesen. Und Bastis Herz hatte noch immer geklopft, wenn er die Schellen eines Krampus hörte.

Der Christbaum trug noch immer denselben Schmuck, und es gab noch immer Germknödel zur Nachspeise.

Nach der Bescherung saßen sie in der Sitzgruppe, deren Herzstück nach wie vor das rotweiß karierte Sofa war. Es war eine grüne Weihnacht, aber gerade beleuchtete das Wohnzimmerlicht einen Vorhang tanzender Schneeflocken vor dem Fenster.

»Du hast jetzt einen Berater«, sagte Dad unvermittelt.

Basti warf Tobi einen Blick zu. Von ihm musste Fred es wissen.

»Brauchst du das?«, wollte Dad wissen.

»Alle haben das, einen Berater.«

»Die kosten nur Geld.«

»Die bringen auch Geld«, warf Basti ein.

Dad wiegte den Kopf zweifelnd.

Mum meldete sich zu Wort: »Erinnerst du dich, als du mich gefragt hast, warum du rechnen lernen musst?«

»Nein.«

»Ich habe geantwortet: Damit du nicht übers Ohr gehauen wirst.«

»Ach ja. Wegen der Crêpe mit Nutella.«

»Das war nur ein Beispiel.«

»Aber hier geht es vielleicht um viel Geld.«

»Umso wichtiger, dass du rechnen kannst.«

»Oder dass es mein Berater kann.«

Mum machte ein sorgenvolles Gesicht. »Besser wäre, wenn es beide könnten.«

Basti legte ihr den Arm um die Schulter und zog sie an sich. »Ich spiele Fußball, und er rechnet.«

Die Saison lief gut für Basti. Immer wieder war er in der Bundesliga nominiert worden. Und zwar von dem Trainer, von dem es hieß, es sei unmöglich, bei ihm von der Jugendabteilung zu den Profis zu kommen.

Am 4. Oktober 2003 spielte Basti im Olympiastadion in der Startelf gegen Hertha BSC. In der achtundfünfzigsten Minute schoss er mit links (okay, Dad: danke) das drei zu null.

Nach dem Spiel traf er seinen Berater zum Abendessen. Der bestellte zwei Bier, stieß mit ihm an und sagte: »Du spielst viel zu gut für den Preis.«

»Das wird dann schon mehr«, antwortete Basti.

»Ja, in zwei Jahren. Zwei Jahre zu wenig verdienen, findest du das gut?«

Basti dachte nach. »Was willst du dagegen tun?«

»Hoeneß sagen, er müsse mehr zahlen.«

»Glaubst du, der tut das so einfach?«

»Was wetten wir?«

Basti setzte das Bierglas an die Lippen und wieder ab, ohne getrunken zu haben. »Ich würde nicht fragen.«

»Musst du auch nicht. Dafür hast du mich.«

Ein paar Tage später verabredeten sie sich nach dem Training.

»Und?«, fragte Basti.

»Er will nicht.«

»Siehst du.«

»Er würde schon, aber nur, wenn wir den Vertrag um ein Jahr verlängern.«

»Okay«, sagte Basti erfreut.

»Ich habe nein gesagt.«

»Warum?«

»Verhandlungstaktik.«

»Ich dachte, du findest es nicht gut, zwei Jahre zu wenig zu verdienen.«

»Das holen wir in zwei Jahren mehrfach wieder rein.«

Zwei Tage wurde in der Presse das Gerücht herumgeboten, Schweinsteiger verlängere nicht.

Basti rief seinen Berater an. »Warum hast du die Presse informiert?«

»Taktik.«

Am Abend traf er Stefanie: »Warum hast du zum Vertrag mit Bayern nein gesagt?«

»Hoeneß will nur mehr bezahlen, wenn wir dafür den Vertrag um ein Jahr verlängern.«

Stefanie nickte. »Verstehe. Aber du möchtest in zwei Jahren weg von Bayern.«

Basti gab keine Antwort.

»Wohin?«

Basti hob die Schultern. »Nirgends«, brachte er schließlich heraus.

Stefanie schüttelte den Kopf. »Dann verstehe ich es vielleicht doch nicht.«

❊

Dani lebte in ihrem Elternhaus in einem Vorort von München. Ihre Mutter verbrachte die meiste Zeit bei ihrem Lebenspartner. Er führte einen Gasthof, den ›Rothof‹. Zwischen dem Elternhaus und dem ›Rothof‹ pendelten Mutter und Tochter. Und Basti zog aus dem Fußballinternat aus und pendelte mit. Er verbrachte viel Zeit in der gemütlichen Gaststube, spielte Tischfußball oder unterhielt sich mit Danielas Mutter, mit der er sich gut verstand.

❊

Basti schrie auf. Jemand hatte ihm mit voller Wucht den Fuß in die Kniescheibe gerammt, ein stechender Schmerz fuhr durch seinen Körper.

Er öffnete die Augen und lag – nicht auf dem Rasen. Er lag im Bett.

Dani war nicht neben ihm. Die Vorhänge waren einen Spaltbreit geöffnet, und ein Lichtstreifen führte über den Teppich und die Bettdecke an die Wand, an die Dani immer ein Bild hängen wollte, er aber nicht.

Das schmerzende Knie pulsierte. Er wollte sich mit Schwung auf den Bettrand setzen und schrie wieder auf. Es war wie ein Messerstich ins Knie.

Basti richtete sich vorsichtig auf, ließ das linke Bein gestreckt auf dem Bett liegen und stellte das rechte auf den Boden.

Das linke Knie war rot und dick geschwollen. Wenn er seine Hand darauf legte, spürte er, wie heiß es war.

»Dani!«

Keine Antwort.

Wieder rief er, diesmal lauter.

Alles blieb still.

Er versuchte aufzustehen, aber sobald er das Gewicht auf das rechte Bein verlagerte, durchzuckte ihn vom Fußgelenk aus ein anderer greller Schmerz.

Basti kämpfte sich aus dem Bett und humpelte in den Flur. Noch einmal rief er nach Daniela.

Auf dem Küchentisch lag kein Zettel. Das bedeutete, dass er eigentlich wissen musste, wo sie war.

Natürlich! Sie hatte eine Wohnungsbesichtigung. Dani arbeitete als Praktikantin in einem Immobilienbüro und musste Interessenten eine Wohnung oder ein Haus zeigen.

Er schleppte sich zurück ins Schlafzimmer, holte das Handy vom Nachttisch und rief Mull an, wie sie ihren Vereinsarzt Hans-Wilhelm Müller-Wohlfahrt nannten.

Eine Laboruntersuchung ergab, dass Basti irgendwann von einer Zecke gebissen und mit Borreliose infiziert worden war. Mull begann mit der Behandlung von Knie und Sprunggelenk. An Fußballspielen war vorerst nicht zu denken.

Es war so um die zehn Grad an diesem Vormittag im Februar 2004, aber bei der hohen Luftfeuchtigkeit von Mallorca fühlte sich das an wie unter null.

Diesmal war Anas Vater dabei. Er spielte Basketball und begleitete sie als ihr Fitnesstrainer. Das Hotel, in dem sie wohnten, war ein sehr günstiges Sommerhotel, das im Winter manchmal ein paar Zimmer vermietete und den Gästen, die hartnäckig genug waren, Elektroheizungen ins Zimmer stellte. Aber sie waren schon schlechter untergebracht gewesen auf der ITF-Tour, viel schlechter. Und vielleicht änderte sich das ab diesem Tag.

Ana war sechzehn und im Finale von Mallorca. Wenn sie es gewann, bekam sie zehntausend Dollar.

Ihre Gegnerin hieß auch Ana und war auch Serbin. Ana Timotić, fünf Jahre älter als Ana Ivanović und viel besser positioniert. Sie war die Favoritin.

Ana stand auf und ging ins Bad. Dort war es noch kälter als im Zimmer. Es besaß zwar einen Heizstrahler, aber der hatte den Geist aufgegeben. Und der müde Duschstrahl war manchmal zu heiß und dann wieder eiskalt.

Als sie eine Viertelstunde später mit ihrem Vater das Hotel verließ, entschädigte sie die Insel für all die Unbill. Die kalte Luft blähte die weißen Segel der frühen Schiffe und trug den Duft von sonnenbeschienenen Pinien vom nahen Wald.

Sie genoss die Fahrt zum Court, sie genoss das Match, und sie gewann.

Als sie am nächsten Vormittag durchs Flugzeugfenster

auf die Insel hinunterschaute, dachte sie: Wenn ich mal reich bin, kaufe ich mir ein Haus. Aber nicht hier. Hier ist es zu kalt.

⚽

Es war kein Tag zum Spazierengehen, eine Hochnebeldecke mischte Licht und Schatten zu einem eintönigen Grau, und ein böiger kühler Wind brachte Unruhe in den Wald. Basti saß auf dem Felsbrocken, auf dem er schon als kleiner Junge hockte, wenn sie hier planschten, während Mum das Picknick vorbereitete und Dad Würste grillte.

Er trug kurze Hosen und ließ die schmerzenden Beine in den kalten Auerbach baumeln. Die Kälte schien den Schmerz zu betäuben und die Schwellung zurückgehen zu lassen.

Das Wasser des Auerbachs war eben doch Heilwasser. Vielleicht waren es die Mineralien oder vielleicht war es das Blut des Tatzelwurms, das, homöopathisch verdünnt, seit Jahrhunderten noch immer seine Wirkung besaß. Jedenfalls half es.

Ein Zug donnerte über die Eisenbahnbrücke und erschreckte Basti. Parallel zur Brücke verlief ein schmaler Übergang für Fußgänger. Dort waren Tobi und er früher aufs Geländer gestiegen und ins tiefere Wasser jenseits der Flussschwelle gesprungen. Heute wunderte er sich, dass man ihnen das erlaubt hatte. Er wusste nicht, ob er den Sprung heute noch wagen würde.

Auf der anderen Seite des Auerbachs ging Hand in Hand ein altes Paar vorbei. Sie waren in ein Gespräch vertieft, in ein ernstes, wie es Basti schien. Aber plötzlich lachte sie auf, und er lächelte mit.

Auch Basti lächelte jetzt. Ob ich auch einmal eine Frau haben werde, mit der ich als alter Mann Hand in Hand spazieren und dabei lächeln kann?

Hat man solche Gedanken mit neunzehn?, fragte er sich. Er dachte in letzter Zeit immer wieder an die Zukunft. Das war sonst nicht seine Art. Er war ein Jetzt-Mensch. Er plante selten weiter als bis zum nächsten Spiel, manchmal nicht einmal das. Vielleicht war es der verdammte Zeckenbiss, der ihn auf solche Gedanken brachte. Was, wenn er nie mehr ganz gesund werden würde und nicht mehr Fußball spielen könnte? Was würde er dann tun? Würde er dann wirklich diese kaufmännische Ausbildung machen, die er immer erwähnt hatte, wenn man ihn danach fragte?

Er in einem Büro?

Basti schüttelte den Kopf und versuchte, an etwas anderes zu denken.

Mit seinem zweiten Fahrrad war er einmal im Auerbach gelandet. Er war davon überzeugt gewesen, dass er mit den dicken Profilreifen und den vielen Gängen den Auerbach überqueren konnte. Er konnte hüpfen mit dem Bike, bestimmt auch von Stein zu Stein.

Er irrte sich.

Seit vier Tagen war er jetzt in Oberaudorf. Es war seltsam, wieder in seinem Kinderzimmer zu schlafen. Alles war noch so, wie es früher war, nur er nicht, der es bewohnte.

Mum kochte ihm seine Lieblingsspeisen, Kaiserschmarrn, Germknödel, Crêpes und Spaghetti Bolognese, als würde er von nun an wieder für immer hierbleiben. Und Dad tat Bastis Zeckenbiss als Bagatelle ab. Als etwas, das so schnell vorbei sein würde, wie es gekommen war.

Eine Böe verstrubbelte den Bäumen die Kronen, und es begann zu regnen. Basti ging zurück zum Waldweg, wo sein Fahrrad an einem Baum lehnte.

Es war nicht einfach, Rad zu fahren mit einem entzündeten Knie und einem schmerzenden Fußgelenk. Er kam nur langsam vorwärts. Und die Dunkelheit fiel schnell über das Land und den Wald.

Er war erst ein paar hundert Meter gefahren, als ihm ein Fahrzeug entgegenkam. Es hatte die Scheinwerfer abgeblendet, aber bei jeder Unebenheit des Waldwegs blendeten sie ihn.

Basti bremste, stieg ab und schob das Rad dicht an den Wegrand.

Jetzt hörte er auch das Geräusch. Wie ein Militärfahrzeug, lauter und leiser werdend. Und je näher der Wagen kam, desto mehr schien ihm, als hätte er es auf ihn abgesehen.

Er ließ ihn vorbeifahren, stieg wieder aufs Rad und fuhr weiter.

Nichts für mich, dunkle Wälder, dachte er.

Vielleicht war es Mull, vielleicht war es dem Auerbach zu verdanken – Schwellung und Schmerzen verschwanden. Wahrscheinlich wirkten beide zusammen. Basti konnte wieder zum Training und nach und nach wieder auf den Platz. Erst als Einwechselspieler, aber bald wieder in der Startaufstellung.

Basti hatte es schon oft erlebt, wie sich die Schwingungen eines Stadions wie von einem gigantischen Resonanzkörper auf seinen Körper übertrugen. Aber hier war es anders. Feierlicher. Gewaltiger. Vielleicht, weil es das Estadio Santiago Bernabéu in Madrid war.

Er saß auf der Ersatzbank und sah, oft zum Greifen nahe, zwei der Männer, die er in seinem Zimmer im Jugendheim immer auf Plakaten vor Augen gehabt hatte: Zidane und Beckham.

Zidane leibhaftig: Ausdauernd wie andere auch, athletisch, scheute Zweikämpfe nicht. Doch wie er den Ball liebte. Wie er ihn behandelte. Fast schon zärtlich. Wie er lenkte, dirigierte, passte, schoss und die Gegenspieler mit seinen Pirouetten verwirrte.

Und Beckham, dessen herrliche Flanken Basti bei Manchester United bewundert hatte. Hier, bei Real Madrid, spielte er in der Mitte. Und das noch besser. Und mit dieser unglaublichen Ruhe.

Das Hinspiel in München hatte er noch auf der Bank verbracht. Aber wenn alles gutging, durfte er, Basti Schweinsteiger, nur neunzehn Jahre alt, diesmal gegen diese beiden Giganten auf diesem legendären Rasen spielen.

Und es ging alles gut. In der zweiten Halbzeit wechselte Ottmar Hitzfeld ihn gegen Owen Hargreaves ein.

Bayern verlor zwar eins zu null. Aber die Medien nannten Basti »den einzigen Lichtblick im Bayern-Dress«.

»Ich durfte mich doch vor Zidane und Beckham nicht blamieren«, sagte er zu Dad, als der ihm gratulierte.

⚽

Nicht allzu weit vom Nobelvorort Grünwald kaufte Basti sich eine Villa.

In den Medien hieß es, Basti habe sich in Grünwald eine Luxusvilla gekauft. In Wirklichkeit war es ein großes Haus auf dem Land. Und gekauft hatte er es nicht aus Prestigegründen. Er wollte einfach mit Daniela nicht allzu weit weg von ihrer Mutter wohnen. Und in der Nähe des ›Rothof‹ mit seiner Gulaschsuppe und seinem Tischfußball.

⚽

Am 10. April war das Olympiastadion ausverkauft und Basti von Anfang an auf dem Platz. Bayern München gewann zwei zu eins gegen Schalke, und Ottmar Hitzfeld sagte danach über Basti: »Er war der Mann, der die Mannschaft antrieb und das Spiel zu einem der hochklassigsten von Bayern München dieser Saison machte.«

Basti teilte im Stillen diese Meinung. Und vielleicht hatte er ja mit diesem Auftritt bei Rudi Völler ein bisschen Werbung für sich gemacht. Denn der war gerade mit dem Aufgebot für die EM in Portugal beschäftigt.

Terminlich würde das hinhauen. Am 2. Juni lief die Anmeldefrist für die EM in Portugal ab. Die U21-EM dauerte vom 27. Mai bis zum 8. Juni 2004. Einen Tag später, am 9. Juni, würde die Nationalmannschaft nach Portugal fliegen.

Die Wahrscheinlichkeit, dass Völler ihn noch aufbot, war zwar winzig. Dreiundzwanzig Spieler standen fest, und falls noch einer ausfiel, dann hätte Poldi die besseren Chancen als er. Völler hatte im Sturm mehr Sorgen als im Mittelfeld und an den Flügeln.

Aber unmöglich war es nicht. Unmöglich? Was ist das?

Es kommt, wie es kommt, war Bastis Devise, er lebte nicht in der Zukunft.

In der Gegenwart des 19. Mai gab Carsten Ramelow seinen sofortigen Rücktritt aus der Nationalmannschaft bekannt. Platz dreiundzwanzig war plötzlich frei geworden.

Und Rudi Völler sagte: »Das eine hat mit dem anderen nichts zu tun. Der Bastian wird die U21-EM spielen, und danach wird man sehen.« Bis zum 2. Juni musste der Teamchef sich entscheiden.

»Und unser Urlaub am Gardasee?«, fragte Dani.

»Sagen wir ab«, antwortete Basti leichthin.

Danielas Sorgen um den Urlaub wurden kurz darauf kleiner. Völler äußerte sich nämlich in der Presse: »Wer meine Aussagen verfolgt hat, weiß, dass zwei Namen in Frage kommen. Lukas Podolski hat die besten Chancen, das kann ich ehrlich sagen.«

»Und jetzt?«, fragte Dani.

»Jetzt schauen wir es uns eben am Gardasee im Fernsehen an.«

Es herrschte eine seltsame Stimmung: Sie hingen in kleinen Gruppen im Theorieraum der Säbener Straße herum und sprachen mit gedämpften Stimmen.

Der Trainer hatte vor ein paar Minuten den Raum verlassen. Als wäre nichts passiert.

Dabei war er entlassen worden. Und zwar vorzeitig. Sein Vertrag würde noch über ein Jahr laufen.

Michael Ballack sagte so laut, dass es alle hören konnten: »Ich finde es nicht okay. Er ist ein Weltklasse-Trainer. Gegen Freiburg hängt sich jeder von uns noch einmal voll rein. Das sind wir ihm schuldig.«

Und dann sprachen alle durcheinander. Über das verlorene Spiel gegen Werder, das angeblich den Ausschlag zur Entlassung gegeben hatte, über Felix Magath, der auf Hitzfeld folgen würde.

Basti saß neben Philipp Lahm. »Weißt du was?«, sagte er. »Ich glaube, er ist froh darüber.«

»Kann schon sein. Man hatte das Gefühl, er hat sich seit langem mal wieder über etwas gefreut.«

Und dann spielte Basti in der U21 gegen die Schweiz. Podolski saß auf der Tribüne. Er hatte sich die Leiste gezerrt. So konnte er Basti nach dem Spiel erzählen, dass Völlers Assistenztrainer, der neben ihm gesessen hatte, sich etwas abschätzig über Bastis Spiel geäußert hatte.

»Was hat er gesagt?«, fragte Basti.

»Der fällt heute nur durch seine Schuhe auf.«

Basti lachte. Er hatte weiße Lederschuhe getragen, weil er – wie er noch immer betonte – sonst seine Füße nicht sah. Und es stimmte: Er hatte tatsächlich nicht besonders gut gespielt.

Am Abend informierte ihn ein Journalist darüber, dass Christian Rahn wegen einer Verletzung für die EM ausfiel. Und fügte hinzu: »Sieht gut aus für Sie.«

»Wie meinen Sie das?«

»Nun: Rahn fällt aus, Podolski ist verletzt, und alles schreit nach jüngeren Spielern für die EM.«

Basti antwortete: »In zwei Wochen ist Poldi wieder fit.«

»Glauben Sie?«

»Ich hoffe es sehr. Wir brauchen einen Stürmer.«

Am nächsten Tag erreichte den U21-Trainer Uli Stielike im Hotel am Schloss in Alzey die Nachricht, dass Paul Freier beim Testspiel gegen Malta einen Innenband-Einriss am linken Knie erlitten habe und nicht nach Portugal reisen könne.

Stielike wusste, was das bedeutete: Es würde sich ab sofort alles um den Spielmacher der U21 drehen. Er rief Basti zu sich und informierte ihn.

»Oh, das tut mir leid für Paul«, war Bastis erste Reaktion. Und so wie Stielike Basti kannte, war es nicht gelogen.

Tags darauf konnte Podolski gegen Schweden eingesetzt werden. Deutschland verlor zwei zu eins. Aber Rudi Völler nominierte Basti und Poldi trotzdem im letzten Moment für die EM in Portugal.

Die U21 von Deutschland schied in der Vorrunde aus. Basti und Poldi reisten ins Trainingslager der Nationalmannschaft in den Schwarzwald. Gerade noch rechtzeitig zum Testspiel gegen die von Lothar Matthäus trainierten Ungarn.

Die Haare waren hellblond gebleicht und steil nach oben gegelt.

Basti bekam die letzten Anweisungen von Rudi Völler, zog die weißen Stutzen über die Knie und faltete sie um. Dann betrat er zum ersten Mal in seinem Leben als deutscher Nationalspieler einen Fußballplatz. Es war zwar nur ein Testspiel im Fritz-Walter-Stadion in Kaiserslautern, aber es war Bastis Premiere als Nationalspieler, und 36 590 Zuschauer wollten es sehen.

Und nach Madrid war es eine gute Gelegenheit zu beweisen, dass sein Auftritt dort kein Zufall gewesen war. Er und Poldi und Lahm waren die Einzigen, die von der Presse gelobt wurden.

Die deutsche Nationalmannschaft verlor das Spiel zwei zu null.

Aber Basti gewann. Nämlich das Vertrauen von Rudi Völler.

Basti meinte zu diesem Resultat: »Mir ist lieber, wir verlieren fünfzehn Testspiele und gewinnen danach die EM.«

Und Lothar Matthäus sagte zur Presse: »Schweinsteiger hat mich mit seiner frechen Art überzeugt. Dafür könnte Rudi einen Stürmer opfern, nur mit einer Spitze gegen Holland antreten.«

Der Deutsche Fußballbund hatte an der Algarve das ganze Hotel Ria Park Garden gemietet. Ein Sicherheitsdienst sorgte dafür, dass die Mannschaft nicht gestört wurde.

Daniela hatte ihn begleitet. Sie hatte ein eigenes Zimmer und verbrachte die Tage mit den anderen Spielerfrauen am Pool im Schatten der Palmen. Immerhin: In drei Tagen durften die Spieler etwas Zeit mit ihren Frauen verbringen.

Drei Tage danach würde dann das erste Spiel stattfinden. Gegen Erzfeind Niederlande.

Kaum hatte Basti ausgepackt, installierte er die Playstation und spielte ein wenig. Bis das Telefon klingelte und er zum Trainer gebeten wurde.

Etwas verspätet betrat er die Suite von Völler. Er hatte sich im weitläufigen Hotel verirrt. Poldi saß schon mit Völler bei Kaffee und Kuchen.

Der Trainer begrüßte sie mit den Worten: »Ich werde euch nicht von Anfang an einsetzen. Ihr seid Joker. Ihr seid die Jüngsten hier, noch nie sind Achtzehn- oder Neunzehnjährige in ein deutsches EM-Aufgebot berufen worden. Also benehmt euch entsprechend.«

»Wie ist entsprechend?«, fragte Basti und grinste ein wenig.

Völler blieb ernst. »Respektvoll den Älteren gegenüber.«

Die beiden Azubis nickten, und der Trainer fügte hinzu: »Aber schon selbstbewusst.«

»Respektvoll selbstbewusst«, sagte Poldi ernst.

Jetzt lachte Rudi Völler doch.

Dann wurde er wieder ernst: »Ihr könnt mich nachts um

drei wecken, wenn ihr nicht schlafen könnt. Dann komm ich runter, und wir spielen Karten oder gucken einen Film.«

Auf dem Weg zurück in ihre Zimmer sagte Basti zu Poldi: »Das sagt er, weil *er* nicht schlafen kann.«

⚽

Drei Tage später traten sie gegen die Niederlande an. In Porto im Estádio do Dragão – also im Drachen-, im Tatzelwurmstadion! – saßen Basti und Poldi wie angekündigt auf der Bank und sahen dem Spiel so angespannt zu, dass ihnen manchmal die Beine ausschlugen.

In der dreißigsten Minute ging Deutschland durch Frings eins zu null in Führung, und nach der Pause kehrte die Startelf unverändert aufs Feld zurück.

Doch dann, endlich, in der achtundsechzigsten Minute wechselte Völler Schneider durch Schweinsteiger ein. Zwei Minuten später schoss Basti aufs Tor. Und wäre der Schuss nicht abgefälscht worden, wäre er drin gewesen.

Stattdessen glich van Nistelrooy neun Minuten später aus.

Basti war nicht zufrieden mit sich. Ein paar nervige Ballverluste, fand er, ein paar Situationen, aus denen er mehr hätte machen müssen.

Aber viele fanden, er habe frech und mutig gespielt und sich von großen Namen nicht einschüchtern lassen. Und kein Geringerer als Johan Cruyff sagte über ihn: »Das ist ein sehr guter Fußballer. Er hat Aktionen drauf, die bei uns fast nicht zu sehen waren.«

Als Basti gefragt wurde, welche Spielanweisungen ihm der Trainer gegeben habe, antwortete er: »Er hat mir Glück gewünscht. Und ich solle viel Spaß am Spiel haben. – Mit dem Glück hat es etwas gehapert. Aber das Zweite ist voll eingetroffen«, strahlte Basti.

Im zweiten Gruppenspiel, dem gegen Lettland, wurde er in der zweiten Halbzeit eingewechselt. Wieder war er es, der Schwung und Tempo ins Spiel brachte. Doch das Spiel endete null zu null. Zwei unentschiedene Gruppenspiele machten nun mal nervös. Und die Nervosität ist die große Schwester der Kritik. Die an Basti lautete: Er sei zu eigensinnig, suche zu oft das Tor statt den Mitspieler, habe zu viele Dribblings und Ballkontakte, sei zu wenig effektiv. Und spiele zu viel Playstation.

Sepp Maier, der Torwarttrainer, drückte sich so aus: »Sebastian ist ein richtiger Straßenfußballspieler, es macht Spaß, ihm zuzusehen. Aber er muss lernen, den Ball manchmal früher abzuspielen. Aber das kapiert er auch noch, er ist entwicklungsfähig.«

Als Basti dies zu Ohren kam, lächelte er und dachte an die Straße vor dem Haus in Oberaudorf. Zu Dani sagte er: »Die haben recht. Ich wollte die Tore selbst schießen.«

»Warum denn?«, wollte sie wissen.

»Weil die anderen es nicht taten.«

Zwei Wochen später stand Basti, die Hände auf dem Rücken, den Blick geradeaus, zwischen Philipp Lahm und Arne Friedrich auf dem Rasen des Stadions José Alvalade von Lissabon und sang die Nationalhymne.

Während des ganzen Liedes kniff er sich in den linken Handballen, um sicher zu sein, dass er nicht träumte.

Und während er die Hymne sang, sang es in seinem Kopf: Ich gehöre zur Startelf der deutschen Nationalmannschaft. Ich gehöre zur Startelf der deutschen Nationalmannschaft.

Es war ihm wurscht, dass die tschechischen Fans nach den Hymnen skandierten: »Auf Wiedersehen! Auf Wiedersehen!«

Und es war ihm auch wurscht, dass ihn die Wadenprellung nach dem Tritt von Jeremies beim Training noch immer schmerzte.

In der zwanzigsten Minute belehrte er alle eines Besseren, die sagten, er sei eigensinnig: Er bediente Ballack mit einem so herrlichen Pass, dass der ein Traumtor schießen konnte.

Das reichte nicht. Deutschland verlor gegen Tschechien eins zu zwei und musste nach Hause.

Oder wie Basti mit Daniela ein paar Tage an die Algarve. Und dann vielleicht noch ohne festes Ziel etwas weiter.

Als er aus dem Urlaub zurückkam, hatte sich München verändert. In der U-Bahn, auf der Straße und in den Clubs wurde er erkannt. Die Medien hatten sein Gesicht vertraut gemacht.

Auch Bayern München hatte sich verändert. Ottmar Hitzfeld war weg, Felix Magath war da.

Basti fuhr in die Säbener Straße, einen Tag bevor das Training wieder begann. Er wollte den neuen Trainer begrüßen und einen guten Eindruck machen.

Er sah Felix Magath von weitem. Er stand am Rand des Profi-Trainingsplatzes mit Assistenztrainern und anderen Mitarbeitern.

Basti setzte sich auf eine Bank und wartete.

Beinahe eine Stunde dauerte es, bis sich die Gruppe auflöste. Magath ging auf das Leistungszentrum zu, wo sich das Trainerbüro befand.

Basti erhob sich und ging ihm entgegen.

»Grüß Gott, Trainer. Ich wollte Sie begrüßen und mich vorstellen.«

Basti streckte ihm die Hand entgegen.

Felix Magath fragte: »Wer sind Sie überhaupt?«

Am Abend erzählte er Dani die Szene. »Warum tut er das?«

»Weil die Münchner Fans dich ›Fußballgott‹ nennen.«

Bei einem Testspiel gegen 1860 München verletzte sich Basti den Außenmeniskus am rechten Knie. Er wurde operiert und musste zehn Tage pausieren. Nach dem ersten Lauftraining fand ein Spiel in Mainz statt, und Magath ordnete an, dass die ganze Mannschaft mitmüsse.

Basti deutete auf sein Knie und fragte: »Ich auch?«

Magath sah ihn an: »Wer sind Sie überhaupt?«

Basti antwortete: »Ich bin der Basti.«

Jürgen Klinsmann hingegen, der neue Bundestrainer, wusste genau, wer Basti war. Er bot ihn auf für das Testspiel gegen Russland, und mit ihm zu Bastis Freude auch Lukas Podolski, mit dem er sich gut verstand und immer Spaß hatte.

Auch auf dem Platz.

Sie verwirrten den Gegner mit ihrem fröhlichen Kombinationsspiel und nutzten frech jede Gelegenheit, aufs Tor zu schießen.

Schon nach vierzehn Minuten prüfte Podolski den russischen Torwart mit einem Linksknaller aus sechzehn Meter Entfernung.

Die beiden Draufgänger Podolski und Schweinsteiger bestimmten bei den Deutschen das Tempo und die Spielfreude. Basti stach auch heraus, weil er sich für das Spiel die Haare frisch gebleicht hatte.

In der dreißigsten Minute verwandelte er einen Pass seines Kumpels mit einem Flachschuss, und in der neunundsechzigsten machte er sich für Felix Magath noch etwas weniger leicht vergesslich: Von halblinks zog er mit dem Ball nach innen, trickste mit einem Übersteiger zwei Gegenspieler aus, Podolski kreuzte, und Basti versenkte einen zweiten Flachschuss in die Ecke.

Es lag an der Verteidigung, dass das Spiel leider doch nur unentschieden endete, zwei zu zwei.

Das Resultat änderte nichts am tosenden Applaus, mit dem Basti in der dreiundachtzigsten Minute verabschiedet wurde.

Bald danach wurde in Deutschland der Confederations Cup ausgetragen, die Mini-WM zwischen Deutschland, Brasilien, Mexiko, Griechenland, Tunesien, Japan, Argentinien und Australien.

Als Hoeneß Basti beim ersten Spiel mit seinem gebleichten Irokesenschnitt einlaufen sah, drohte er über die Presse: »Er hat großes Glück, daß er jetzt weg ist. In 4 Wochen aber soll er wieder normale Haare haben, sonst gibt's Probleme. Ich habe ihn schon mal zum Friseur geschickt.«

Deutschland landete auf Platz drei und schoss fünfzehn Tore.

Fünf davon von Bastian Schweinsteiger und Lukas Podolski. Den Lausbuben Poldi & Schweini, wie die Presse die beiden zu nennen begann.

Der zwanzigjährige Lausbub Schweini kleidete sich jetzt lässig. Käppis, Jeans, Sneaker und Hoodies. Sein Vorbild in Sachen Kleidung war jetzt Justin Timberlake.

Es war spät geworden. Als Basti aufwachte, war es schon beinahe elf Uhr. Er war mit ein paar Freunden bis tief in die Nacht in den Clubs gewesen.

Er ging in die Küche und kochte sich Frühstück. Drei Fünf-Minuten-Eier, seine Spezialität. Er schnitt eine Scheibe Brot und brachte alles ins Esszimmer.

Auf dem Tisch lag eine Zeitschrift. Basti aß und blätterte beiläufig darin. An prominenter Stelle das Foto einer

Tennisspielerin. Sie hieß Ana Ivanović, eine sehr attraktive siebzehnjährige Serbin, die als Qualifikantin überraschenderweise das Turnier von Canberra gewonnen hatte.

Er konnte lesen, dass sie auf Platz 705 mit kleinen ITF-Turnieren ihre Profikarriere begonnen und bereits 26 Spiele und 6 Turniere gewonnen und das Jahr auf Platz 97 beendet hatte. Jetzt gewann sie schon ihr erstes WTA-Turnier in Canberra.

Das war so ähnlich wie bei ihm. Oder nein, bei ihm war es noch etwas extremer. Aber er war auch länger dabei: vor drei Jahren Profi geworden, schon zweimal mit Bayern das Double geholt.

Er gehörte zum erweiterten Kader der Nationalelf. Und wenn alles gutging, würde er im nächsten Jahr für Deutschland um die Weltmeisterschaft spielen.

Basti verspürte noch etwas Hunger, ging zurück in die Küche und überlegte, was er noch essen könnte. Sollte er vielleicht Kochunterricht nehmen? Oder doch lieber Englisch?

Inzwischen sprach Oliver Kahn, der Titan und seit bald drei Jahren sein wortkarger Sitznachbar, manchmal sogar ein paar Worte mit ihm.

Basti hatte den neuen Vertrag mit Bayern München unterschrieben und verdiente nun eins Komma acht Millionen Euro im Jahr plus Prämien. Und die Werbetreibenden rissen sich um ihn. Sein Berater hatte für ihn Verträge mit Adidas, Lamy, Bifi, Microsoft, Zewa, T-Com, Revell abgeschlossen.

Wenn er nicht spielte oder trainierte oder sich über der Konsole eines Computerspiels vergaß, hatte er Fotosessions oder andere Werbeauftritte.

Karl-Heinz Rummenigge machte sich Sorgen um seinen Jungstar. Er kritisierte über die Medien seine Beratung und sein Umfeld und warf ihnen vor, sie ließen Basti nur an Werbeverträge denken und belasteten ihn damit unnötig.

Basti selbst fühlte sich aber auch durch den Verein überfordert. Er schlug – ebenfalls über die Presse – vor, den Spielern, die durch Bundesliga, Nationalelf und Champions League ein extrem volles Programm hatten, mehr Freizeit zu gönnen. Und fügte hinzu, er habe das Gefühl, dass man jungen Spielern im Ausland respektvoller begegne.

»Hier bei uns wirst du hochgejubelt und sofort niedergemacht, wenn du einmal versagst.«

Plötzlich wurde Basti wieder der von ihm so bewunderte Éric Cantona in Erinnerung gerufen. Der Mann, der kürzlich für seine Jahre bei Manchester United zum »besten Premier-League-Spieler aller Zeiten« gewählt worden war:

Er war Spielertrainer der französischen Beachsoccer-Nationalmannschaft und in diesem Jahr Weltmeister geworden.

Cantona, der ihn vor acht Jahren dadurch unglücklich gemacht und beeindruckt hatte, dass er überraschend zurücktrat und es damit begründete, dass er den Wunsch habe, etwas anderes zu machen.

Er hatte tatsächlich etwas anderes gemacht.

In dieser hektischen Zeit vor der WM, als alle etwas von »Schweini« wollten und alle besser wussten als er, was er tun und lassen sollte, fragte er sich zum allerersten Mal, ob vielleicht auch für ihn einmal plötzlich der Moment kommen würde, an dem er den Wunsch hatte, etwas anderes zu machen.

Das ist eine Weltstar-Frisur

Es war noch nicht einmal halb sechs, als das Telefon klingelte. Basti und Dani schliefen noch.

»Lass es klingeln«, murmelte Basti.

Nach etwa zehn Mal hörte es auf. Einen Augenblick später fing es wieder an.

Dani stöhnte, angelte das Telefon vom Nachttisch. Und blickte auf das Display. »Dein Berater.«

Das Klingeln verstummte.

Unmittelbar darauf begann Bastis Handy zu musizieren. Er reagierte nicht. Das Handy verstummte. Dann ertönte das Signal, das eine SMS ankündigte.

Basti schaute aufs Display. »Melde dich. Wichtig!« Er legte das Handy zurück auf den Nachttisch.

Dani hatte, auf den Ellbogen gestützt, mitgelesen. »Warum rufst du ihn nicht an, wenn es doch wichtig ist?«

»Was wichtig für den Berater ist, ist nie wichtig für den Beratenen«, antwortete Basti und drehte sich noch einmal um.

Er sollte sich täuschen. Auf dem Weg zum Training sah er von seinem silbernen Audi R8 Spyder aus an einem Zeitungskasten die Schlagzeile: »Magath macht Schweini zur Sau!«

In der Mannschaftskabine lagen die Zeitungen herum.

Basti schnappte sich eine und las, was Magath über ihn sagte:

Er riet ihm, darüber nachzudenken, ob er seine Entwicklung bereits jetzt abschließen wolle. Er sollte sich wieder mehr auf das Fußballspielen konzentrieren. Er habe zu viele Berater, die zu sehr auf ihr eigenes Einkommen achteten und zu viele Werbeverträge abschlossen. Er sei nicht in Bestform, werde zu wenig eingesetzt und riskiere, auch seinen Platz in der Nationalmannschaft zu verlieren.

Erst als Basti von der Zeitung aufschaute, bemerkte er, wie still es in der Kabine geworden war. Alle sahen ihn an.

Basti lächelte und sagte: »Wenigstens weiß er jetzt endlich, wer ich bin.«

Magaths Stil der indirekten Kommunikation rief auch andere Medien auf den Plan. Eines davon fragte Basti: »Hat Ihnen Felix Magath den Spaß verdorben?« Er antwortete: »Überhaupt nicht.«

Diese Antwort war mehr an sich selbst gerichtet als an die Öffentlichkeit. Denn er, der immer von sich sagte, er mache nur, was ihm Spaß mache, durfte sich nicht eingestehen, dass er dabei war, den Spaß zu verlieren.

Aber im Stillen musste er schon zugeben, dass zumindest der Trainer wenig Spaß machte. Er sortierte Basti aus, setzte ihn auf die Bank und ließ ihn sogar in der Regionalliga spielen.

Doch nicht nur ihm, auch seinen Mitspielern machte der neue Trainer wenig Spaß. Dessen Methoden – in aller Herrgottsfrühe die achthundert Höhenmeter des Wallbergs hinaufrennen, stundenlang mit Medizinbällen Kondition trainieren – nervten. Und auch Marotten wie einen Spieler zu einer Aussprache in sein Büro zu bestellen und dann nur endlos ohne ein Wort in seinem Tee zu rühren.

Am schlechtesten kam bei den Spielern an, wie Magath in den Medien über sie sprach. Zum Beispiel: »Profis stehen zu lange vor dem Spiegel. Der Gedanke, wie sie jubeln sollen, ist ihnen wichtiger als Tore. Sie schmieren sich Gel ins Haar und wollen gut dastehen.«

»Warum spricht der so über euch?«, fragte Danis Mutter einmal, als sie im ›Rothof‹ nach Lokalschluss noch etwas zusammensaßen.

»Aus Neid«, antwortete Basti.

⚽

Es kam noch schlimmer.

Im Jahr zuvor war ein großer Wettskandal aufgeflogen. Ein Schiedsrichter saß für zwei Jahre und fünf Monate in Haft, und drei weitere Beteiligte waren wegen Wettbetrugs verurteilt worden.

Im März 2006 meldete ein Fernsehmagazin, dass auch ein Nationalspieler in den Skandal verwickelt sei. Und kurz darauf enthüllte die Münchner Boulevardzeitung TZ fett, dass es sich um Bastian Schweinsteiger handle.

Basti lag im Bett. Auf seinem Nachttisch Medikamentenschachteln und Papiertaschentücher. Dani brachte ihm einen Tee.

Er setzte sich auf die Bettkante. Das Telefon war ausgesteckt und sein Handy ausgeschaltet. Er wollte seine Ruhe.

Als er das Smartphone einschaltete, brach ein Gewitter von verpassten Anrufen und SMS über ihn herein. Sein Vater, sein Bruder, Teamkollegen, sein Berater und zwei, die es werden wollten, der Trainer und Hoeneß.

Den rief er an. »Was ist los?«

»Der Teufel«, antwortete Hoeneß. »Wo bist du?«

»Im Bett. Mit achtunddreißig vier.«

»Quirin holt dich ab.«

»Ich kann nicht trainieren.«

»Musst du auch nicht. In zehn Minuten ist er bei dir.«

Dani fragte: »Was hat er geantwortet, als du sagtest, dass du Fieber hast und nicht trainieren kannst?«

»Ich müsse nicht trainieren.«

»Wozu musst du denn kommen?«

»Weil der Teufel los sei.«

Quirin, der Fahrer von Bayern München, hatte für Basti auf dem Rücksitz der Audi Limousine ein Exemplar der Zeitung bereitgelegt.

Basti sah sich und zwei Spieler von 1860 München auf dem Titel und las die Schlagzeile:

Wie tief stecken sie im Wett-Sumpf?

Darunter stand:

Alle drei gelten als »Beschuldigte« – Polizeiverhör – Hohe Wetteinsätze

154

Basti hob den Blick und sah im Rückspiegel direkt in Quirins Augen. Der grinste verlegen und hob die Schultern.

Er las weiter. Der Artikel berichtete, dass neben den zwei Zweitliga-Spielern auch die große Hoffnung für die WM in vierundachtzig Tagen von der Staatsanwaltschaft München I als »Beschuldigter« im Wettskandal geführt würde. Er solle sehr hohe Wetteinsätze auf möglicherweise manipulierte Fußballspiele gesetzt haben und sei bereits von der Polizei verhört worden.

Wieder trafen sich die Blicke von Quirin und Basti im Rückspiegel.

»Alles gelogen«, sagte Basti.

»Natürlich«, antwortete Quirin.

Die Säbener Straße 51–57 befand sich im Belagerungszustand: Dutzende von Presseleuten, Übertragungswagen, Kamerateams blockierten den Zugang.

Quirin steuerte die Limousine langsam und immer wieder hupend auf die Einfahrt der Tiefgarage zu, die sich jetzt langsam öffnete. Zwei Sicherheitsleute versuchten, die aufdringliche Presse fernzuhalten. Kameras blitzen in das Wageninnere, und Reporter mit Mikrofonen klopften herrisch an die Scheiben.

Basti hielt den Blick geradeaus gerichtet und versuchte ein entspanntes und sorgloses Gesicht zu machen.

Er atmete auf, als sich das Garagentor hinter ihnen wieder geschlossen hatte.

Als er das Büro von Hoeneß betrat, war dieser am Telefon. Er sagte: »Jetzt kommt er gerade. Ja, das werde ich tun, dann ruf ich zurück.«

Er legte auf. »Das war Michael Nesselhauf, der beste Anwalt für solche Dinge. Er will, dass ich dir folgende Frage stelle und dann zurückrufe. Je nach deiner Antwort übernimmt er die Sache oder nicht.«

Er trat auf Basti zu und sah ihm in die Augen. »Du hast den Artikel gelesen, nicht wahr?«

Basti nickte und wollte etwas sagen. Aber Hoeneß ließ ihn nicht zu Wort kommen: »Entspricht irgendetwas davon auch nur im Entferntesten der Wahrheit?«

»Nichts, nichts, nichts. Ich habe noch nie im Leben auch nur einen Euro gewettet. Ich wette um Haarefärben oder Fingernägellackieren. Sonst um nichts.«

Ohne ein weiteres Wort zu verlieren, drückte Hoeneß auf die Wiederholungstaste und ließ sich mit dem Anwalt verbinden.

»Wie ich gesagt habe: Alles erstunken und erlogen.«

Er legte auf, bestellte zwei Kaffee und bot Basti einen Sessel in der Sitzgruppe an. Sie setzten sich.

»Jetzt steht dir eine harte Zeit bevor.«

»Warum? Wenn es doch nicht wahr ist?«

»Das interessiert keinen Menschen.«

»Und nun?«, fragte Basti.

»Du sprichst mit niemandem von der Presse. Du gehst nicht aus. Du hast mit niemandem Kontakt, den du nicht kennst und dem du nicht vertraust. Klar?«

»Okay, Manager«, sagte Basti und erhob sich.

»Wohin willst du?«

»Ins Training.«

»Ich dachte, du hast Fieber.«

»Schon. Aber ich muss spielen. Sonst denken alle, ich verkrieche mich.«

⚽

Hoeneß behielt recht: Die Zeiten wurden hart für Basti.

Die Zeitung widerrief zwar alles, entschuldigte sich und entließ den verantwortlichen stellvertretenden Chefredakteur, die Staatsanwaltschaft dementierte, dass Bastian Schweinsteiger im Verdacht stehe, irgendetwas mit dem Skandal zu tun habe oder vernommen worden sei. Beckenbauer nahm ihn öffentlich in Schutz, und Klinsmann ließ keinen Zweifel daran, dass Basti bei der Weltmeisterschaft in Deutschland eine wichtige Rolle spielen werde.

Aber nichts war mehr, wie es einmal war.

Am Montag nach dem Spiel gegen Schalke, an dem Basti noch nicht fit genug zum Mitspielen war, ging er mit Roy Makaay, der in der neunundachtzigsten Minute das drei zu null geschossen hatte, zu seinem Lieblingsitaliener. Er dachte, es sei nun etwas Gras über die Sache gewachsen.

Aber er hatte sich getäuscht. Die Passanten riefen ihm nicht wie sonst ein fröhliches »Hallo, Schweini!« zu, und die Gäste kamen nicht an den Tisch und baten um ein Autogramm. Es wurde still im Raum, als sie ihn betraten, und an den Tischen wurde getuschelt.

Oliver Kahn, der vor nicht allzu langer Zeit ihm gegenüber so wortkarg gewesen war, tröstete ihn jetzt. Er erklärte Basti, dass es in einer langen Karriere – und seine werde eine solche werden, da sei er sicher – solche Tiefpunkte gebe. Und er übte mit ihm Standardsituationen, manchmal bis spät.

Basti ging kaum mehr aus. Er verbrachte die Abende zu Hause oder im ›Rothof‹ bei Gulaschsuppe und Tischfußball.

Beim richtigen Fußball litt er unter Formschwankungen. Nur sieben Mal ließ ihn der Trainer in dieser Bundesliga-Saison durchspielen.

Felix Magath sah ihn nur noch als Aushilfsspieler vor. Und wenn er ihn einsetzte, verschob er ihn von Position zu Position. Beim DFB-Pokalfinale in Berlin warf Basti sein Ersatzspielerleibchen verärgert hinter die Trainerbank, als Magath ihn sich nur warmlaufen ließ.

Ab dem 16. Mai war Basti bei der Nationalmannschaft, und Jürgen Klinsmann sorgte mit seiner optimistischen Art, seinen unkonventionellen Methoden und einfach dadurch, dass er an ihn glaubte, dafür, dass Basti wieder auf die Beine kam.

Joachim Löw, der Assistent des Bundestrainers, wunderte sich öffentlich über die Entscheidungen seines Münchner Kollegen. Er wisse nicht, warum Basti in München nicht gespielt habe oder ständig nur eingewechselt wurde.

Auch Oliver Bierhoff, für den Klinsmann eigens die Stelle des Teammanagers geschaffen hatte, baute ihn auf. Mit der Aussage: »Er wird bei uns bald den Kopf frei haben, wie schon vor dem Confed-Cup. Dann ist er auch bei der WM gut drauf.«

Die Frau seines Jugendtrainers Stephan Beckenbauer schenkte ihm eine energiespendende Halskette als Talisman.

Und Basti sorgte auch selbst für Glücksbringer: Auf seinem rechten Schuh ließ er die Buchstaben T, F und

M eingravieren. Sie standen für die Namen seiner Familie: Tobi, Fred und Moni. Auf seinem linken stand S für Schweinsteiger, D für Daniela und 7 für seine Rückennummer.

⚽

Es roch intensiv nach Lavendel, der Raum war erfüllt von den Klängen tibetischer Klangschalen, Basti saß im Lotussitz auf einer Yogamatte und dachte beim Einatmen »Lass« und beim Ausatmen »los«.

Wenn er die Augen nicht geschlossen hätte, würde er die besten Fußballer Deutschlands sehen, die das Gleiche taten.

»Lass los, lass los, lass los.«

Sie praktizierten das Jivamukti-Yoga, eine Yogatechnik aus New York. Sie half, das eigene Mitgefühl wiederzuentdecken, ein Gefühl der Verbundenheit zu spüren und das Leben anderer zu bereichern.

Als der Yogalehrer dies erklärte, hatte Basti gefragt: »Auch das unserer Gegner?« Und damit für große Heiterkeit gesorgt. Heiterkeit, die ganz im Sinn von Jürgen Klinsmann war. Auch wenn sie manchmal auf Kosten der etwas entrückten Trainingsmethoden ging.

Sie befanden sich im Fünfsterneresort Forte Village auf Sardinien, das der Nationalmannschaft als Regenerationscamp vor der EM diente. Weißer Sand, blaues Meer, Pool und Pinien. Man spielte Strandvolleyball, veranstaltete Barbecues und entspannte sich im Spa. Die Frauen, Freundinnen und Kinder waren auch dabei.

Vor vier Jahren hatte sich hier die englische Nationalmannschaft auf die EM vorbereitet. Sie hatten sich vorgenommen, es nicht als schlechtes Omen zu betrachten, dass David Beckham beim Elfmeterschießen den Ball über das Tor geschossen hatte und so das Viertelfinale verloren worden war.

Was die Stimmung etwas trübte: Der Fitness-Test hatte ergeben, dass die Mannschaft weniger fit war als vor der letzten EM. Und so wurde das Programm etwas angereichert mit Strandjoggen, Medizinbälle-Stemmen und Gummi-Twist. Auch Basti musste mitmachen, obwohl die Trainer ihm – trotz seiner schwierigen Skandaltage – eine exzellente Fitness attestierten.

Nach den schönen Tagen in Sardinien flogen Frauen und Kinder nach Hause und die Mannschaft nach Genf. Klinsmann hatte dort das Hotel La Réserve Genève gepachtet, weil er befürchtete, dass sie bei einer Vorbereitung in Deutschland zu sehr gestört würden.

Dort hat Klinsmann einen mobilen Trainingsraum mit Hightech-Fitnessgeräten aus Phoenix, Arizona, einrichten lassen. Die Maschinen waren luftdruckgesteuert, und man konnte damit Kraft- und Schnelligkeitstraining kombinieren. Danach würde der Trainingsraum nach Berlin gebracht und in einer Tennishalle untergebracht werden.

Das Training absolvierten sie im Stade de Genève, dem drittgrößten Fußballstadion der Schweiz.

Und Teamgeist – wie es ist, wenn ein Rädchen ins andere greift – konnten sie in einem Uhrmacherkurs erfahren.

Jeder erhielt eine Uhr und durfte sie auseinandernehmen. Aber danach musste jeder sie auch wieder zusammenbauen.

Immer wieder sprangen Basti die winzigen Teilchen von der Pinzette. Doch am Ende lief der kleine Zeitmesser wieder wie eine Schweizer Uhr.

Genau wie sein Spiel in den vier Testspielen: Er schoss zwei Tore gegen Servette Genf, rettete das zwei zu zwei gegen Japan, und beim drei zu null gegen Kolumbien traf er und legte auf.

Im Trainingsspiel gegen Luxemburg spielte er genau so, wie es Klinsmanns Offensivstrategie entsprach. Sein Zusammenspiel mit Podolski klappte wie das der Rädchen im Uhrwerk.

»Man sieht, dass er sich wohlfühlt«, sagte Klinsmann.

Was – vielleicht mit Ausnahme von Magath – alle gehofft hatten, traf ein: Basti blühte im Nationalteam wieder auf.

In Berlin hatte Jürgen Klinsmann das gesamte Schlosshotel Grunewald mit seinen fünfundfünfzig nach Plänen von Karl Lagerfeld gestalteten Zimmern gemietet und es noch ein wenig luxuriöser machen lassen. Die einundachtzig Angestellten trugen nun schwarze Hosen oder Röcke und weiße T-Shirts – wie die deutsche Mannschaft auf dem Platz.

Im parkähnlichen Garten wurden zwischen den alten

Kiefern, Fichten und Kastanien weiße Zelte aufgestellt, in denen die Spieler ungestört Boule, Dart und Minigolf spielen und sich im Bogenschießen üben konnten. Eines der Zelte war die Players Lounge, zu der die Trainer keinen Zutritt hatten. Dort befanden sich die Playstations für Computerspiele.

Damit die Spieler auch nicht auf dem Weg zu den Zelten fotografiert werden konnten, wurde das Grundstück eingezäunt und der Zaun mit Bastmatten zugehängt.

Für das Teamgefühl wurde die Tischordnung täglich gewechselt. Aus den Minibars wurden Alkohol, Süßgetränke und Junkfood entfernt und durch Gesundes und Leichtes ersetzt.

Die Spielerfrauen hatten keinen Zutritt zum Grunewald. Und für die Familien gab es nur einen einzigen Tag der offenen Tür.

Die Bundeskanzlerin dagegen hatte kein Hausverbot. Als sie auf einen Sprung im Grunewald vorbeikam, unterhielt sie sich mit Basti. Über alles außer Fußball.

Beim Training an den Hightech-Geräten durften die Spieler ihre eigene Musik vom iPod hören. Bei Kahn, Lehmann, Nowotny, Schneider und Neuville war das der Sound von Coldplay und den Red Hot Chili Peppers. Basti, Podolski, Asamoah, Klose und Odonkor standen auf 50 Cent, Kanye West und die Black Eyed Peas.

⚽

Am 2. Juni wurde im Borussia Park in Mönchengladbach der letzte Test vor der WM angepfiffen: Deutschland gegen Kolumbien.

Bereits in der zweiten Minute schoss Basti aus spitzem Winkel aufs Tor, nur Millimeter am langen Pfosten vorbei. In der neunten Minute donnerte er das Leder von der Strafraumgrenze auf das Tor, verzog aber ein wenig. In der zwölften Minute verpasste er den Kasten noch knapper von halblinks.

Und dann, in der einundzwanzigsten Minute, ein Freistoß. Basti brachte ihn so sauber in die Mitte, dass Ballack unbedrängt nur noch einzunicken brauchte. Eins zu null.

Und so ging es weiter.

Bis zur achtunddreißigsten Minute.

Wieder stand Basti beim Freistoß. Distanz zum Tor etwa fünfundzwanzig Meter. Die Zuschauer machten die Welle.

Basti legte sich den Ball zurecht. Nahm Anlauf und feuerte den Ball fadengerade ins Tor.

Er breitete die Arme aus, aber plötzlich wandte er sich von seinen Mitspielern ab und rannte an der Trainerbank vorbei, aber nicht zu Klinsmann, der aufgesprungen war in der Meinung, der Jubel gelte ihm, sondern er warf sich Oliver Kahn in die Arme. Dem Mann, der mit ihm in seinen Krisenzeiten genau das immer wieder geübt hatte.

»Jetzt hab ich's getan, ich hab's getan, danke, danke!«

Das Spiel endete drei zu null. Die Medien waren sich einig: Ein Schweinsteiger in dieser Form gehörte bei der WM in die Stammelf.

Dort war er dann auch.

Deutschland schaffte es zwar nicht ins Finale, aber das »Spiel der Verlierer«, wie das Spiel um den dritten Platz eines Turniers bis zu diesem Samstag im Juli hieß, wurde nochmals zu einem großen Festspiel für Deutschland im Sommermärchen. Gegen Portugal, den Gegner beim Match um Platz drei, spielte Basti das Spiel seines Lebens.

Er schoss mit dem Distanzschuss das eins zu null, seinen Freistoß fünf Minuten später lenkte der Portugiese Petit ins eigene Tor ab, und in der achtundsiebzigsten Minute schoss er wieder mit einem Distanzschuss das dritte Tor – er war beim drei zu eins gegen Portugal der zweieinhalbfache Torschütze.

Zur Feier seines letzten Tors zog er sein Trikot aus und kassierte dafür eine gelbe Karte.

Bundeskanzlerin Merkel küsste nach dem Spiel Bundestrainer Klinsmann und sagte: »Dass wir uns auch freuen können, wenn wir nicht Erste werden, das, finde ich, ist der eigentliche Gewinn.«

Es gab ein großes Feuerwerk, die deutschen Spieler trugen alle T-Shirts mit der schwarzrotgoldenen Aufschrift »Danke Deutschland«, im Stadion in Stuttgart hingen Plakate mit »Danke für die geile Zeit« oder »Deutschland, Weltmeister der Herzen«.

⚽

Es war eine WM der Gefühle.

Und das Schönste daran war, dass sich diese Gefühle auf eine lockere, ungetrübte, fröhliche Art zeigten. Im Publikum und dann vor allem auf den Straßen in ganz Deutschland, bei den vielen Festen, war die Begeisterung ansteckend. »Die Kinder wünschen sich die Erwachsenen so fröhlich wie in den letzten Wochen, die Jugendlichen träumen von einer coolen Stadt, in der die Fanmeile zum Wahrzeichen für Lebensfreude wurde«, schrieb der deutsche Philosoph und Sportsoziologe Gunter Gebauer. »Das Bild unseres Landes, das in diesen Sommernächten entsteht, ist nicht das wirkliche Bild Deutschlands, aber das Bild eines Landes, das man sich in Deutschland wirklich wünscht.«

Und der langjährige Sportchef des Zürcher *Tages-Anzeiger*, Fredy Wettstein, schrieb: »Ein Land färbte sich plötzlich schwarz-rot-gold und zeigte Menschen, die sich dafür nicht schämten. Weil sie jetzt eine Nation waren, aber ohne Nationalismus, ein fröhliches, friedliches, feierndes Volk, das keinem mehr Angst machte.«

Basti und Poldi wurden Symbolfiguren dieses neuen Landes.

Und die andere Symbolfigur dieser Wochen, Franz Beckenbauer, überraschte ganz Deutschland mitten in dieser Euphorie mit einem romantischen Bild: Er saß auf einer verwitterten Bank mit einer Sommerwiese dahinter, eine lachsfarbene Rose im Knopfloch, Händchen haltend mit Heidi, mit goldenen Ringen.

Der Kaiser und jetzt offiziell die Kaiserin. Franz Beckenbauer und seine Heidi hatten geheiratet, mitten in der WM, auf dem Standesamt in Oberndorf bei Kitzbühel, wo er kurzfristig hingeflogen war. Niemand außer den Trauzeugen war dabei gewesen.

Außer natürlich *Bild*.

Bei der Begrüßungsfeier am Brandenburger Tor setzte sich Basti, der eine große, schwarze Sonnenbrille trug, beim Auftritt der Sportsfreunde Stiller ans Schlagzeug. Der Drummer Flo erzählte später: »Ich bin Sechzger. Und als dann plötzlich der Schweinsteiger neben mir am Schlagzeug auftauchte, hab ich aus Reflex gebrüllt: ›Hau ab, du Bayern-Sau!‹« Und alle lachten. Und sangen in angepasster Version den Song, der während der WM überall gesungen wurde:

Eins, und zwei, und drei, und vier,
'54, '74, '90, 2010,
Ja so stimmen wir alle ein,
Mit dem Herz in der Hand und der Leidenschaft im
Bein.

In Oberaudorf wurde Basti von zweitausend Fans empfangen. Als er die Bühne des Kurpavillons bestieg, schmetterte die Musikkapelle Oberaudorf. Das Dorf war festlich geschmückt. Überall hingen Plakate mit Bastis Bild und der Aufschrift »Unser Weltmeister der Herzen«.

Der Bürgermeister nahm einen Fußabdruck von ihm, um ihn in Bronze zu gießen und vor dem Rathaus in den Boden einzulassen.

Bastian Schweinsteiger wirkte von den Fahnen, Reden, Pauken und Trompeten etwas eingeschüchtert. Als ihm der Bürgermeister das Mikrofon übergab, sagte er mit leiser Stimme: »Ich danke euch von Herzen. Aber das Wichtigste ist doch die Freude am Fußballspielen.«

Nach den Festlichkeiten saß Basti in seinem Elternhaus mit Mum und Dad und Tobi. Sie waren alle vier etwas wortkarg nach der Feier.

Fred, der kein guter Schweiger war, versuchte ein Gespräch in Gang zu bringen.

»Wie fühlst du dich?«, fragte er.

»Müde.«

»Und sonst?«

»Wie immer. Normal.«

»Das bist du jetzt aber nicht mehr. Du bist jetzt ein Star.«

»So fühle ich mich aber nicht. Wenn ich durch Oberaudorf gehe oder durch Schwabing oder sonst wo, dann denke ich nicht: ›Hier geht der Star Bastian Schweinsteiger durch Oberaudorf oder Schwabing oder so.‹ Da denke ich zum Beispiel: ›Aha, der ,Kaiserblick‘ hat die Fassade frisch gestrichen‹ oder: ›Die Metzgerei Pfeiffer macht schon zu.‹ Ganz normal.«

»Du wirst dich daran gewöhnen müssen, etwas Besonderes zu sein«, sagte Dad.

»Das werde ich nicht.« Basti stand auf.

»Das werden wir ja sehen«, widersprach Fred.

Tobi mischte sich ein: »Wenn Basti sagt, dass er sich nicht als etwas Besonderes fühlt, dann glaube ich ihm das.«

Fred wiederholte: »Wir werden es ja sehen.«

Basti wandte sich zur Treppe.

»Was hast du vor?«, fragte Mum.

»Nichts Besonderes. Schlafen.«

Der dritte Platz machte ihn glücklich, der zweite machte ihn traurig.

Das Finale Italien gegen Frankreich lief in der zweiten Halbzeit der Verlängerung. Bastis Idol Zidane hatte bereits in der siebten Minute einen von Materazzi verschuldeten Strafstoß verwandelt. Und wie: elegant, aber auch etwas arrogant. Ein Heber an die Latte und mitten ins Tor.

Und dann, zwölf Minuten später, der Ausgleich. Ausgerechnet durch Materazzi.

Die Franzosen dominierten das Spiel, aber es gelang ihnen kein Tor.

Kurz vor der Halbzeit der Verlängerung hatte Buffon einen unhaltbaren Kopfball von Zidane gehalten. Der hatte aufgebrüllt vor Wut.

Dann die zweite Halbzeit. Die Franzosen gaben weiterhin den Ton an.

Zehn Minuten vor Schluss sah Basti, wie Materazzi am

Leibchen von Zidane zupfte. Dieser sagte im Vorbeigehen etwas zu ihm. Materazzi antwortete.

Zidane sah sich kurz nach ihm um und ging weiter.

Aber Materazzi rief ihm etwas nach.

Jetzt stoppte Zidane, ging ihm entgegen und – rammte ihm den Kopf vor die Brust.

Materazzi stürzte theatralisch zu Boden.

Zidane erhielt die rote Karte.

Mit leerem Blick und wässrigen Augen ging er hinunter zu den Kabinen. Vorbei an der kleinen Säule, auf der der Pokal auf die Sieger wartete.

Auch Basti hatte wässrige Augen.

Frankreich musste die zehn Minuten zu zehnt zu Ende spielen und verlor das Elfmeterschießen.

Nach dem Spiel sagte Basti zu Tobi: »Im Fußball kann jeder jeden beleidigen, wie er will, wenn es der Schiri nicht mitkriegt, passiert nichts. Du musst es einfach hinnehmen.«

»Zidane nimmt es nicht einfach hin. Das war jetzt seine fünfzehnte Rote.«

»Irgendwie verstehe ich es«, sagte Basti nachdenklich.

»Glaubst du, das könnte dir auch passieren?«

»Mir? Nein. Nie.«

Am zweiten Spieltag wechselte ihn Magath in der neunzigsten Minute beim Stand von zwei zu eins gegen Dos Santos aus. In der siebenundsiebzigsten Minute hatte er freistehend eine Chance vergeben, und fünf Minuten später gleich noch mal.

Als die Mannschaftskameraden in die Kabine kamen, saß er noch immer mit ausgestreckten Beinen vor dem Spind und hatte es nicht einmal geschafft, die Schuhsenkel zu öffnen, so platt war er.

Dani holte ihn ab und fuhr ihn nach Hause. Dort saß er erschöpft vor dem Fernseher, trank eine Cola aus der Flasche und sah den Schluss des *Tatort* und die *Tagesthemen* mit dem Sport. Er konnte sich noch einmal sehen, wie er die beiden Torchancen vergab, und danach einen kurzen Bericht über das Tennis-Damenfinale in Montreal, bei dem die Weltnummer sieben, die Schweizerin Martina Hingis, von der achtzehnjährigen Weltnummer vierzehn Ana Ivanović, besiegt wurde.

Von ihm aus hätte der Bericht ruhig länger sein dürfen.

»Was? Basti Deisler? Warum das? Der ist doch nur – wie viel? – höchstens vier Jahre älter.«

Deisler war einer der Gründe, weshalb er in der Mannschaft »Schweini« genannt wurde. Deisler war der Basti mit den älteren Rechten. Er galt als einer der begnadetsten Fußballer Deutschlands.

Sie kamen gut aus miteinander und saßen im Mannschaftsbus am selben Tisch. Aber nie hatte er eine Bemerkung gemacht, dass er an Rücktritt denke.

Deisler hatte zwar viel Verletzungspech gehabt und war wochen- oder monatelang ausgefallen. Aber er rappelte sich immer wieder auf und bewies aufs Neue, dass er nicht umsonst als einer der Größten galt.

Und jetzt, in den ersten Tagen des neuen Jahres, stand er vor einer Wand voller bunter Markenzeichen von Telekom, Adidas, Nikon und so weiter, blickte mit seinen großen braunen Augen an der Kamera vorbei und sagte mit leiser Stimme: »Die Entscheidung steht, und darüber bin ich glücklich. Und das ist so.«

Basti hatte Deisler immer gemocht, jetzt bewunderte er ihn. Er hat recht, das Leben ist wichtiger als der Fußball. Ob ich das auch einmal schaffe, einfach aufhören, wenn mir der Fußball keine Freude mehr macht?

Ich glaube schon. Wenn die Freude geht, dann gehe ich auch.

⚽

In der Winterpause reiste er nicht irgendwohin an die Sonne wie alle anderen der Mannschaft.

Er hätte auch nicht gewusst, mit wem. Dani und er hatten sich getrennt.

Er wusste selbst nicht richtig, warum. Sie hatten sich »auseinandergelebt«, wie sie es nannten, wenn sie gefragt wurden. Aber wie ging das, das »Auseinanderleben«?

Natürlich war für ihn klar gewesen, dass ihre Beziehung nicht fürs Leben war. Dafür waren sie beide zu jung. Irgendwann würde das auseinandergehen. Aber jetzt?

Bayerns Sportpsychologe, zu dem er jetzt öfter ging, hatte ihm gesagt, wer den ersten Schritt tue, habe es leichter. Aber um den ersten Schritt zu tun, war er zu ungern alleine.

In der Winterpause blieb er einfach zu Hause. Besuchte seine Eltern und seinen Bruder in Oberaudorf, fuhr ein bisschen Ski und versuchte, sich daran zu gewöhnen, dass wildfremde Leute auf ihn zukamen und sich bedankten für den tollen Sommer.

Müde fühlte er sich auch. Nicht leer und alt und müde wie Basti Deisler. Nur müde.

Er war der in der Mannschaft, der am meisten Länderspiele gespielt hatte und auch am meisten Pflichtspiele. Auch da Rekordhalter. Aber ein müder Rekordhalter, das schon.

Doch nach der Winterpause, da war er sich sicher, würde er ausgeruht und in alter Frische wieder das tun, was er am liebsten tat. Vor allem, weil Felix Magath dann nicht mehr sein Trainer war, sondern Ottmar Hitzfeld zurückkam. Darauf freute er sich jeden Tag mehr.

Nur: Nach der Winterpause und dem freudigen Wiedersehen mit Ottmar Hitzfeld spielte Basti trotzdem immer wieder schwach und unkonzentriert.

Er verbrachte viel Zeit im ›Rothof‹ bei Danielas Mutter und ihrem Freund. Beide waren ihm zu Vertrauenspersonen geworden. Er drehte regelmäßig seine Runde im Nachtleben, schlief zu wenig, aß zu viel und geriet immer mehr aus der Form.

Das alles wäre halb so schlimm gewesen, wenn ihm nicht seine wichtigste Eigenschaft abhandengekommen wäre: seine Unbekümmertheit.

Wenn er nicht unterwegs war, saß er grüblerisch alleine in seinem viel zu großen Haus.

Und er war nicht gut im Alleinsein. Seit er sich erinnern konnte, hatte er sich alleine gefürchtet. Und diese Furcht war nie ganz verschwunden. Er wusste nicht, wovor, und nicht, woher sie kam, aber sie war da. Er brauchte Menschen um sich.

Trainer Hitzfeld zeigte wie immer Verständnis für seinen jungen Star. »Seit der WM wird Bastian gefeiert wie ein Popstar«, lautete seine Diagnose. »Für mich ist es wahnsinnig, was in dieser Zeit auf ihn eingebrochen ist. Was er da alles verkraften musste, ist einfach nicht zu schaffen.«

Er annullierte eine offiziell angekündigte Pressekonferenz mit Basti kurzfristig und zog ihn für eine Weile aus dem Verkehr.

Bayern Münchens Manager, Uli Hoeneß, glaubte an eine andere Art der Motivation: die der öffentlichen Kritik. Schon in der Winterpause ließ er verlauten: »Dem Schweini haben in den letzten sechs Monaten zu viele Leute Puderzucker in den Hintern geblasen. Den klopfe ich nun wieder raus. Ich akzeptiere nicht mehr, was da zuletzt abgelaufen ist. Er arbeitet auf dem Platz zu wenig.«

Basti steckte das kommentarlos weg.

Und auch das: »Ich werde nie aufhören, ihn zu kritisieren. Bis er mal eine Saison spielt, wie ich mir das vorstelle. Davon ist er nach wie vor weit entfernt.« Und schließlich schluckte er sogar das: »Er muss endlich merken, dass dieses Sommermärchen vorbei ist! Bei der WM wurde softer gespielt. Jetzt, in der Champions League zum Beispiel, ist das eine andere Gangart. Das hat er noch nicht begriffen. Die Leichtigkeit der WM ist vorbei!«

Und dann, wie vor drei Jahren, erwachte er mit einem stechenden Schmerz im linken Knie. Wieder kam er kaum mehr aus dem Bett. Nur war diesmal wirklich keine Daniela da, die ihm hätte helfen können.

Er rief Ottmar Hitzfeld an und schilderte die Situation. Der Trainer schickte ihm Quirin, und der brachte ihn zu Mull, dem Bayern-Doc Müller-Wohlfahrt.

Das Viertelfinale-Rückspiel der Champions League gegen AC Milan könne er vergessen, war Mulls Bescheid. Er habe den Verdacht, die schwere Entzündung im Knie sei eine Spätfolge des Zeckenbisses.

Er fürchte, Basti falle für längere Zeit aus.

Was macht ein Fußballprofi, der nicht spielen kann, den ganzen Tag?, fragte sich Basti. Shoppen, war seine Antwort.

Modisches vor allem.

Manchmal wurde er mit Tattoos gesehen. Keine echten, er zog sich einfach einen Tattoo-Strumpf über den Arm und machte so seine Runde durch Restaurants und Cafés. Mode wurde ihm immer wichtiger, er probierte gerne Schräges aus.

Bei einer seiner Shoppingtouren Anfang Mai fiel ihm in einer Szene-Boutique eine junge Frau auf. Sie war ganz in Pink gekleidet, in ihren Pumps fast eins neunzig groß, sehr jung und sehr schön.

Sie wechselten ein paar schüchterne Worte.

Sie hieß Sarah.

⚽

Jeden Tag, an dem es nicht Katzen hagelte, ging Basti nach der Physiotherapie an die Isar. Sie enthielt zwar kein Wasser vom Auerbach, aber sie kam auch von den Alpen und führte Gletscherwasser. Vielleicht war es auch heilsam.

Er ging immer an eine Stelle, wo es etwas Schatten gab und nur wenige Leute, die ihn mit Baseball-Cap und Vintage-Sonnenbrille erkannten.

Am Ufer setzte sich Basti immer auf denselben Stein und ließ die Beine ins Wasser baumeln. Manchmal erkannten ihn Spaziergänger und riefen: »Hallo, Basti!«

Und Basti grüßte zurück.

Der Fluss war noch kalt um diese Jahreszeit. Er ließ das Knie im Wasser, bis er kein Gefühl mehr darin hatte. Auf dem Rückweg konnte er dann besser gehen. Vielleicht war der Schmerz nur betäubt. Aber vielleicht auch jedes Mal ein wenig gelindert.

Basti schloss die Augen.

Er war jetzt am Auerbach. Unter der Eisenbahnbrücke. Er hörte die Stimmen von Mum und Dad und Tobi. Und Kindern. Sie lachten und kreischten. Es roch nach Holzkohle.

Langsam näherte sich ein Sirren, wurde zu einem Schnarren, Scheppern, Rattern und übertönte alle anderen Geräusche.

Dann wurde es leiser und leiser und verebbte schließlich. Das Lachen, Rufen, Plantschen der Kinder nahm wieder überhand.

Der Zug war vorbeigefahren.

Basti öffnete die Augen und war zurück an der Isar.

Ganz in der Nähe hatte sich eine Gruppe Mädchen niedergelassen. »Hallo, Schweini!«, riefen sie.

»Hallo!«, rief er zurück.

Er versuchte, nicht zu humpeln, als er an ihnen vorbeiging.

Ende Mai sagte Mull bei einer seiner regelmäßigen Untersuchungen: »Viel besser. Tut auch weniger weh, nicht wahr?«

Basti nickte und erzählte ihm von seiner Isar-Kur.

»Weißt du, was noch besser wäre? Salzwasser.«

»Dazu müsste ich ans Meer«, wandte Basti ein.

»Genau.«

»Darf ich das?«

»Ja. Vielleicht nur nicht gerade nach Ibiza.«

Es klopfte, und Ana zuckte zusammen. Sie saß in der Kabine im Steffi-Graf-Stadion in Berlin und tat, was sie am liebsten tat, wenn sie warten musste, bis es aufhörte zu regnen: Sie las. Diesmal *The Lord of the Rings,* Band zwei. Es entspannte sie mehr noch als Sudoku vor so einem wichtigen Spiel, dem Finale des Qatar Telecom German Open gegen die Russin Swetlana Kusnezowa.

»Come in!«, rief sie.

Die Tür ging auf, und eine Funktionärin streckte den Kopf herein. »Good news, Mrs. Ivanović, the rain has stopped.«

Ana gewann das Match. Es war ihr dritter Sieg auf der Tour, der erste auf Sand.

⚽

Basti döste auf einer weißen Liege, die beiden neben ihm waren leer. Benni und Friedl, die beiden Freunde, die er spontan hatte überreden können, ihn zu begleiten, waren im Wasser.

Die Sonne stand schon tief und hatte einen leicht rötlichen Ton angenommen. Die Boxen bei der Strandbar berieselten den Strand mit Chillout-Musik.

Die beiden weißen Sonnenschirme der Freunde waren geschlossen, nur seiner war aufgespannt. Basti wollte seine helle Haut nicht zu lange der Sonne aussetzen.

Das Knie war noch leicht geschwollen, aber es schmerzte kaum mehr. Nach dem Urlaub würde er wieder trainieren können. Höchste Zeit.

Benni und Friedl kamen lachend zurück. Der Beach Boy hatte es von weitem beobachtet und brachte zwei Frottiertücher mit der Aufschrift »Jockey Club – Las Salinas – Ibiza«.

Basti erhob sich von der Liege. Jetzt durfte er ins Wasser. Einer blieb immer bei den Liegen, um auf die Wertsachen aufzupassen.

Er musste weit hinauswaten, bis er schwimmen konnte, so flach führte der feine Sandstrand ins Meer. Das Wasser war kristallklar und änderte seine Farbe von einem hellen Blau zu Türkis, Grün und tiefem Blau.

Keine Welle, weit und breit. Auch das Meer befand sich in Chillout Mood.

Weiter draußen ragte der Kopf einer jungen Frau aus dem Wasser. Das Meer war jetzt so tief, dass Basti schwimmen konnte. Als er auf gleicher Höhe mit der Schwimmerin war, bemerkte er, dass sie zum Himmel sah und sich mit beiden Händen die blonden Haare aus dem Gesicht strich.

Sie schwamm nicht, sie konnte stehen.

Basti hörte ebenfalls auf zu schwimmen. Seine Füße reichten gerade knapp auf den Grund, sie war also gleich groß wie er.

Basti schwamm ein wenig und schielte manchmal zu ihr hinüber. Als er sah, dass sie in Richtung Strand schwamm, tat er das Gleiche.

Dort, wo das Wasser zum Schwimmen zu seicht wurde, hielt sie an. Sie stand jetzt, ihm zugewandt, in einem knappen Bikini knietief im Wasser. Und jetzt erkannte er sie: Sarah von der Boutique. Sie lachten beide. »Was für ein Zufall!«, rief sie ihm zu.

»Ich glaube nicht an Zufälle«, antwortete Basti.

Sarah und ihre Freunde und Basti mit seinen hatten Tische im Beach Restaurant des Jockey Clubs reserviert und machten daraus einen großen. Sie verbrachten einen fröhlichen Abend, den sie im ›Amnesia‹ beendeten.

Es war Bastis letzter Abend, ihr Flug am nächsten Morgen ging früh. Sarah blieb noch ein paar Tage. Er verabredete sich mit ihr in München. Erst dort kam es zum ersten Kuss.

Sarah war achtzehn und ging in die zwölfte Klasse des Gymnasiums. Daneben modelte sie ein wenig. Und sie war Stammgast der Münchner Szene. Sie zeigte Basti, der sich in München immer noch ein wenig als Landpomeranze fühlte, die Stadt von innen.

Sarah erweiterte seinen Horizont. Sie kannte ein ganz anderes Leben, sie bewegte sich in der hippen Münchner Gesellschaft und kannte Mailand, New York, Paris.

Basti hingegen war mit seinen knapp einundzwanzig noch nie alleine verreist.

Gesellschaftlich gewann Basti mit Sarah an Selbstsicherheit. Fußballerisch geschah das Gegenteil. Bayern München hatte in dieser Saison über siebzig Millionen in Transfers investiert. Stars wie Luca Toni, Franck Ribéry, Miroslav Klose, José Ernesto Sosa und Marcell Jansen saßen jetzt plötzlich neben Basti in der Kabine.

Ottmar Hitzfeld hielt zwar noch immer große Stücke auf ihn, aber jetzt, wo die Leistungen nachließen und die Konkurrenz so groß und so gut in Form war, fühlte sich der durch sein Knie noch immer etwas handicapierte Basti nicht mehr so sicher wie früher.

Vor allem Ribéry, den er persönlich auf Anhieb sehr mochte, könnte ihn jederzeit auf seiner Position ersetzen.

Das fanden auch die Medien. Viele, die ihn umjubelt hatten, schrieben ihn jetzt ab.

»Bist du sicher, dass das eine gute Idee ist?«, fragte Sarah.

»Das ist keine gute Idee, das ist eine verlorene Wette.«

Bastis rechte Hand lag auf ihrem linken Knie, sie lackierte ihm die Nägel. Schwarz.

»In der Säbener Straße werden sie dich auslachen, und in den Zeitungen noch mehr.«

»Wettschulden sind Ehrenschulden.«

»Okay. Dann machst du es einfach wieder weg, sobald er es gesehen hat. Ich gebe dir Nagellackentferner mit.«

»Geht nicht. Ich muss es eine Woche drauflassen. Gehört zur Wette.«

Später, als Basti mit seinen neuen, neongelben Converse Chucks das Haus verließ, sagte Sarah: »Nicht auch noch mit diesen Schuhen. Warum nichts Diskreteres?«

»Lenkt von den Nägeln ab«, antwortete er, setzte seine Chrome-Hearts-Sonnenbrille auf, drehte das Schild seiner Baseball-Cap nach hinten, stieg in seinen offenen Audi R8 und startete sportlich.

Basti saß auf dem Frisierstuhl im Salon von Roby Bash, dem Stylisten der Promis, und blätterte im *Paris Match*.

»Bist du sicher? Silbern?«, fragte Basti.

»Ganz sicher«, beteuerte Roby, »das ist eine Weltstar-Frisur.«

Auf einer Doppelseite war Ana Ivanović zu sehen. Sie hatte bei den French Open im Halbfinale die frühere Weltranglistenerste Maria Scharapowa deklassiert und war erst im Endspiel an der Weltrangersten Justine Henin gescheitert. Jetzt sah man sie strahlend als Zweite auf dem Siegerbild und alleine auf einem Bummel durch Paris.

»In Paris war ich auch noch nie«, sagte Basti.

Basti und Sarah verbrachten Weihnachten in Paris. Sie schlenderten jeden Tag durch die festlich beleuchtete Stadt, spazierten im verschneiten Jardin du Luxembourg, standen am Brückengeländer des Pont Alexandre III. und sahen zu, wie die Schneeflocken in der Seine verschwanden. Sie aßen auf den verglasten beheizten Terrassen der Bistrots und machten Shoppingtouren durch das Rive Gauche. Für Basti war es der schönste Urlaub seines Lebens.

Aber nach der Winterpause holten ihn die Probleme wieder ein. Juristische Auseinandersetzungen mit den sogenannten Beratern, schlechte Presse und Gesundheitsprobleme.

Die Entzündung des Knies plagte ihn wieder, und er verbrachte seine Zeit beim Urologen, beim Homöopathen, beim Akupunkteur und beim Zahnarzt. Niemand fand den Entzündungsherd.

Auf dem Clubtisch lagen die leeren Schachteln der Pizzas, die sie von seinem Stammlokal, der ›Bar Italia‹ in München-Grünwald, hatten kommen lassen. In der von Sarah lag noch fast eine Hälfte. Daneben standen eine leere und eine dreiviertel volle Flasche Brunello di Montalcino. Sie saßen im etwas kunterbunt möblierten Wohnzimmer von Bastis Haus.

Sarah saß im Schneidersitz auf dem Sofa, Basti mit ausgestreckten Beinen in einem der beiden Ledersessel. Beide hatten ein halbvolles Glas in der Hand und nippten von Zeit zu Zeit daran.

»Geht es dir nicht manchmal auf den Keks, was die alles über dich schreiben?«, fragte Sarah.

»Und ob. Weißt du, was am meisten nervt?«

»Hm.«

»Dass sie mich immer in einem Atemzug mit Poldi nennen. Der Schweini und der Poldi. Als wären wir siamesische Zwillinge. Wir kommen ja gut aus, und wir verstehen uns meistens auch gut auf dem Platz. Aber wir sind immerhin verschiedene Personen. Verschiedene Charaktere mit anderen Interessen und Meinungen. Die sollen uns doch endlich einmal als eigene Persönlichkeiten betrachten und behandeln. Dieses Poldi-und-Schweini-Denken ist noch vom Confed-Cup 2005 und total veraltet.«

»Du brauchst eben einen persönlichen Presseattaché.«

»Einen was?«

»Einen Presseberater.«

»Um Himmels willen, nicht noch einen Berater. Ich habe schon genug, die ich nicht loswerde.«

»Hast du denn niemanden, der dir dabei hilft?«

»Doch. Aber die werde ich auch nicht los.« Basti lachte. Etwas bitter, fand Sarah. Er nahm einen Schluck Wein und angelte sich Sarahs kalte Pizza.

»Seit ich bei Bayern bin, werde ich mit Argusaugen beobachtet. Und kaum läuft etwas nicht hundertprozentig, wird geschrieben: ›Der verkehrt mit den falschen Leuten, der führt ein unseriöses Leben, der spielt zu viel Playstation, der verdient zu viel Geld.‹«

Basti biss in die Pizza und kaute, als würde sie ihm schmecken.

»Dabei ging es bei mir immer aufwärts. Mit zwanzig machte ich mein erstes Länderspiel. Inzwischen sind es vierzig. Da kann man doch nichts sagen, oder?«

Er nahm wieder einen Biss.

»Und dann das Sommermärchen. Das war doch ein Höhepunkt. Okay, danach lief es nicht so gut. Sportlich und persönlich und gesundheitlich. Das kommt doch vor. Da bin ich doch nicht der Einzige, oder?«

Basti trank das Glas leer und schenkte es wieder voll.

»Jeder Fehler, der mir unterläuft, löst ein Erdbeben aus.«

Sarah stellte das Glas ab, ging zu ihm und strich ihm übers Haar.

»Bei Fußballclubs läuft es so: Die Spieler aus der eigenen Jugend werden nicht respektiert. Spieler, die nicht Millionen gekostet haben, sind nichts wert. Und werden entsprechend behandelt.«

Sarah setzte sich auf seinen Schoß und küsste ihn.

»Und jetzt?«, fragte sie. »Besser?«

⚽

Basti hatte Oliver Kahn angerufen und ihn um ein Treffen gebeten. Er brauche seinen Rat.

»Wo?«, fragte Oli und lachte, »denn guter Rat ist teuer.«

»›H'ugo's‹. Okay?«

»Brauchst du einen Rat zu etwas, von dem alle wissen sollen?«

»Nein.«

»Dann gehen wir ins ›Randlstüberl‹.«

Basti kannte das ›Randlstüberl‹ nicht. Es stellte sich als unauffälliges Gasthaus in Schwabing heraus mit einer kleinen, aber eindrücklichen Speisekarte.

Kahn wurde wie ein Stammgast begrüßt und zu einem Tisch in einer Nische geführt. Ohne Aufforderung wurden ihnen zwei Schnitt gebracht, ein Drittel Bier, zwei Drittel Schaum.

Oli kam gleich zur Sache: »Der erste Rat, den ich dir gebe: Achte auf deine Körpersprache. Wenn dir etwas nicht gelingt, darfst du den Kopf nicht hängen lassen. Du musst ihn erhoben halten, hoch das Kinn. Das ist wichtig. Für die Gegner, für die Mitspieler, für die Zuschauer. Und vor allem: für dich.«

Es wurde ein gemütlicher, vertrauter und für Basti sehr lehrreicher, wenn auch etwas teurer Abend.

Zum Schluss fragte Basti den Titan: »Weißt du einen Berater für mich?«

»Ich dachte, du hättest schon zu viele.«

»Ich brauche einen, der für mich die anderen loswird.«

»Geh mal zu meinem Kumpel Florian, der kennt sich bei so Sachen aus.«

Es waren nicht viele Leute unterwegs. Vor zwei Stunden hatte es noch nach Regen ausgesehen, und es war kühl. Aber jetzt war die Sonne zum Vorschein gekommen. Florian, Olis Kumpel, hatte den Hofgarten als Besprechungsort vorgeschlagen. Diskreter als sein Büro und jedes Kaffeehaus.

Sie spazierten gemächlich durch die Alleen, und Basti erzählte. Zuerst hatte er nur das Nötigste erzählen wollen, aber jetzt sprudelte alles aus ihm heraus. Vertrauliches, Persönliches, Familiäres, alles.

Der Kiesweg führte zu einem runden, mit niedrigen Buchshecken eingefassten Platz, in dessen Mitte ein Springbrunnen plätscherte. Vor den Hecken standen Sitzbänke, alle leer.

»Setz dich«, ordnete Basti an. »Ich hol uns Kaffee. Wie magst du ihn?«

Florian setzte sich und blickte Bastian, der eilig auf den Ausgang des Hofgartens zuging, nachdenklich hinterher. Er hinkte ein wenig, fiel ihm auf.

Florian Wolfs Beruf war nicht Spielerberater. Er war Vermögensverwalter. Aber die Beratung seiner Klienten in Geldfragen hatte immer wieder dazu geführt, dass er ihnen nicht nur Ratschläge gab, wie man das Geld anlegt, sondern auch, wie man es verdient. Und wie man es nicht verliert.

Während er auf Basti wartete, rief er auf seinem Smartphone ein paar Börsenkurse ab, die ihn etwas beunruhigten, rief sein Büro an und gab ein paar Anweisungen.

Basti kam zurück, in jeder Hand einen großen Kaffeebecher mit Deckel.

Er setzte sich und fuhr fort an der Stelle, an der er unterbrochen hatte.

Die Becher waren längst leer, als Basti zu erzählen aufhörte.

»Du steckst ganz schön in der Scheiße«, stellte Florian fest.

»Nicht wahr?«, sagte Basti.

»Und was lässt dich vermuten, dass ich dich da rausholen kann?«

»Mein Gefühl.«

»Hat dich das noch nicht genug getäuscht?«

»Doch.«

»Und was willst du dagegen tun?«

»Das überlasse ich dir.«

Das Knie erlaubte ihm wieder zu spielen. Aber im Testspiel gegen den Zweitligisten Augsburg machte Basti eine so schlechte Figur, dass die *Süddeutsche* feststellte, bei Bayern München habe der Konkurrenzkampf zugenommen. Und nach einem Bundesliga-Spitzenspiel stellte der *Tagesspiegel* fest: »Schweinsteiger ist auch seit Wochen auf der Suche nach seiner Form, und es sieht nicht so aus, als könnte er bald fündig werden.«

Bei Bayern München hatte er keinen Stammplatz mehr. Er spürte seinen Trainingsrückstand. Und er war auch zu sehen. Aber er trainierte verbissen. Er achtete auf seine Ernährung. Und Sarah half ihm dabei.

Sie begleitete ihn auch beim Einkauf seiner Kleider. Er

gefiel ihr am besten in Anzügen, und das sah man seinem Kleidungsstil bald an.

Als er zum ersten Mal den Münchner Armani betrat, fragte er Sarah: »Riechst du das? Wie in Paris.«

»Ja. Armani hat ein Duftkonzept. In seinen Läden überall auf der Welt muss es gleich duften.«

Von da an waren die von Armani seine Lieblingsanzüge. Nicht nur wegen dem Duft. Aber auch.

⚽🎾

Trotz seiner Formschwäche bot Joachim Löw, Klinsmanns Nachfolger, ihn zur EM auf.

Im Vorbereitungsspiel gegen Weißrussland wurde Basti brutal gefoult und musste nach der ersten Hälfte vom Platz. In dem gegen Serbien wechselte ihn Löw in der neunundsiebzigsten Minute aus.

Auf der Fahrt von ihrem luxuriösen Quartier in Ascona nach Klagenfurt zu ihrem ersten Spiel gegen Polen eröffnete ihm Löw, dass er beim ersten Spiel auf der Bank sitzen würde.

Als Basti dies Sarah am Telefon erzählte, sagte sie alle Termine ab und reiste zu ihm nach Klagenfurt. Sie wollte jetzt ganz für ihn da sein.

Als sie in seinem Hotel eintraf, liefen gerade die Schlussminuten des Finales der Damen im French Open. Die Russin Dinara Safina gegen die Serbin Ana Ivanović.

Basti und Sarah begrüßten einander zärtlich. Dann erklärte Basti: »Die Ivanović ist vor fünf Jahren Profi geworden. Und jetzt ist sie zwanzig und Nummer eins.«

Sie sahen der hochgewachsenen Spielerin im himbeerfarbenen Tennisdress ein wenig zu, wie sie konzentriert und elegant die blonde Russin zur Verzweiflung brachte. Den ersten Satz hatte sie 6:2 gewonnen, und im zweiten führte sie mit 5:3.

Es stand 0:30.

Die Russin schlug den Ball ins Aus.

Es stand 0:40.

Matchball.

Vier Ballwechsel.

Den fünften schlug Dinara Safina ins Aus.

Basti reckte die Faust in die Luft. »Ja!«

Ana Ivanović schlug die Hände vors Gesicht. Sie eilte zum Netz. Sie umarmte ihre Gegnerin. Sie winkte zur Tribüne hinauf. Sie ging zur Brüstung. Sie kletterte auf einen Klappstuhl und in die Tribüne. Sie ließ sich von den Zuschauern durch die Ränge helfen, bis zu ihrer Familie. Sie umarmte alle.

»Zwanzig und die Nummer eins«, sagte Basti.

»Und ziemlich hübsch«, fügte Sarah hinzu.

Nicht hübsch, dachte Basti, schön.

Deutschland gewann gegen Polen zwei zu null. »Mit dir wäre es vier zu null«, versuchte Sarah Basti aufzumuntern. Er lächelte. Aber er war sich nicht so sicher.

Beim nächsten Spiel – gegen Kroatien – saß Basti wieder auf der Bank. Am Ende der Halbzeit führten die Kroaten mit eins zu null.

In der sechsundsechzigsten Minute wurde Basti eingewechselt. Nur ein paar Minuten zuvor war das zwei zu null gefallen. Kurz darauf scheiterte er aus spitzem Winkel am kroatischen Torhüter.

Das zwei zu eins, das in der neunundsiebzigsten Minute durch Podolski fiel, entstand durch eine Zufallsvorlage. Basti hatte nichts damit zu tun.

Und dann in der Nachspielzeit das:

Basti entwischte einem Kroaten und wurde von ihm in seinen bereits lädierten Knöchel getreten.

Ein stechender Schmerz. Basti drehte sich um und stieß den Gegenspieler vor die Brust. Der ließ sich rückwärts auf den Rasen fallen.

Wie Materazzi, fuhr es Basti durch den Kopf.

Der Schiedsrichter zeigte ihm die rote Karte. Basti ging zur Kabine, vorbei an der kroatischen Bank, von der aus ihm Unverständliches entgegengeschrien wurde.

Basti hob den Zeigefinger zur Stirn und zeigte den Vogel.

Für das nächste Spiel war er gesperrt.

Er saß auf seinem Platz im Bus und dachte an Zidanes Kopfstoß. Und daran, dass er Tobi damals auf die Frage, ob ihm das auch passieren könnte, geantwortet hatte: Nein. Niemals.

Und jetzt das. Der einzige Unterschied war, dass er ihn mit den Händen und nicht mit dem Kopf gestoßen hatte. Und dass es während einer Europameisterschaft passiert war. Und nicht bei einer Weltmeisterschaft.

Es wurde nicht viel gesprochen, als die Mannschaft den Bus bestieg. Und mit Basti überhaupt nicht. Sie hatten zwei zu eins verloren und unangenehme Interviews überstehen müssen.

Die Schlagzeile der *Welt* lautete: »Schweinsteiger wird zum Verlierer der EM.«

Beim Spiel gegen Österreich saß Basti auf der Ehrentribüne. Neben ihm Angela Merkel, die Bundeskanzlerin. Die kannte er ja schon vom Schlosshotel Grunewald vor der WM. Sie unterhielten sich ganz locker.

Während des Spiels sagte sie: »Wir sollten mehr über links spielen, Lahm hat dort enorm viel Platz.«

Basti staunte über so viel Fachkenntnis. Er sah es genauso.

Angela Merkel sagte auch: »Solche Dummheiten wie gegen Kroatien machen Sie mir nicht mehr, versprochen?«

Und für das nächste Spiel gab sie ihm den Rat: »Spielen Sie einfach wieder wie früher.«

Der Rat von Joachim Löw war um einiges fordernder. Er sagte zur Presse: »Bastian hat eine Bringschuld gegenüber der Mannschaft. Er hat uns allen geschadet und etwas gutzumachen.«

Okay, dachte Basti. Mach ich.

Er hatte gut geschlafen in Basel und erwachte froh gelaunt und ausgeruht. Er freute sich auf das Spiel, das Viertelfinale gegen Portugal, die Begegnung mit Cristiano Ronaldo und das Bezahlen der Bringschuld.

Als Erstes führte er eines seiner langen Telefongespräche mit Sarah und eines seiner immer häufigeren mit Florian. Er wollte wissen, ob es in der Sache mit seinen Beratern etwas Neues gab.

»Das besprechen wir dann, wenn du zurück bist«, sagte Florian.

»Warum?«, wunderte sich Bastian.

»Damit du dich auf das Spiel konzentrieren kannst. Es ist wichtig. Nicht nur für die Mannschaft. Vor allem für dich.«

»Aber das Spiel ist doch erst heute Abend«, wandte Basti ein.

»Eben.«

»Aber wir sind ja *jetzt* am Telefonieren.«

Florian gab auf und berichtete über die Lage. Einer der Fälle war geregelt, bei zweien sah es nach einer gütlichen Einigung aus.

»Und?«, fragte Basti, »der vierte?«

»Willst du es wirklich wissen?«

»Klar.«

»Hat Klage erhoben.«

Viele waren überrascht, dass Basti nach seiner schlechten bisherigen Saison und der roten Karte in der Startformation war.

Basti war nicht überrascht. Die Portugiesen hatten ihn schließlich im kleinen Finale der WM fürchten gelernt.

An diesem Abend erhielten sie die nächste Lektion. Nach einer Traumkombination über den *linken* Flügel – ja, *links,* wie es sich Angela Merkel gewünscht hatte – ließ Podolski seinen Gegenspieler stehen und passte zu Basti, der sich ebenfalls von seinem Gegenspieler gelöst hatte und den Ball locker einschob.

Vier Minuten später brachte Schweinsteiger eine maßgeschneiderte Freistoßflanke von *halblinks* zum freistehenden Klose, und der ließ dem portugiesischen Hüter aus kurzer Distanz keine Chance.

In der Vierzigsten zeigte Ronaldo, warum er so heiß umworben wurde von Real Madrid. Er drang in den deutschen Strafraum ein und zog ab. Lehmann konnte zwar parieren, aber Gomes versenkte den Abpraller.

Bis zur einundsechzigsten Minute verteidigte Deutschland den hauchdünnen Vorsprung.

Dann schlug Schweinsteiger wieder eine Maßflanke zu Ballack, der sich – wieder von *halblinks*, liebe Frau Bundeskanzlerin – löste und den Ball zum drei zu eins köpfte.

In der dreiundachtzigsten Minute wechselte Jogi Löw den erschöpften Basti aus.

Das Spiel endete drei zu zwei für Deutschland.

Die Überschrift im *Spiegel* lautete jetzt: »Wiedergeburt eines Superstars«.

Deutschland schaffte es bis ins Finale, aber Europameister wurde Spanien.

Und Basti machte sich daran, Meister seiner selbst zu werden.

Florian half ihm dabei.

⚽

Er verabredete sich mit dem Paar in deren Haus und erklärte freundlich, aber bestimmt, was sich in Zukunft ändern müsse:

Florian wollte dafür sorgen, dass Basti und Sarah nicht so ungeschützt den Medien ausgeliefert waren.

»Basti, du warst unten, und jetzt bist du wieder auf dem Weg nach oben. Damit das so weitergeht, müssen wir eine Linie in das Ganze bringen.

Erstens: Die Leute lieben es, Fotos von euch als verliebtes Paar und auf dem roten Teppich zu sehen. Aber nicht immer und überall. Ihr müsst euch rar machen. Wir müssen jemanden damit beauftragen, der eure Presseauftritte managt und dosiert.«

Basti sah Sarah an und lächelte: »Einen Presseattaché nennen wir das, nicht wahr?«

»Zweitens: Es war sicher gut für Basti, dass du, Sarah, während der EM so oft zu Besuch warst. Und dass du, Basti, so oft mit Sarah telefoniert hast. Aber auch das sollten wir während der Trainingslager und Turniere etwas reduzieren.«

»Warum das?«, fragte Basti.

»Es könnte sein, dass es den Kollegen auf die Nerven geht.«

»Hat das einer gesagt?«

»Nein, gesagt nicht...«

Der Vertrag von Ottmar Hitzfeld lief nur bis Ende der Saison 2008. Danach wurde er Nationaltrainer der Schweizer.

Basti bedauerte seinen Abgang. Aber er freute sich auf seinen Nachfolger: Jürgen Klinsmann.

Als Basti am ersten Tag auf dem Trainingsgelände in der Säbener Straße ankam, dachte er, er habe sich in der Adresse geirrt. Überall Thujahecken und Bambussträucher, dazwischen weiße Buddha-Figuren, sitzend und liegend.

Es gab ein Wohlfühlzentrum mit asiatischem Interieur, Billardtischen, Playstation und Computern. Eine Chill-out-Area war entstanden und ein Fitnesstempel mit Hochgeschwindigkeitsdiagnostik, Laufbändern und einer isokinetischen Muskelfunktionsanalyse.

»Willst nach Mailand?«

Basti schlief noch halb, der Anruf hatte ihn geweckt. Sarah und er waren bis spät im ›P1‹ gewesen, und heute war trainingsfrei.

»Wann?«

»Bald. Für vier Jahre. Inter will dich.«

Für einen Moment war Basti sprachlos, dann schubste er Sarah sanft. »Wollen wir nach Mailand?«

Sie gähnte. »Ja. War ich schon länger nicht mehr. Mailand ist wunderbar.«

Basti grinste und sagte ins Telefon: »Okay, wir kommen.« Wie ernst die Sache gemeint war, erfuhr er später in Florians Büro. Inter Mailands Scout hatte Basti bei der EM gesehen und wollte ihn haben.

»Und was meint Bayern dazu?«

»Wir werden sehen. Ich könnte mir vorstellen, dass es ihnen nicht ungelegen käme. Klinsmann will Aljaksandr Hleb.«

Davon hatte Basti nichts gewusst. Hleb war ein weißrussischer Mittelfeldspieler. Er war vom VfB Stuttgart entdeckt und nach fünf Jahren von Arsenal gekauft worden. »Im Ernst?«

»Im Ernst«, bestätigte Florian. »Soll ich verhandeln?«

Basti antwortete knapp: »Verhandeln.«

Florian lag richtig: Bayern München hatte nichts gegen den Transfer. Die Verhandlungen liefen glatt, und man einigte sich schnell.

Sarah war sofort einverstanden. Mailand ist eine Modestadt, und ihr Abitur konnte sie später immer noch nachholen.

Bei Basti wich die Reaktion des stillen Beleidigtseins der Freude auf einen neuen Ort und ein neues Leben. Und nicht zuletzt auf das Ursprungsland seiner Lieblingsküche.

Mitten in der Vorfreude erreichte ihn ein Anruf. Es war Stefan Effenberg. »Du, meine Frau hat sich total in dein Haus verliebt. Ist es zu verkaufen?«

Am liebsten hätte Basti gesagt: »Ja! Noch so gerne.«
Aber er bat sich vierundzwanzig Stunden Bedenkzeit aus
und rief Sarah an. Sie sagte: »Weißt du was? Selbst wenn wir
nicht nach Mailand ziehen würden, wäre ich dafür gewesen,
es zu verkaufen. Wir gehören nach Schwabing.«

An diesem Abend brachte sie die Unterlagen und An-
meldeformulare für einen Italienischkurs nach Hause. Basti
beschloss, sich am nächsten Tag anzumelden.

Pünktlich um zwei fand sich Basti in Florians Büro zum
Besprechen der letzten Vertragsdetails ein. Florian saß an
seinem Schreibtisch, als hinge er in den Seilen.

Er erhob sich nicht wie sonst immer, um sich mit Basti in
der Sitzgruppe niederzulassen, und forderte ihn auch nicht
auf, Platz zu nehmen. Er sagte nur: »Das glaubst du jetzt
nicht.«

»Was?«

»Weißt du, wer gerade angerufen hat?«

»Nein, aber du«, antwortete Basti.

»Hoeneß.«

»Was wollte er?«

»Der Wechsel findet nicht statt. Barcelona hat ihnen Aljaksandr Hleb vor der Nase weggeschnappt.«

»Okay«, sagte Basti, »dann melde ich mich heute nicht
zum Italienischkurs an.«

»Das ist alles, was du sagst?«

»Sarah wird enttäuscht sein.«

»Du nicht?«

Basti schüttelte den Kopf. »Eben noch war Mailand Zukunft. Jetzt ist Mailand Vergangenheit. Man soll nicht enttäuscht sein über die Vergangenheit.«

Noch vom Auto aus rief er Effenberg an. »Du kannst es haben.«

⚽

In Schwabing fanden sie eine hübsche Altbauwohnung, die sie nach ihrer beider Geschmack einrichteten. Der Couchtisch war ein Baumstrunk mit Wurzeln, der Kleiderschrank eine Kette, an der Bügel hingen. Wenn sie zu Hause waren, lief Elektro, House und Hip-Hop, Usher, Eminem und 50 Cent.

In der Boutique, in der er sie zum ersten Mal gesehen hatte, kaufte Basti für Sarah einen Sessel und ließ ihre Initialen draufsticken.

Ganz in der Nähe der Wohnung lag eine Kaffeebar. Dort holte Basti morgens die Becher mit dem Frühstückskaffee.

Das Datum, an dem sie sich kennengelernt hatten, deklarierte Basti zum Glückstag und ließ es auf seinen Fußballschuh eingravieren. Und auf das Nummernschild seines Audi R8.

Seine andere Liebesbeziehung, die zu Bayern München, verlief weniger glücklich. Der erfolgsverwöhnte Verein lag auf dem zweiten Tabellenplatz und schied in der Champions League und im Pokal im Viertelfinale aus.

Und auf der Tribüne skandierten sie: »Klinsmann raus!«

Florian betrat die Wohnung mit einem Stoß Zeitungen und Zeitschriften unter dem Arm, ließ alles auf das Sofa fallen und breitete es auf dem Polster aus.

»Die Ausbeute einer Woche.«

Bunte, *Freizeit Revue*, *Woche der Frau*, *Neue Welt*, *Gala*, *Das Neue Blatt* und ein paar *Bild* konnte er erkennen, der Rest war verdeckt. Auf dem Titelblatt von vielen waren Basti und Sarah abgebildet. Von denen ohne Titelbilder mit dem Paar griff sich Florian ein paar und schlug sie auf. Dort waren sie zu sehen.

»Warum nicht auf dem Titel?«, fragte Basti sarkastisch, und Sarah lachte.

Florian blieb ernst. »Darüber lachen könnt ihr erst, wenn ihr den Status von David und Victoria Beckham habt. Dazu fehlt noch eine Winzigkeit. Ich verstehe zu wenig von deiner Karriere, Sarah, aber für die von Basti ist das nicht gut.«

»Sollen wir uns verstecken?«, fragte Basti. Es klang herausfordernd.

Florian begann, die Hefte und Zeitungen wieder zusammenzuräumen. Er schwieg.

Basti sagte: »Dein Schweigen heißt ja, oder?«

»Ich meine nicht verstecken. Einfach weniger präsent sein in diesen Blättern.« Und etwas zögernd fügte er hinzu: »Oder mehr präsent als Fußballer.«

»Und weniger als Glamour Boy?«

Florian hob die Schultern und ließ sie wieder fallen.

Sarah hatte bis jetzt geschwiegen. Nun meinte sie: »Für meine Karriere ist es auch nicht gut.«

Basti bemerkte: »Ich liebe Fußball. Aber meine Freiheit auch.«

»Was mehr?«

Basti überlegte. »Das eine geht nicht ohne das andere.«

»Genau. Die Freiheit, die du willst, geht nicht ohne den Fußball.«

Sarah fügte hinzu: »Ohne Fußball keine Kohle, ohne Kohle keine Freiheit.«

Florian grinste. »So kann man es auch ausdrücken!« Dann wurde er wieder ernst. »Je besser du spielst, desto leichter verzeihen dir die Fans die Eskapaden.«

Basti nickte. »Und je weniger Eskapaden, desto besser spiele ich, meinst du.«

Florian lächelte nur.

Basti blickte Sarah fragend an.

Sie nickte. »Vielleicht ist es einen Versuch wert.«

»Zumindest bis es uns langweilig wird.«

Nach zehn Monaten war die Ära Klinsmann vorbei. Bayern München entließ ihn und holte Jupp Heynckes, der versuchen sollte, in den letzten fünf Spielen noch zu retten, was zu retten war.

Die Zeit war dafür zu knapp. Aber etwas anderes gelang ihm, für das ihm der Verein und die Nationalelf und der deutsche Fußball nicht genug danken konnten:

Er kam auf die Idee, Bastian Schweinsteiger von der rechten Außenbahn auf die Mitte zu stellen.

Eine Idee, auf die Basti selbst schon längst gekommen

war. Es war seine Lieblingsposition. Aber sie war bisher immer besetzt gewesen.

»Warum sagst du es dem Trainer denn nicht?«, hatte ihn Florian zur Zeit von Klinsmann einmal gefragt.

»Er ist der Trainer«, hatte Basti geantwortet, »ich bin der Spieler.«

Etwas von dem, was Basti aus der Ära Klinsmann mitgenommen hatte: Er achtete mehr auf seinen Körper. Er ging nicht mehr gleich nach dem Training nach Hause. Jetzt machte er Stretching oder ein extra Krafttraining. Wenn er sich müde und kaputt fühlte, gönnte er sich eine Akupunktur.

Basti spielte mit Bundesliga, Champions League, Nationalmannschaft sechzig bis siebzig Spiele im Jahr und wollte die Belastung, die das für den Körper bedeutete, nicht länger unterschätzen. Er war jetzt sieben Jahre Profi und wollte das mindestens noch einmal so lange bleiben. Zwar war er noch immer entschlossen, in dem Moment aufzuhören, in dem es ihm keine Freude mehr bereitete. Aber diesen Punkt, bitte sehr, bestimmte er. Nicht sein Körper.

Für das Krafttraining brauchte Basti musikalische Begleitung. Manchmal Hits aus den achtziger Jahren. *Like A Virgin*, *Thriller*, *Purple Rain*, *Born in the* USA, *Brothers In Arms* liefen laut im Fitnesstempel.

Einmal kam Jupp Heynckes herein, blieb lange und hörte zu. Am nächsten Tag brachte er fünf CDs mit den Hits der Achtziger.

Aus den hundert Songs machte Basti auf seinem Handy eine Playlist von fünfundzwanzig Titeln, zu denen er von nun an ins Krafttraining ging.

Jupp Heynckes absolvierte sein Krafttraining jetzt wenn möglich zur selben Zeit.

⚽

Heynckes war nur eingesprungen, um die Saison zu Ende zu führen, auf ihn folgte Louis van Gaal.

Der schaute sich die Spiele an, in denen Basti als defensiver Mittelfeldstratege spielte, und sagte: »Das ist die richtige Position für Schweinsteiger, er ist meine Nummer 6.«

Seither spielte er als Nummer 6. Mit der Rückennummer 31.

Der neue Trainer van Gaal war schnell beliebt. Und das war ihm nicht gleichgültig. Sein Credo lautete: »Das Wichtigste ist, dass der Trainer von seinen Spielern respektiert wird. Dann vom Vorstand. Dann vom Publikum. Dann von den Medien. Das ist die Reihenfolge.«

Bei van Gaal trainierte und spielte die Mannschaft einen attraktiven Ballbesitz-Angriffsfußball.

Einen zu Saisonbeginn leider nicht sehr erfolgreichen.

Man wohnte in Bogenhausen oder in Grünwald oder vielleicht noch in Schwabing, wenn man etwas auf sich hielt. Aber nicht im Gärtnerplatzviertel. Das galt 2009 noch nicht als schick. Ganz früher nannte man es das Glasscherbenviertel. Jetzt war es ein Künstler- und Schwulenquartier.

Freddie Mercury hatte oft in der ›Deutschen Eiche‹ gewohnt. Ein Dreisternehotel mit Sauna und Darkrooms. Ein paar Straßen weiter lag das Tonstudio, in dem ein wichtiger Teil seines Werks entstanden war.

Rockstars wohnten dort. Fußballstars nicht.

Das änderte sich nun. Basti war auf eine Dachwohnung in der Rumfordstraße gestoßen, bei der ›Deutschen Eiche‹ gleich um die Ecke und ein paar Schritte von seinen Lieblingsitalienern entfernt.

Von der Dachterrasse konnte er den Giebel des Gärtnerplatztheaters sehen und die Dachterrasse der ›Deutschen Eiche‹.

Auch Ana war umgezogen. Sie besaß jetzt eine Villa dort, wo sie einst dachte, dass sie nie eine haben wolle: auf Mallorca. Ihr erster Eindruck von der Insel stammte aus einem kalten feuchten Februar im Jahr 2004. Seither hatte sie ihn gründlich korrigiert.

Das Haus war ein Traum und besaß Fitnessraum, Pool und ein Grundstück, das groß genug war, um sich fit zu joggen.

Und trotzdem war sie nicht fit. Sie war übertrainiert. Der Druck, der Nummer eins gerecht zu werden, ließ sie so verbissen trainieren, dass sie am rechten Handgelenk eine Zyste bekam. Ihre Hand war nicht mehr zu gebrauchen. Weder zum Zähneputzen noch zum Haare-Zusammenbinden, noch zum Tennisspielen. Und das kurz vor den Olympischen Spielen in Bejing.

Sie intensivierte ihr Fitnesstraining in der Hoffnung, trotzdem spielen zu können, und reiste mit nach China. Dort musste sie einsehen, dass es nicht möglich war, und flog von Bejing direkt nach Australien zu einem Spezialisten.

Zwei Monate lang konnte sie nicht trainieren, aber dann besserte sich der Zustand ihres Handgelenks. Zwei Wochen vor den US Open begann sie wieder, Tennis zu spielen.

In der zweiten Runde schied sie gegen die Qualifikantin Julie Coin aus. Und sie konnte niemandem den wahren Grund für ihr schlechtes Spiel verraten.

»Die Wohnung ist schön«, sagte Florian, als sie wieder beim Hauseingang unten waren. »Aber hier«, er deutete auf das Namensschild neben der Türklingel, »darf nicht ›B. Schweinsteiger‹ stehen.«

»Was denn?«

»Ein Pseudonym.«

»Das sind Staralüren.«

Florian, schulterzuckend: »Du bist nun mal ein Star. Und du wirst ein noch größerer, wirst sehen.«

»Indem ich gut spiele. Nicht, indem ich einen falschen Namen an der Türklingel habe.«

Sie gingen die paar Schritte zur Reichenbachstraße und setzten sich an einen Tisch vor dem ›Monaco‹. Der Inhaber kam lächelnd zu ihnen. »Ciao Basti, come va.«

»Ciao Giacomo«, antwortete Basti, »non c'è male.«

»Du hast dich schon gut eingelebt, scheint mir«, sagte Florian, als Giacomo gegangen war.

»Schon bevor ich hier wohnte«, erklärte Basti, »einer meiner Lieblingsitaliener.«

Zwei Männer mittleren Alters schlenderten vorbei, beide rauchten. Als sie Basti erkannten, riefen sie: »Hallo, Schweini!«

Basti rief zurück: »Hallo!«

»Kennst du die?«, fragte Florian.

»Nein.«

»Siehst du. Und wenn dein Name an der Haustür stünde, würden die klingeln.«

»Wäre auch nicht schlimm.«

»Nach einem guten Spiel vielleicht nicht.«

Giacomo brachte zwei Espressi, zwei Glas Wasser und zu jedem ein Amarettino.

Aus dem ›Monaco‹ kam jetzt Musik. »Via con me«, sang Paolo Conte. Der Kellner scherzte mit zwei Gästen auf Italienisch. Zwei junge Männer gingen lachend Hand in Hand vorbei. Eine grauweiße Wolke machte der Sonne Platz, damit sie die Reichenbachstraße in eine italienische Promenade verwandeln konnte.

»Siehst du jetzt, warum ich so gerne hier bin?«

»Ja. Aber trotzdem: Ändere den Namen an der Klingel.«

Basti gab nach: »Okay. Cantona.«

»Cantona? Der, der bei der Beachsoccer-EM dem früheren Schweizer Nationaltorhüter Jörg Stiel die Faust ins Gesicht geschlagen hat?«

»Weil er einen Stürmer ›schwarze Sau‹ genannt hat.«

»Behauptete Cantona«, sagte Florian.

»Nicht deswegen will ich seinen Namen an der Klingel. Sondern weil er ein Genie ist. Und eine Legende. Sein Auftreten hatte was von einem königlichen Ritter. Und der war so, der hat das nicht gespielt.«

»Und dafür bewunderst du ihn?«

»Nicht nur. Auch für seine brillanten Dribblings und genialen Pässe.« Und nach einer Pause fügte Basti hinzu: »Und dafür, dass er machte, was er wollte, und sich nichts gefallen ließ.«

Florian nickte nachdenklich. »Manchmal sollte man aber dabei an die Folgen denken.«

Basti wiegte zweifelnd den Kopf. »Der Moment ist wichtiger als das Danach.«

»Ist das auch von Cantona?«

»Nein. Von mir.«

Eine neue Wolke schob sich vor die Sonne, und rasch wurde es kühl in der Straße. Basti winkte dem Kellner.

»Noch etwas«, sagte Florian.

»Ja?«

»Ich heirate.«

»Hä? Seit wann denn das?«

»Seit Paris.«

»Ach so, deshalb warst du damals dort«, grinste Basti.

»Genau.«

»Und wen? Eine Pariserin?«

»Nein. Das wirst du nicht glauben.«

»Kenn ich sie?«

»Und wie!«

»Wer ist es?«

Einen Moment noch machte es Florian spannend. Dann platzte er heraus: »Deine Kumpelin von damals.«

»Stefanie?«

»Genau!«

»Du hast ihr einen Antrag gemacht?«

»Zu den Klängen von *Figaro's Hochzeit* eines kleinen Ensembles der Staatsoper im Restaurant Alcazar bin ich niedergekniet und habe um ihre Hand angehalten. Danach sind wir zur Place Vendôme spaziert.«

Basti stand auf. »Seit ich dich kenne, hast du ja schon viele gescheite Sachen gemacht. Aber das ist das Allergescheiteste. Gratuliere!«

Florian erhob sich auch, Basti umarmte ihn stürmisch.

Monti kam mit der Rechnung. »Che è successo?«

»Si sposa«, antwortete Basti strahlend.

Monti umarmte Florian auch.

Sie saßen im Flieger von Cottbus zurück nach München. Ziemlich erleichtert, sie hatten drei zu eins gewonnen. Man sollte meinen, das sei selbstverständlich, als Tabellenzweiter gegen den Vorletzten. Aber in der letzten Saison waren sie Leader gewesen und Cottbus Schlusslicht, und sie hatten sich mit einem null zu zwei blamiert.

Basti saß neben Poldi, der immer wieder eindöste, und ließ seine Blicke etwas schweifen.

Drei Reihen vor ihm saß der Neue, Badstuber. Er spielte in der zweiten Mannschaft und schnupperte gegen Saisonende bei den Profis. Er war als Ergänzungsspieler mitgekommen, ohne Chancen auf einen Einsatz.

Basti hatte ihn ein paarmal spielen sehen. Er war verdammt gut und würde nächste Saison bestimmt als Profi bei ihnen spielen.

Still und schüchtern saß er auf seinem Platz, und man sah ihm an, dass er die Landung kaum erwarten konnte. Niemand wechselte ein Wort mit ihm.

Basti erinnerte sich an die Zeit, als er als Neuling zu den Profis gestoßen war, und der Junge tat ihm leid.

Als sie aus der Maschine ausstiegen, klopfte er ihm auf den Rücken und sagte mit breitem Grinsen: »Holger, ich will dich heute nirgends sehen in der Stadt, in einer Bar oder einem Club oder so. Verstanden?«

»Ja, ja«, antwortete Holger. Man sah ihm an, dass er nicht wusste, wie er ihn nennen sollte, Basti oder Schweini. Und so verzichtete er auf die Anrede.

Es war ein milder Abend im Mai, an dem man nicht gleich schlafen gehen wollte. Basti rief Patrick an, einen guten Münchner Freund, und sie verabredeten sich im ›Heart‹.

Dort erhielten sie das Séparée, um das Basti in letzter Zeit immer öfter bat. Es hatte den Vorteil, dass man von dort aus sah, wer kam und ging, ohne gesehen zu werden. Er wollte nicht immer am nächsten Tag in der Zeitung lesen, wo er den Abend verbracht hatte. Und vor allem konnte er auf Hoeneß' Reaktion darauf verzichten.

Sie bestellten Wodka Cranberry – auch das nicht unbedingt für die Öffentlichkeit bestimmt – und sprachen über alles Mögliche, nur nicht über Fußball. Basti schaute ab und zu auf, wenn vor dem Rankgitter, das als Sichtschutz diente, Bewegung entstand.

Und da sah er Badstuber. Er war in Begleitung eines Mannes und wartete darauf, dass ihn jemand vom Personal ansprach.

Er stieß Patrick an. »Siehst du den, der eben hereingekommen ist? Das ist Holger Badstuber. Tu mir den Gefallen und sag ihm, da hinten sei einer, der ihn sprechen möchte.«

Patrick erhob sich, und Basti sah, wie er zu Badstuber ging und ihn ansprach. Der schaute verwundert in Richtung Séparée und deutete dann auf seinen Begleiter. Patrick nickte und führte die beiden her.

»Habe ich dir nicht gesagt, ich will dich nirgends antreffen im Münchner Nachtleben?«, sagte Basti zu dem erschrockenen Badstuber. Aber es gelang ihm nicht, dabei ernst zu bleiben. »Kommt, setzt euch«, grinste er, »auch einen Wodka Cranberry?«

Im Sommer zog auch Holger Badstuber ins Gärtnerplatzviertel, einen knappen Kilometer von Basti entfernt. Er war jetzt zu den Profis gestoßen und hatte sich mit Basti angefreundet. Der führte ihn in seine liebsten Restaurants ein, die meisten davon einfache Italiener oder Pizzerien, und zeigte ihm die angesagtesten Bars und Clubs.

Bereits im ersten Spiel unter van Gaal spielte Holger Badstuber von Anfang an. Und – im Unterschied zu Basti – bis zum Schluss. Der Gegner war der siebtplatzierte 1899 Hoffenheim, das Resultat eins zu eins.

Und so ging es weiter. Es brauchte vier Spiele, bis sie endlich mit Mühe und Not eines gewannen.

Aber Basti genoss den Sommer. Das Leben im Gärtnerplatzviertel. Die trainingsfreien Nachmittage an der Isar. Das Kicken mit den Kumpels im Englischen Garten. Das Nachtleben im ›Baby‹ oder im ›Pı‹. Die Zweisamkeit mit Sarah.

⚽

Die Mitglieder drängten durch die Eingänge und suchten ihre Plätze. Basti saß in der vordersten Reihe neben van Bommel und Lahm. Beckenbauer, Rummenigge, Hoeneß und Hopfner hatten auf der Bühne Platz genommen. Die Videobilder von ihnen wurden auf fünf gigantische Leinwände übertragen. Ex-Ministerpräsident Stoiber kam ins Bild. Rufe wurden laut: »Ede! Ede! Ede!«

Es war der 27. November 2009, der Tag der Jahreshauptversammlung des FC Bayern München. Basti war dazu aufgeboten worden, eine seiner Verpflichtungen als dritter Kapitän.

Es war eine wichtige Versammlung. Franz Beckenbauer sollte zum Ehrenspielführer und Ehrenpräsidenten gewählt werden, Uli Hoeneß zum neuen Präsidenten.

Basti war etwas nervös. Die Mannschaft lag auf Platz sieben, eine ungewöhnliche Position für den Rekordmeister.

Und vor einer Woche hatten sie zu Hause gegen Leverkusen nicht mehr als ein eins zu eins geschafft.

Langsam wurde es stiller. Alles wartete darauf, dass es losging.

Es war kühl in der Halle. Basti bereute es, seinen Mantel an der Garderobe abgegeben zu haben.

Endlich begab sich Beckenbauer zum Rednerpult und begrüßte die Zuschauer.

Danach blickte er mit gespielter Verwunderung links und rechts neben sich auf die Bühne, wo sonst jeweils die Pötte standen. »Da ja doch einige Spieler und der Trainer da sind, wäre es schön, wenn ihr heuer noch den einen oder anderen holen könntet.«

Der Saal applaudierte begeistert.

Basti war sich sicher, dass Beckenbauer dabei seinen Blick gesucht hatte.

Der Kaiser begrüßte van Gaal. Stürmischer Applaus.

Er begrüßte van Bommel, den Kapitän.

Stürmischer Applaus.

Er begrüßte Lahm, den zweiten Kapitän.

Stürmischer Applaus. Er begrüßte Schweinsteiger, den dritten Kapitän.

Dünner Applaus. Buhrufe und Pfiffe.

Buhrufe? Pfiffe?

Basti reckte das Kinn. *Körpersprache,* hatte ihm Oli Kahn geraten.

Als er kurz nach zweiundzwanzig Uhr die Messehalle verließ, wurde er von Florian erwartet. Er lehnte an einer Säule mit hochgezogenen Schultern, die Fäuste tief in den Manteltaschen vergraben, und fror.

»Warst du drinnen?«, fragte Basti.

»Selbstverständlich«, antwortete Florian. »Kennst du das ›Randlstüberl‹?«

»Ja. Von Oli Kahn«, antwortete Basti.

»Und der kennt es von mir. Da sind wir ungestört.«

Sie gingen zusammen zum Parkplatz, und jeder stieg in seinen Wagen.

Im ›Randlstüberl‹ erhielten sie denselben Tisch wie damals Basti mit Oli. Und Florian wurde fast noch vertrauter begrüßt als jener.

»Pfeifen und Buhen kenne ich schon«, sagte Basti. »Aber dass es mir gilt, nicht. Schon gar nicht von den eigenen Fans.«

Die Serviererin kam. »Zwei Schnitt, wie immer?«

Florian nickte. Zu Basti sagte er: »Es hat dich getroffen, das versteh ich.«

»Es ist nicht fair. Man kann nicht immer top sein. Jetzt haben wir eben mal ein Jahr ohne Titel und einen missglückten Saisonstart. Da sollte man mich doch aufmuntern. Nicht auspfeifen.«

Florian schwieg dazu.

Die Bedienung brachte die zwei Bier und wünschte zum Wohl. Als sie außer Hörweite war, fuhr Basti fort: »Ich verdiene einen Haufen Geld, fahre einen R8, und meine Freundin ist Model. Deshalb sind sie neidisch.«

Sie stießen an und nahmen einen Schluck.

»Darf ich ehrlich sein?«, fragte Florian.

»Du musst. Von unehrlichen Beratern habe ich genug.«

»Also: Wenn du zu all dem noch so gut spielen würdest wie früher, wäre niemand neidisch.«

Basti ergriff das Glas, führte es an die Lippen und stellte es wieder ab.

»Danke.«

⚽

»Armer Schatz«, flüsterte Sarah und schloss Basti in die Arme.

Sie hatte gehört, wie er die Wohnungstür aufgeschlossen hatte, und war ihm entgegengekommen.

Basti löste sich von ihr. »Warum arm?«, fragte er.

»Ich habe gehört, sie hätten dich ausgepfiffen.«

»Na und?«

Sie gingen in den großen Wohnraum. Auf dem Kaffeetisch stand etwas Konfekt von Kustermann bereit, und ein paar Kerzen brannten. Er ließ sich auf dem Sessel mit Sarahs Initialen nieder, und sie setzte sich auf seinen Schoß.

»Das hat dich doch sicher furchtbar getroffen.«

»Nein«, behauptete Basti, »überhaupt nicht.«

»Warum nicht?«

»Furchtbar treffen können mich nur Ungerechtigkeiten. Und das war keine.«

»Aha?«

Nach einer Pause erklärte er: »Ungerecht wäre, ausgepfiffen zu werden für etwas, wogegen man nichts tun kann.«

»Und was kannst du dagegen tun?«
»Besser spielen.«

⚽

Zwei Tage später reiste die Mannschaft nach Hannover und gewann drei zu null gegen Hannover 96.

Van Gaal hatte Basti im zentralen defensiven Mittelfeld eingesetzt, neben Mark van Bommel. Dort, wo er hingehörte, wie der Trainer der Presse sagte.

Und er sagte noch mehr. Er bezeichnete Basti als einen »kompletten Fußballer« und »unantastbaren Führungsspieler«. »Wenn Bastian der Chef ist, sind wir der Chef auf dem Platz«, betonte er.

⚽

Die meisten Passanten hatten sich im Wetter getäuscht und trugen Jacketts, Pullover und Übergangsmäntel über dem Arm.

Basti war das nicht passiert. Bevor er die Wohnung verlassen hatte, war er auf seiner Dachterrasse gewesen und hatte über die Dächer geblickt, zum Giebel des Gärtnerplatztheaters und zur Dachterrasse des Hotels zur Deutschen Eiche.

Dort kühlten sich die Gäste der Schwulen-Sauna ab, plauderten, lachten und tranken etwas. »Hallo, Basti!«, rief einer, und die anderen stimmten ein.

Basti winkte fröhlich hinüber. Dann ging er zurück in die Wohnung, tauschte den leichten Strickpullover gegen ein sommerliches T-Shirt, setzte eine Baseballmütze auf und wählte eine Sonnenbrille aus seiner großen Sammlung.

So ging er aus dem Haus, machte die paar Schritte zur Kochspielhaus-Terrasse gleich gegenüber und setzte sich in den Schatten einer der roten Markisen.

Der Kellner brachte ungefragt einen Cappuccino, ein Croissant und die Zeitung. »Hallo, Basti«, sagte er.

»Hallo, Monti.«

Basti saß gerne dort, aber nie lange. Überhaupt war er keiner, der es lange an einem Ort aushielt. Er trank seine Tasse leer und aß sein Croissant, grüßte ein paar Passanten zurück, die ihm im Vorbeigehen einen Gruß zuriefen, und überflog die Zeitung.

Ein Doppeldecker-Cabrio-Bus fuhr im Schritttempo vorbei. Basti hob den Kopf.

»Und dort, meine Damen und Herren, in der obersten Etage, wohnt jemand, den Sie alle kennen: der Fußballstar Bastian Schweinsteiger. Er liebt dieses Viertel mit seinen Künstlern, seinen Restaurants und seinem Nachtleben. Er bewegt sich hier ganz ungezwungen und ohne Starallüren. Wenn Sie Glück haben, können Sie ihm begegnen. Und wenn Sie ihn grüßen, grüßt er Sie zurück.«

Die Touristen starrten zur obersten Etage hinauf, knipsten und filmten.

Niemand von ihnen sah den jungen Mann mit der Schildmütze und der Sonnenbrille, der vor seinem Kaffee saß und zu ihnen heraufgrinste.

Der Bus fuhr weiter. Basti winkte Monti herbei, der sich in der Nähe aufhielt, weil er wusste, dass sein liebster Gast kein Sitzleder besaß.

Monti kassierte und bedankte sich für das großzügige Trinkgeld.

Zielstrebig ging Basti die paar Schritte zum ›Del Fiore‹ und bestellte dort einen Espresso. Noch bevor er ihn erhalten hatte, gesellte sich Holger Badstuber zu ihm. Sie tranken ihren Kaffee und zogen weiter zum ›Cotidiano‹.

Dort wartete Manuel Neuer bei einem Cappuccino.

Sie unterhielten sich ein wenig über das letzte Spiel und redeten über das nächste.

Es war jetzt kurz vor Mittag, und Basti zog es zum ›Monaco‹, seiner Lieblingspizzeria.

Es war vielleicht der letzte Tag zum Draußen-Essen. Basti setzte sich mit Blick auf das Gärtnerplatztheater. Sie gingen manchmal ins Theater. Sarah hatte ihn auf den Geschmack gebracht. Sie hatten *Die Zauberflöte* gesehen und den *Barbier von Sevilla*. Auch Operetten mochte er. *Im Weißen Rössl* sah er sogar zweimal. Und was ihm auch sehr gut gefiel: sich festlich kleiden. Er ärgerte sich sogar ein bisschen über die wenigen, die das nicht taten.

❀

Es dämmerte schon eine ganze Weile. Da und dort brannte ein Feuer, und es roch nach Gegrilltem. Die Stimmen der Leute an den Feuerstellen klangen ruhig und gemächlich. Basti und Florian schlenderten die Isar entlang.

Er hatte Florian angerufen und um ein Gespräch gebeten. Etwas Wichtiges. Florian hatte ein Abendessen abgesagt, auch etwas Wichtiges, und sie hatten sich bei der Corneliusbrücke getroffen und waren losspaziert.

Basti machte den Anfang: »Eine Krise ist eine Chance, heißt es.«

»Quatsch. Eine Krise ist eine Krise. Eine Krise ist ein Moment, in dem alles unsicher ist. In dem sich alles ändern könnte. In dem man nicht weiß, in welche Richtung es weitergeht. *Das* ist eine Krise.«

Basti lachte ein wenig. »Warum so heftig?«

Jetzt lachte auch Florian. »Mir hat man das auch immer gesagt in meiner Krise. ›Betrachte es als Chance‹ und alle diese Klischees. Eine Krise ist eine scheiß Krise, fertig.«

»Was war deine Krise?«

»Egal, jetzt reden wir über deine.«

»Du findest also auch, dass ich in einer stecke? Das wollte ich dich nämlich fragen.«

Ein hagerer alter Mann in einer bunten Badehose stelzte vorsichtig aus dem Wasser. Basti kannte ihn vom Sehen, er badete bei fast jedem Wetter. Er nickte ihm zu. Der Mann nickte stumm zurück und lächelte.

»Ich weiß es nicht. Bei einem anderen würde ich sagen: Ja. Du befindest dich jetzt gerade in einer Krise. Aber eben: Eine Krise ist keine Jetzt-gerade-Sache. Eine Krise ist ein Wendepunkt. Sie ist etwas, das sich entwickelt. In die Zukunft.«

Florian sprach, als kämen ihm beim darüber Sprechen diese Gedanken.

»Bei dir habe ich das Gefühl, es sei für dich immer jetzt.«

Basti blieb stehen. »Aber so ist es doch! Es ist immer jetzt.«

Auch Florian war stehen geblieben. »Schon. Aber die

meisten sind sich bewusst, dass auf das Jetzt ein Danach folgt. Bei dir habe ich nicht dieses Gefühl.« Er nahm den gemächlichen Gang wieder auf. »Du bist ein Jetzt-Mensch. Der Einzige, den ich kenne. Deswegen mag ich dir nicht sagen, dass du dich in einer Krise befindest. Dann müsstest du dich nämlich mit etwas befassen, was dir das Jetzt vergällen würde.«

Sie kamen an einer Gruppe Halbwüchsiger vorbei, die um ein kleines Feuer saßen. Sie tuschelten miteinander. Plötzlich skandierten sie halblaut: »Schwein-stei-ger, Fuß-ball-gott! Schwein-stei-ger, Fuß-ball-gott!«

Basti winkte ihnen lachend zu. Sie hörten die Rufe noch ein paar Dutzend Meter weiter. Als sie verstummt waren, fragte der Fußballgott: »Womit?«

»Willst du es wirklich wissen?«

»Sag schon.«

Florian blieb wieder stehen. »Mit der Endlichkeit.«

»Wie das?«

»Du müsstest dir die Frage stellen: ›Wenn ich jetzt tot umfallen würde, was hätte ich dann gerne anders gemacht?‹«

Basti sagte lange nichts. »Tot umzufallen ist eben kein Thema für einen Jetzt-Menschen.«

Florian nickte. »Siehst du.«

»Du bekommst silberne Schläfen«, bemerkte Holger Badstuber mit vollem Mund. Sie saßen im ›Monaco‹ und aßen ihre Pizzen.

»Ich weiß.«

»Weißt du, wer Ana Ivanović ist?«

»Klar. Der schöne Tennisstar.«

»Sie sagt, sie habe keine Zeit für einen festen Freund. Wer aber ein bisschen aussehe wie George Clooney, der habe Chancen bei ihr.«

Basti verstand nicht.

»Der hat auch graue Schläfen.«

Basti lachte. »Ach so, das meinst du.« Er fasste sich ins Haar und sagte: »Bin aber schon vergeben.«

Was so eine Faschingsparty bewirkt

Mit fünfundzwanzig führte Basti Regie auf dem Platz. Er verteilte die Bälle, bestimmte Rhythmus und Tempo und gestaltete das Spiel.

Als ihn Trainer van Gaal an die Seite von Mark van Bommel ins Zentrum des Mittelfelds versetzte, stand Bayern München auf Platz acht der Bundesliga. Vierzehn Spiele später, von denen keines verloren und nur vier unentschieden waren, stand Bayern München auf Platz eins.

Bayern gewann die deutsche Meisterschaft. Bastis Einsatz war selbst im letzten Spiel der Saison gegen den Absteiger Hertha BSC, bei dem es nichts mehr zu verlieren gab, so groß, dass er mit 155 Ballkontakten einen neuen Bundesligarekord aufstellte.

Auch das Endspiel des Pokals erreichten sie.

Das Olympiastadion Berlin war ausverkauft, es herrschten frühlingshafte Temperaturen. Das Pokalfinale gegen Werder Bremen stand drei zu null für Bayern, und es lief die dreiundachtzigste Minute. Robben, Olić und Ribéry hatten ihre Arbeit gemacht und je ein Tor geschossen. Es ging eigentlich nur noch darum, die paar Minuten das Resultat zu halten und dann den Pokal gebührend zu feiern.

Aber Basti war noch nicht so weit. Er hatte noch etwas zu erledigen. Er begleitete einen Angriff aus der eigenen

Hälfte, Philipp Lahm führte den Ball, Schweinsteiger machte auf sich aufmerksam und sprintete los, zwischen zwei der drei Verteidiger auf das Tor zu, Lahm spielte eine weite weiche Vorlage in hohem Bogen über die Verteidiger knapp vor den Werder-Strafraum. Basti stoppte den Ball mit der Brust, ließ ihn von dort auf die rechte Schuhspitze tropfen und am Standbein des Torhüters vorbeiholpernd in die rechte Torecke rollen.

Dann reckte er beide Zeigefinger gegen den Himmel, legte den Kopf in den Nacken und rannte zur Eckflagge.

»Für dich, Opa!«, rief er, »für dich, wie versprochen!!«

Bastis Opa war vor sechs Tagen verstorben.

Im Jahr 2010 hatte Ana Ivanović ihr Selbstvertrauen verloren und war bis auf Rang achtundfünfzig hinuntergerutscht. Auf der Suche nach einem Ausweg aus der Krise stieß sie auf Heinz Günthardt, den langjährigen früheren Trainer von Steffi Graf. Er wurde ihr temporärer Coach.

Als Ana ihn fragte, was denn das konkrete Trainingsziel sei, antwortete er: »Das Ziel ist Teil des Problems. Das Ziel ist, keines zu haben. Du darfst nicht zu weit zurück- oder vorausdenken. Du musst dich ganz auf das konzentrieren, was du jetzt gerade machst. Du musst das Maximum aus dem Jetzt herausholen.«

Es war eine Lebenseinstellung, die ihr half, den Weg zurück zu finden. Im August hatte sie ein großartiges Turnier in Cincinnati. Es war der Anfang ihres Comebacks in die Top zwanzig.

An die Einstellung, im Jetzt zu leben, sollte sie später noch oft erinnert werden.

⚽

Basti zuckte zusammen, als wäre es *sein* Bein.

Ballack hatte den Ball mit dem rechten Fuß schon weitergespielt, als Kevin-Prince Boateng sein gestrecktes Bein in seinen Unterschenkel rammte.

Der Kapitän lag am Boden und wand sich vor Schmerzen.

Es war das Finale des englischen FA Cups, Portsmouth gegen Chelsea, erste Halbzeit, es stand noch immer null zu null.

Basti sah, wie sich Ballack aufhelfen ließ und, gestützt auf einen Pfleger, zum Platzrand humpelte.

Das war ein gutes Zeichen. Das fand auch der Kommentator. Und auch Jogi Löw sagte im Fernsehen, dass Ballack bis zu den Weltmeisterschaften in Südafrika wohl wieder fit sein werde.

Das war Ballack auch zu wünschen. Er hatte sich sorgfältig auf dieses Turnier vorbereitet, denn es würde wohl sein letztes sein. Wenn alles gutging, vielleicht der Höhepunkt einer großartigen Karriere.

Das Spiel lief weiter, Boateng erhielt für das grobe Foul nur Gelb.

Bald war klar, dass Ballack nicht weiterspielen konnte. Er wurde ausgewechselt und kurz darauf nach München geflogen. Es war Samstag. Das bange Warten begann.

»Wäre das gut für dich?«, fragte Sarah.

»Was? Wenn Michael bei der WM ausfallen würde? Daran mag ich nicht denken.«

»Nicht menschlich, fußballerisch.«

Basti zuckte mit den Schultern. »Ich hätte mehr Verantwortung.«

»Wäre das gut?«

»Beim Gewinnen schon. Beim Verlieren nicht.«

Am Montag gab Dr. Müller-Wohlfahrt die Diagnose bekannt: Innenbandriss und Teilriss des Syndesmosebands im rechten Sprunggelenk. Ballack würde für mindestens zwei Monate ausfallen.

Jetzt fehlte der deutschen Nationalmannschaft nicht nur der erfahrenste Mittelfeldspieler. Es fehlte ihr auch der Kapitän.

Basti griff zum Handy. Als er Florians Nummer abrief, klingelte das Telefon.

Es war Florian.

Florians Assistentin Valentina brachte zwei Espressi und ein kleines Schälchen Amarettini. Der Espresso war von Angelone, der Hausmarke der Pizzeria Monaco. Sie hatte immer einen Vorrat Espresso Arabica da, Bastis Lieblingsröstung.

Als sie wieder alleine waren, sagte Florian: »Alle werden fragen, wer jetzt Kapitän wird.«

»Ich weiß.«

»Was wirst du sagen?«

»Jogi fragen.«

»Es wird welche geben, die sagen, du sollst es werden. Was sagst du dann?«

»Ich mache, was der Trainer will.«

Florian schien nicht zufrieden. »Wärst du es denn gerne?«

»Bin nicht sicher.«

»Ich auch nicht. Du wirst der Mann sein, der Ballack ersetzt. Das kannst du unbeschwerter, wenn du nicht auch noch Kapitän bist.«

Basti nickte nachdenklich.

»Kommt dazu: Wenn es nicht gut läuft bei der WM, bleibt es an dir hängen.«

Wieder nickte Basti. »Aber wenn er mich wählt?«

»Wird er nicht.«

Basti stand an der Brüstung seiner Dachterrasse und blickte auf das Gärtnerplatzviertel hinunter. Die Stimmen der Passanten drangen herauf und die Musik von der ›Deutschen Eiche‹ gegenüber.

Er war zurück aus Madrid. Sie hatten dort das Champions-League-Finale gegen Inter Mailand verloren. Zwei zu null, beide Tore vom Argentinier Milito. Nicht knapp, nicht mit Pech, nicht unverdient. Sie waren einfach die schlechtere Mannschaft gewesen.

Basti wusste genau, woran es gelegen hatte. Und auch, wie man das verbessern konnte. Musste, wenn sie bei der WM in Südafrika Erfolg haben wollten.

Er nahm einen Schluck Rotwein und stellte das Glas zurück auf die Brüstung.

Ärgerlich war es schon. Wer weiß, wann die Chance wiederkam, das Triple zu machen. Und wie schlecht es für den Rhythmus der Nationalmannschaft war, dass wegen dieses Finales er und ein paar andere wichtige Spieler nicht im Trainingslager in Sizilien waren.

Eine Rakete stieg in den Himmel und ließ bunte Funken über die Dächer regnen. Vielleicht ein Mailänder, der noch immer am Feiern war.

»Hier bist du.« Es war Sarah. Sie kam von einem Termin zurück, Basti erinnerte sich nicht, von welchem.

Sie umarmte und küsste ihn.

»Neues Parfüm?«, fragte er.

»Wie findest du es?«

»Gut«, antwortete er, ohne nachzudenken.

Sie sah ihn prüfend an. »Immer noch traurig?«

»Nein. Hungrig.«

»Wollen wir was essen gehen?«

»Ja, ins ›Monaco‹. Habe Lust auf etwas Mailändisches. Piccata Milanese.«

Das Hotel war umgeben von Weinbergen. Nur für die Pools, die Liegewiesen und einen Tennisplatz hatte man Platz ausgespart. Es war noch früh, erst kurz nach zehn, aber offiziell waren sie schon auf ihren Zimmern. Eine Anweisung von Jogi, weil morgen Frühtraining war.

Bastis Zimmer lag im Erdgeschoss, gleich neben dem von Holger Badstuber. Jedes besaß eine große Terrasse auf den Pool hinaus. Basti war zu Besuch auf der von Holger.

Sie hatten sich mit halblauter Stimme unterhalten, ein wenig über den vergangenen Tag und etwas über den bevorstehenden. Das Thema, das in der Luft lag, hatten sie bisher gemieden.

Jetzt schnitt Holger es an: »Glaubst du, du wirst Kapitän?«

Bastis Antwort kam schnell: »Nein.«

»Warum nicht?«

»Philipp Lahm wird es.«

»Warum?«

»Weil er es will.«

»Und warum du nicht?«

»Weil ich es nicht will.«

Holger war überrascht. »Nicht? Das will doch jeder.«

»Ich nicht.«

»Ehrlich? Auf keinen Fall?«

Ein kleiner Wind kam auf, von den Reben drang ein leises Rauschen zu ihnen, und im Mondlicht sahen sie das Weinlaub glitzern.

»Noch nicht.«

»Aha.«

Als Jogi Löw es am nächsten Tag im Seminarraum des Hotels verkündete, drehten sich mehr Köpfe zu ihm als zum neuen Kapitän, Philipp Lahm.

Basti war einer der wenigen, für die es keine Überraschung war. Florian hatte es ja gesagt. Und Basti würde sich nicht wundern, wenn dieser nicht sogar die Finger im Spiel gehabt hätte, keine Ahnung, wie.

Und tatsächlich: Er war erleichtert. Nicht nur, aber vorwiegend. Irgendwo, tief drinnen, tauchte schon kurz der

Gedanke auf, warum Philipp und nicht er. Aber die Erleichterung überwog.

Besonders, als Jogi dem Team und den Medien verkündete: »Schweinsteiger ist der emotionale Leader, der die Mannschaft aus dem Mittelfeld heraus anführen wird.«

Das Velmoré Hotel, knapp sechzig Kilometer von Johannesburg entfernt, sah aus wie die Kulisse einer mexikanischen Fernsehserie. Sie hatten nach dem Training etwas Zeit im Spa verbracht, saßen nun in der pompös eingerichteten Lobby und warteten auf das Abendessen.

Basti saß in einem mächtigen Kunstledersofa, dessen Sitzpolster so lang war, dass er die Rückenlehne nur im Schneidersitz erreichen konnte. Man musste schon so groß wie Manuel Neuer sein, um sich normal anlehnen zu können.

Podolski gesellte sich zu ihnen und hielt Basti eine Zeitschrift hin.

Es war die Swimsuit-Ausgabe der *Sports Illustrated*. Aus Anlass der Fußball-Weltmeisterschaft mit den WAGs – den Wives and Girlfriends der Stars – in knappen Body-Paint-Bikinis.

»Schon gesehen?«, fragte Poldi.

Basti hatte die Ausgabe noch nicht gesehen. Aber er wusste, dass sie während der WM erscheinen und ein Thema sein würde.

Er streckte die Hand nach der Zeitschrift aus und blätterte nach der Seite.

Sarahs Trikot war in Schwarzrotgold täuschend echt auf die Haut gemalt. Es wirkte so zerrissen, dass der übriggebliebene Teil nur knapp die Brustwarzen verdeckte.

Die ganze Mannschaft, die sich nach und nach um die Sitzgruppe versammelte, fand Sarah die Attraktivste.

Bastis Gefühle waren gemischt. Zwischen Stolz und Bedenken. Er war natürlich über das Projekt informiert gewesen und hatte sich gehütet, etwas dagegen einzuwenden. Aber Florian könnte etwas dagegen haben. Deswegen hatte er ihm nichts davon erzählt.

Die Sache würde für Aufsehen sorgen. Er musste einfach so gut spielen, dass sie ihm nichts anhaben konnte.

Sie hatten England im Achtelfinale mit vier zu eins geschlagen, und jetzt führten sie zwei zu null gegen Argentinien. Basti stand links neben dem argentinischen Strafraum. Sein rechter Fuß ruhte auf dem Ball. Vor ihm zwei Argentinier.

Und die Zeit blieb stehen.

Die beiden Argentinier froren im Angriff ein.

Sami Khedira stand leicht zurückversetzt neben ihm.

Der Verteidiger Arne Friedrich war im Sprint in Richtung argentinischer Strafraum erstarrt.

Wenn Basti jetzt einen Übersteiger machte und in der gleichen Bewegung den Ball mit dem Absatz Khedira überlassen würde, würden sich die zwei Argentinier auf den Köder stürzen.

Er selbst würde sich rückwärts in den freien Raum bewegen, und Khedira würde ihm den Ball zuspielen.

Er würde den beiden angreifenden Argentiniern entkommen und den dritten mit einer Körpertäuschung aussteigen lassen.

Der Torhüter würde nach dem Ball hechten, aber er würde ihn knapp vor dessen Fingerspitzen zum heranstürmenden Arne Friedrich schieben. Der würde ihn im Sturz ins leere Tor versenken.

Schweinsteiger würde am Torpfosten vorbeirennen.

Alles begann sich wieder zu bewegen.

Basti stand ganz ruhig neben dem Tor und sah zu, wie Arne mit hochgerissenen Armen zum Spielrand rannte, sich auf die Brust fallen ließ und über den Rasen schlitterte. Und wie sich die Mitspieler auf ihn stürzten.

Arnes erstes Tor in siebenundsiebzig Länderspielen.

Und Bastis erstes Mal, dass es ihm gelungen war, die Zeit einfrieren zu lassen.

Nach dem Spiel stand plötzlich die Bundeskanzlerin in der Kabine, stieß mit Schweinsteiger, der nur ein Handtuch um die Hüften geschlungen hatte, mit einer Bierflasche an und umarmte ihn.

Er wurde zum »Man of the Match« gewählt. Er hatte mehr erfolgreiche Pässe gespielt – vierundachtzig – als jeder andere auf dem Platz. Er hatte mehr Kilometer zurückgelegt – 11,3 – als jeder andere. Er hatte die Bälle verteilt, den Rhythmus bestimmt, zwei Tore vorbereitet und war der taktische und strategische Leader gewesen, nicht nur der emotionale.

Und es war ihm gelungen, im Spiel die Zeit für sich stehenbleiben zu lassen.

Als er gefragt wurde, auf wen er im Halbfinale lieber treffen würde, Spanien oder Paraguay, antwortete er: »Spanien wäre mir lieber. Das ist eine exzellente Mannschaft, und ich bin einer, der immer lieber gegen die stärksten Mannschaften der Welt spielt.«

Es wurde Spanien. Und Basti freute sich auf das Spiel.

Ganz ungetrübt war die Freude nicht. Philipp Lahm ließ verlauten, dass er das Amt des Ersatzkapitäns auch nach der WM behalten wolle.

Das brachte etwas Unruhe in die Mannschaft, und Michael Ballack, der trotz seiner Verletzung nach Südafrika mitgeflogen war, brachte es dazu, überraschend nach Hause zu fliegen.

Basti sagte öffentlich, dass für ihn Ballack der Kapitän sei. »Wenn er zurückkommt, wird er auch wieder die Binde tragen!«

Das Halbfinale verlor Deutschland null zu eins. Das Tor war die Folge eines Eckballs, den Basti mit einer Grätsche verschuldet hatte.

Philipp Lahm, der unter einem Infekt litt, meldete sich krank, und Basti trug die Kapitänsbinde für das Spiel um Platz drei gegen Uruguay.

Deutschland gewann drei zu zwei. Basti wurde zu einem der zehn besten Spieler des Turniers gewählt. Und Jogi Löw nannte ihn »das Herz und den Motor unseres Spiels«.

Er sagte es niemandem, aber auf dem Heimflug fühlte er sich auch ein wenig so.

Kaum zurück in München, frühstückten Basti und Sarah im ›Trachtenvogl‹ im Glockenbachviertel. Sie saßen auf Klappstühlen vor dem Schaufenster an einem Gartentisch voller Brötchen, Marmeladen, Müsli, Säften und Cappuccino.

Die Passanten schenkten dem Paar noch mehr Beachtung als vor der WM in Südafrika, aber Basti hatte darauf bestanden, draußen zu sitzen. »Wenn ich anfange, mich daran zu stören, dass mich die Leute auf der Straße anstarren oder begrüßen oder fotografieren, dann muss ich aus München wegziehen«, sagte er.

»Wohin?«, wollte Sarah wissen.

»Alex Ferguson will mich zu Manchester United holen. Carlo Ancelotti zum FC Chelsea. José Mourinho zu Real Madrid. Und Massimo Moratti, der Präsident von Inter, nach Mailand.«

»Ich ginge lieber zu Real.«

»Spanisch?«

»Kann man lernen.«

Ein junges Paar kam an den Tisch. »Hallo, Schweini«, sagte er, »dürfen wir?« Er deutete auf sein Handy.

»Nur wenn du mich nicht mehr ›Schweini‹ nennst. Ich bin Bastian Schweinsteiger.«

»Basti? Darf ich dich Basti nennen?«

»Darfst du.«

Der junge Mann winkte die Serviererin herbei und reichte ihr sein Handy. Sie wusste damit umzugehen, es war nicht das erste Mal, dass sie Fans mit Basti und Sarah fotografieren musste.

Die beiden stellten sich neben das Paar, gingen in die Knie, bis die Köpfe auf deren Höhe waren, und lächelten in die Linse. Zum Abschied sagte der junge Mann: »Tschüss, Basti. Und untersteh dich, uns zu verlassen.«

Als sie außer Hörweite waren, fragte Sarah: »Möchtest du denn überhaupt weg?«

»Mal sehen.«

⚽

In der sechzehnten Minute spielte Basti den Ball Altintop zu, und der traf genau in den Winkel des Tors von St. Pauli. Eins zu null.

Aber es dauerte bis zur achtundsechzigsten, bis sie frei aufspielten; in den nächsten zwölf Minuten schossen sie zwei weitere Tore.

Vielleicht waren sie ein wenig unkonzentriert, und vielleicht war er nicht ganz unschuldig daran. Seine Gedanken waren woanders.

In den letzten Wochen hatte Florian verhandelt. Es gab keinen großen europäischen Club, der sich nicht um ihn bemüht hatte. Aber auch Bayern hatte ihm den Hof gemacht. Hoeneß hatte sich sogar dazu durchgerungen, öffentlich zu verkünden, dass Basti zu der Persönlichkeit gereift sei, die er sich immer gewünscht habe.

Bei der Jahreshauptversammlung, bei der er vor einem Jahr noch ausgebuht und ausgepfiffen worden war, erhielt er lange Standing Ovations. Und Hoeneß sagte, es sei unglaublich wichtig, dass er bei Bayern München bleibe.

Es war nur noch um die Summe gegangen, die sich der

Club für die Erfüllung dieses Wunsches leisten würde. Er selbst hätte schon mehrmals zugesagt, aber Florian meinte immer: »Glaub mir, da liegt noch mehr drin.«

Und er hatte recht behalten. Vor einer Woche rief er Basti an und sagte nur: »Vierzehn.«

»Millionen? Im Jahr?«, hatte der nur gestammelt.

»Ja. Nicht im Monat«, hatte Florian geantwortet und gelacht.

»Im Ernst?«, hatte Basti ins Telefon geschrien.

»Mit solchen Summen spaße ich nicht«, erwiderte Florian.

Basti hatte darauf bestanden, es seinen Fans persönlich zu sagen, bevor sie es aus den Medien erfuhren. Und jetzt wartete er nur noch darauf, dass das Spiel abgepfiffen wurde.

Nach dem Schlusspfiff verkündete der Stadionsprecher: »Ich übergebe nun das Mikrofon an Bastian Schweinsteiger. Er möchte euch etwas sagen.«

Die Bayern-Fans erschraken. Seit Wochen hörten sie die Gerüchte über die verlockenden Angebote an Basti.

Das Pfeifkonzert der St.-Pauli-Hooligans ging weiter.

Im rotweißen Trikot, mit roten Handschuhen und kurzgeschorenen Haaren stand Basti an diesem kalten Abend in der Mitte des Spielfeldes, das Mikrofon in seiner Rechten.

»Ich wollte es euch als Allerersten sagen. Ich spiele jetzt seit zwölf Jahren hier für den FC Bayern München.«

Kleine Pause.

»Und ich wollte euch sagen: Ich habe jetzt meinen Vertrag für fünf Jahre verlängert für euch.«

Die vollbesetzte Allianz Arena explodierte in einem einzigen, tausendstimmigen Aufschrei. »Jaaaa! Jaaaa! Jaaaa!«, donnerte es und: »Schwein-stei-ger-Fuß-ball-gott!«

In der Pressekonferenz danach sagte er: »Ich glaube, es ist schöner, mit Bayern München die Champions League zu gewinnen als mit Real Madrid oder Inter Mailand. Es hat mein Herz entschieden.«

»Dein Herz?«, grinste Frank Ribéry später in der Kabine.

»Nicht nur«, antwortete Basti, »aber auch.«

Im Januar ging Mark van Bommel nach Mailand, und Philipp Lahm übernahm die Kapitänsbinde. Basti wurde stellvertretender Kapitän.

Im März kamen die Pfiffe wieder.

Deutschland führte drei zu null im EM-Qualifikationsspiel gegen Kasachstan, und Jogi Löw wechselte Basti in der achtundsiebzigsten Minute aus.

Als er den Platz verließ, wurde gepfiffen.

Der Trainer wollte ihn schonen. Bayern dümpelte schon die ganze Saison zwischen dem vierten und dem sechsten Platz herum, die Nationalmannschaft hatte sich für die Europameisterschaft qualifiziert und nichts mehr zu verlieren.

Florian und Stefanie, seine Frau, und Sarah erwarteten ihn nach dem Spiel.

»Fahren wir zu uns und lassen etwas kommen«, schlug Sarah vor.

»Gute Idee«, fand Stefanie.

»Haben wir nicht einen Tisch bei ›Schumanns' Bar am Hofgarten‹ reserviert?«, fragte Basti.

Die drei tauschten Blicke.

»Ach, wegen der Pfiffe. Im Gegenteil. Ich versteck mich doch nicht. Es ist mir wurscht, wer mich sieht. Sollen sie zu mir kommen und es mir ins Gesicht sagen.«

Sie sprachen nicht mehr viel, bis sie am Ziel waren.

Im ›Schumanns'‹ wurden sie von Charles Schumann als alte Bekannte begrüßt, und man gab ihnen ihren Ecktisch rechts hinten im Restaurant.

Das Restaurant war laut und voll, und sie sahen ein paar bekannte Gesichter. Basti wurde zugenickt, er nickte zurück.

Sie bestellten. Basti wie immer Rinderfilet, medium well, mit den legendären Bratkartoffeln mit Quark und Ingwer-Saftschorle.

Stefanie versuchte Konversation zu machen, aber Basti hatte noch immer das Pfeifkonzert in den Ohren.

»Stimmt«, sagte er unvermittelt, »ich habe auch schon besser gespielt. Ich hatte unnötige Ballverluste, kleine Nachlässigkeiten und vielleicht ein paar Verschnaufpausen mehr als sonst. Ihr wisst, dass ich mit Schmerzen spiele.«

»Aber das Publikum weiß es nicht«, wandte Sarah ein.

»Ist das ein Grund zu pfeifen? Die Leute könnten sich mal fragen, ob ich nicht vielleicht an etwas laboriere, oder? Darf ich mir nicht einmal ein paar Fehler leisten?«

»Siehst du jetzt, warum wir dein richtiges Gehalt nicht verraten? Wenn sie schon bei deinem offiziellen so fordernd sind?«

Charles ließ es sich nicht nehmen, das Essen persönlich zu servieren und einen kleinen Schwatz zu halten.

Als er gegangen war, sagte Basti nachdenklich: »In Momenten wie diesen denke ich, ich hätte doch lieber Skirennfahrer werden sollen. Die werden nie ausgepfiffen. Felix kann rausfliegen, einfädeln, verwachsen, verlieren – ausgepfiffen wird er nie.«

Florian grinste. »Und was verdient er?«

Jetzt lächelte auch Basti. »Vielleicht lass ich mich doch lieber ein wenig auspfeifen.«

⚽

Nicht nur die Fans pfiffen. Der Boulevard pfiff mit.

Bild leistete sich die Boshaftigkeit, seiner Leserschaft zu verraten, wo Basti wohnte und dass an seiner Klingel »Cantona« stand.

Der FC Bayern München hinkte in der Meisterschaft hinterher, war im Pokal ausgeschieden und lief Gefahr, in der Champions League nicht dabei zu sein. Louis van Gaal war auf Saisonende gekündigt worden und für die restlichen Monate alles andere als motiviert.

Nein, es lief nicht gut für Bayern München. Der Boulevard weidete sich daran und suchte nach Schuldigen. Dass einer davon Bastian Schweinsteiger hieß, wunderte niemanden. Aber es war ärgerlich.

Als Bayern gegen das sechstplatzierte Nürnberg nur ein eins zu eins erreichte und vom dritten auf den vierten Rang zurückfiel, wurde van Gaal freigestellt, und sein Assistent, Andries Jonker, erbte die undankbare Aufgabe, Bayern den Champions-League-Platz zu retten.

Die Wolken hingen tief über München. Basti lehnte an der Brüstung der Dachterrasse, neben sich eine Tasse Kaffee. Er fröstelte ein wenig in seinem Frottiermantel mit dem Emblem des Schlosshotels Grunewald, einer Erinnerung an das Sommermärchen.

Sarah betrat die Terrasse, auch in einem Frottiermantel. Sie brachte ihm sein Handy. »Florian. Dringend.«

Er nahm das Handy. »Was ist dringend?«

»*Bild* schon gelesen?«

»Les ich nicht mehr.«

»Dann lese ich dir vor.«

Und Florian las.

Es war die Berichterstattung über die Entlassung von van Gaal. Ihr Hauptbestandteil war ein für das auf Kurztexte spezialisierte Blatt langer Rundumschlag gegen Basti. *Bild* machte ihn zum Mitschuldigen an der Situation des FC Bayern.

Darüber prangte groß und fett der Titel: »CHEFCHEN SCHWEINI«.

»Wer hat das geschrieben?«

»Dreimal darfst du raten.«

»Christian Falk? Der kann was erleben.«

»Das lass mal lieber bleiben.«

»Weißt du, wer so was bleiben lässt?«

»Wer?«

»Ein Chefchen.«

Und wie ein CHEF zahlte es Basti bei seiner Pressekonferenz dem Journalisten heim. Er ließ ihn nicht zu Wort kommen und stauchte ihn so zusammen, wie er von ihm zusammengestaucht worden war. »Ich habe genug!«, erklärte er ihm. Und: »Von so einem Pisser lasse ich mich nicht zutexten.«

Als er nach der zehnminütigen Standpauke den Raum verließ, hörte man ihn durch die offene Tür laut und deutlich »Arschloch« schnauben.

Als er Sarah die Szene beschrieb, fragte sie: »Und was hast du nun davon?«

»Ich muss mit dem Kerl nicht mehr reden.«

»Sie trägt die Haare offen.«

Basti hatte den rechten Fuß wegen seiner Verletzung, die nicht bekannt werden durfte, auf einen gepolsterten Hocker gelegt. Sarah saß neben ihm auf dem Sofa, der Fernseher lief.

»Und?«

»Tradition wäre hochgesteckt.«

»Was du alles weißt über Royal Weddings.«

»Und Trauzeugen haben die Royals normalerweise auch nicht. Aber die beiden haben ihre Geschwister Pippa Middleton und Prinz Harry.«

»Pippa? Das ist die mit dem Po?«

»Genau. Und sie trägt auch noch Weiß. Das trägt sonst nur die Braut.«

Stumm verfolgten sie den Einzug der Braut in die Westminster Abbey. Nur am Anfang hatte Sarah gesagt: »Die hat ja praktisch keine Schleppe. Einfach das Kleid ist hinten etwas länger. Lady Di hatte eine sieben Meter lange.«

»Sieben Meter zweiundsechzig«, präzisierte Basti.

Sie schauten, bis das Brautpaar die Kathedrale verlassen hatte und in der vergoldeten Kutsche durch das jubelnde Volk gefahren wurde.

Einmal hatte Basti das Gefühl, dass Sarah ihn lange ansah. Er wandte ihr das Gesicht zu. Ihre Blicke trafen sich.

Sarah sah aus, als wollte sie etwas sagen.

Basti blickte wieder zum Bildschirm, und Sarah sagte nichts.

Als das Brautpaar und die königliche Familie vom Balkon aus dem Volk zuwinkten, küsste sich das Paar unter dem Jubel der Untertanen.

Und dann, zur Überraschung aller, küssten sie sich noch einmal.

»Zweimal«, wunderte sich Basti.

Ende Mai wurde bekannt, dass Basti seit Mitte April mit einer gebrochenen Zehe spielte und nicht richtig trainieren konnte. Der Club hatte die Verletzung geheim gehalten aus Angst, jemand könnte ihm absichtlich auf den Fuß treten. Vielleicht wäre es besser gewesen, sie hätten das nicht getan, fand Basti später, dann hätte man seine Spielschwächen in dieser Zeit weniger hart kritisiert.

Als Basti die Länderspiele gegen Uruguay, Österreich und Aserbaidschan absagen musste, ließ es sich nicht mehr verheimlichen. Er musste fünf Wochen aussetzen. Dass er während dieser Zeit mit Sarah in Miami und auf Ibiza fotografiert wurde, war nicht gut für sein Image.

Zu Saisonbeginn war er wieder zurück. Und mit ihm Jupp Heynckes. Basti spielte im Kraftraum wieder dessen Hits aus den Achtzigern. Er war noch immer behindert durch die Zehe und die Carbonschiene, die er tragen musste.

Der Trainer sprach oft mit ihm und versprach ihm, dass er wieder der werden würde, der er 2010 war.

Vor der versammelten Mannschaft wandte er sich sehr formell an ihn:

»Basti, damit das klar ist: Du bist Führungsspieler. Ich erwarte von dir, dass du noch mehr Verantwortung übernimmst.«

Bayern München war im Herbst in der Bundesliga wieder auf Platz eins und im Pokal und in der Champions League noch dabei.

Auch in der Nationalmannschaft war Basti in Form. Beim Drei-zu-eins-Sieg gegen die Türkei in der EM-Qualifikation war er wieder der Chef auf dem Platz.

Aber dann, beim drei zu zwei gegen Neapel in der Champions League, brach er sich das rechte Schlüsselbein.

Zweite Halbzeit, dreiundfünfzigste Minute, es stand drei zu eins für Bayern München. Kopfballduell Schweinsteiger gegen Inler. Basti prallte gegen den Gegenspieler, blieb mit schmerzverzerrtem Gesicht liegen.

Sanitäter eilten herbei, Basti wand sich vor Schmerzen, die Trage wurde gebracht, und Basti wurde hinausgetragen.

In der Kabine versuchte man, ihm das Trikot auszuziehen. Doch das erwies sich als zu schmerzhaft.

»Aufschneiden!«, befahl Mull.

Das Trikot wurde aufgeschnitten. Kurze Untersuchung. »Schlüsselbeinbruch. Krankenwagen!«

Er injizierte Basti ein Schmerzmittel.

Vor dem Stadion sahen sie gerade noch, wie der Krankenwagen wegfuhr. Salvatore Aronica, der sich zehn Minuten vor Basti die Rippen geprellt hatte, wurde weggefahren. Kein zweiter Krankenwagen in Sicht.

Müller-Wohlfahrt fluchte.

Inzwischen war Sarah eingetroffen. Sie stand neben der Rollbahre und hielt Bastis Hand.

Als der Krankenwagen endlich kam, stieg Sarah mit ein, und sie fuhren in die Klinik.

Erst um zwei Uhr früh konnte die Operation beginnen. Sie dauerte über eine Stunde. Basti wurde eine Carbonplatte eingesetzt.

Als er aus der Narkose erwachte, schickte er Jogi Löw eine sms. »Alles gutgegangen. Gruß Basti.«

Er erhielt einen Rucksackverband, der das Schlüsselbein fixierte und die Schultern nach hinten zog. Das würde dafür sorgen, dass die Schmerzen erträglich waren und das Schlüsselbein nicht zu kurz zusammenwuchs.

Danach durfte Basti nach Hause.

Am Nachmittag rief Hoeneß an. »Weißt du, wer angerufen und sich nach dir erkundigt hat und dir alles Gute wünscht? Die Bundeskanzlerin, Frau Merkel!«

Basti musste jeden Tag zu Mull zur Kontrolle. Manchmal zog der den Verband etwas nach.

Für die nächsten sechs Wochen fiel Basti aus. In der ersten Zeit fühlte er sich unbeholfen wie ein Baby. Sarah musste ihm sogar dabei helfen, die Socken anzuziehen. Und sein Freund, Steffen Hamann, der Basketballstar der Bayern, spielte den Chauffeur.

Basti, der sagte, er lese lieber tausend Spiele als ein Buch, begann, Bücher zu lesen. Er machte lange Spaziergänge an der Isar. Und als er wieder Auto fahren durfte, machte er Ausflüge nach Oberaudorf, badete seine geschundenen Füße im eiskalten Auerbach und benetzte sein Schlüsselbein mit dessen heilendem Wasser.

So oft er konnte, saß er bei den Heimspielen der Bayern-Basketballspiele im Publikum. Er war ein Basketballfan geworden. Wenn er im Fußball ein Tor schoss, imitierte er einen Korbwurf.

Steffen Hamann hatte ihm zum Geburtstag eine Parkbank am Gärtnerplatz gewidmet. Sie trug jetzt ein Schild, auf dem stand: »The Chosen One«. So wurde der amerikanische Basketballstar LeBron James genannt. Dass Hamann mit dieser Widmung Bastian Schweinsteiger meinte, wussten nur ein paar Eingeweihte.

Erst im neuen Jahr konnte Basti mit der Mannschaft wieder trainieren, genauer gesagt, erst im Trainingslager des FC Bayern in Doha.

Er hatte es kaum erwarten können, wieder auf einem Fußballfeld zu stehen, und war der Erste, der umgezogen auf dem Platz stand.

Es war schon dunkel, und das Flutlicht brannte. Basti ging zur Platzmitte, breitete die Arme aus, reckte sie in die Höhe und drehte sich um die eigene Achse.

Als wollte er der Welt sagen: »Pass auf, hier bin ich wieder!«

Vor dem ersten Spiel des Jahres war Basti so übermütig, dass er vor Andrea Petković, der Nummer zehn im Tennis, die er in der Reha kennengelernt hatte, prahlte: »Mir genügt ein Arm, um dich zu besiegen.« Zum Glück kam es nie zu diesem Match.

Aber schon im Februar hatte er wieder Pech. Im DFB-Pokal-Viertelfinale gegen Stuttgart, in der siebzehnten Minute, riss Bastis vorderes Außenband im rechten Sprunggelenk.

Er wurde in Mulls Klinik gebracht und erhielt einen Gips.

Vor dem Eingang der Klinik warteten schlotternd die Journalisten, bis er wieder herauskam. Basti hatte keine Lust auf Interviews und bat seinen Bruder Tobi, der ihm sehr ähnlich sieht und zufällig auch dort in Behandlung war, als sein Double mit Sarah am Arm zum Vordereingang hinauszuhumpeln, damit er selbst unerkannt durch den Hinterausgang entwischen konnte.

Am 25. April musste er unter allen Umständen wieder im Form sein. Dann spielten sie im Santiago Bernabéu das Champions-League-Rückspiel im Halbfinale gegen Real Madrid.

Alaba verwandelte, aber Casillas hätte den Ball beinahe erreicht.

Neuer hielt das Geschoss von Ronaldo.

Gómez traf. Zwei zu null für Bayern.

Neuer parierte den Schuss von Kaká. Noch immer zwei zu null.

Alonso verwandelte. Nur noch zwei zu eins.

Casillas hielt Lahms Versuch. Es blieb zwei zu eins.

Ramos schoss weit über das Tor hinaus. Noch immer zwei zu eins!

Jetzt ist es an mir, dachte Basti.

Fünf Monate war er insgesamt verletzt gewesen. Erst vor einer Woche hatte er zum ersten Mal wieder volle neunzig Minuten durchgespielt. Hier im Estadio Santiago Bernabéu hatte er zu seiner eigenen Überraschung bereits hundertzwanzig Minuten durchgehalten. Etwas zögerlich begonnen und sich gesteigert zum Chef auf dem Platz. Wenn er diesen Elfmeter verwandelte, dann würde er zum ersten Mal in der Geschichte des Turniers das Finale ins eigene Stadion holen.

Jetzt hing alles von ihm ab.

Ein ohrenbetäubendes Pfeifkonzert der spanischen Fans.

Basti hob den Ball auf und trug ihn auf der rechten Handfläche zum Elfmeterpunkt. Dort trat er den Rasen etwas fest und legte den Ball wie etwas sehr Kostbares sorgfältig darauf.

Er trat ein paar Meter zurück, stützte die Hände in die Hüfte und fixierte das Leder ernst mit gerunzelter Stirn.

Bayern hatte in München schon einmal ein Elfmeterschießen gegen Real Madrid, und da hatte er nach rechts unten geschossen. Vielleicht erinnerte sich Casillas daran.

Basti lief an und knallte den Ball hart nach links oben.

Casillas hechtete nach rechts unten.

Tor!

Basti zog das Trikot über den Kopf und rannte mit nacktem Oberkörper über das Feld und ließ sich feiern.

Nichts stand dem Finale »dahoam« mehr im Wege.

»Schläfst du nicht?«

»Nein«, antwortete Basti.

Sarah knipste ihre Nachttischlampe an. »Soll ich dir einen Tee machen?«

»Warum?«

»Für die Nerven.«

»Ich bin nicht nervös.«

»Nicht? Warum?«

»Weil wir gewinnen.«

»Warum bist du da so sicher?«

»Wir können nicht verlieren. Nicht das allererste Heim-Endspiel der Champions-League-Geschichte. Nicht Bayern München. Nicht diese Mannschaft.« Und nach einer Pause fügte er hinzu: »Nicht ich.«

»Warum schläfst du dann nicht?«

»Ich gehe das Spiel durch.«

»Wo bist du?«

»Zweite Halbzeit.«

»Wie steht es?«

»Sag ich nicht.«

Sarah stand auf, ging in die Küche, machte sich einen Kräutertee zum Einschlafen und wartete, bis er nicht mehr zu heiß war zum Trinken.

Als sie ins Schlafzimmer zurückkam, schlief Basti tief.

⚽

Sie dominierten das Spiel, wie noch kaum je eine Mannschaft ein Champions-League-Finale dominiert hatte. Aber erst in der dreiundachtzigsten Minute gelang Bayern das eins zu null, ein Kopfballaufsetzer von Thomas Müller.

In der achtundachtzigsten Minute machte Didier Drogba nach dem allerersten Eckstoß für Chelsea den Ausgleich, ebenfalls mit einem Kopfballaufsetzer.

Das Spiel ging unentschieden in die Verlängerung.

Robben verschoss einen Elfmeter.

In der hundertzwölften Minute schaute Basti zur Anzeigentafel hinauf: Nur noch acht Minuten, dachte er, ich glaube, wir müssen langsam ein Tor machen, sonst wird es doch noch ein Glücksspiel.

Aber Bayern machte kein Tor mehr.

Und nach einem Eckenverhältnis von 20:1, 35:7 Schüssen und einem Ballbesitzverhältnis von 56:44 Prozent zugunsten des FC Bayern mussten sie tatsächlich ins Elfmeterschießen.

✪

Sie standen in einer Gruppe und sahen gebannt zu.

Lahm verwandelte. Es war 1:0 für Bayern.
Mata scheiterte an Neuer. 1:0 für Bayern.
Gómez verwandelte. 2:0 für Bayern.
Luiz verwandelte. 2:1 für Bayern.
Neuer verwandelte. 3:1 für Bayern.
Lampard verwandelte. 3:2 für Bayern.
Olić scheiterte an Čech. 3:2 für Bayern.
Cole verwandelte. 3:3.

Jetzt hing alles von Basti ab.

Wenn er ihn verwandelte, ging der größte Traum in Erfüllung.

Wenn nicht, dann war alles vorbei.

Basti ging mit großen Schritten auf den Ball zu, hob ihn auf, schritt zum Punkt, trat ihn kurz fest und legte das Leder sorgfältig zurück.

Es war ein Déjà-vu aus Madrid. Lediglich das Pfeifkonzert war leiser. Es pfiffen nur die Chelsea-Fans.

Basti trat ein paar Meter zurück und stützte die Hände in die Hüfte.

Er fixierte Čech, den Torhüter. Der trug eine schwarze Lederhaube wie ein Kampfpilot aus dem Ersten Weltkrieg. Er breitete die Arme aus und tänzelte kurz hin und her. Dann blieb er sprungbereit stehen.

Hinter ihm sah Basti die Fankurve der Bayern. Eine wogende Mauer aus angstvollen Gesichtern.

Čech musste das Elferschießen in Madrid gesehen haben und wissen, dass Schweinsteiger in die linke Ecke geschossen hatte.

Also erwartete er den Ball rechts.

Darum würde Basti links schießen.

Doch genau das erwartete Čech.

Basti rannte auf den Ball zu, machte einen Schrittwechsel und schoss. In die – rechte Ecke.

Und Čech hechtete. In die – rechte Ecke.

Die Zeit blieb stehen.

Der Torwart lag in der Luft, die Finger weit ausgestreckt.

Die bewegte Wand aus Gesichtern gefror.

Und in Zeitlupe segelte der Ball auf den Torpfosten zu.

Er würde ihn innen treffen und von dort aus ins Tor abgelenkt werden.

Čech machte sich immer länger und immer länger.

Sekundenbruchteile bevor der Ball den Pfosten berührte, erreichten ihn Čechs Fingerspitzen.

Ganz wenig änderte der Ball seine Flugbahn.

Traf auf den Pfosten.

Wurde abgelenkt.

Aber nicht ins Tor.

Nach außen.

Ein einziger Schrei aus der Mauer entsetzter Gesichter.

Basti erstarrte. Dann zog er den Ausschnitt des Trikots bis zur Nasenspitze und blickte kurz über die Schulter zu seinen Mannschaftskameraden.

Zwei von ihnen eilten ihm entgegen und begleiteten ihn zu den andern. Dort vergrub er sein Gesicht in den Farben seines Vereins und sank in die Knie.

Es war dunkel. Wie damals in der Mülltonne im Elternhaus in Oberaudorf. Nur fühlte er sich diesmal nicht sicher wie damals. Er fühlte sich alleine.

Während Basti in der Dunkelheit verschwand, nahm Didier Drogba, der Mann, der in letzter Minute mit seinem Kopfball die Verlängerung erzwungen hatte, Anlauf zum entscheidenden Elfmeter und schickte Neuer in die falsche Ecke.

Basti sah es nicht. Aber er hörte es.

Während die Spieler von Chelsea ihren Helden feierten, kniete Basti am Spielfeldrand bei der Mannschaft, das Gesicht verborgen, den Kopf auf den Rasen gesenkt.

Die Mitspieler lagen auf dem Boden, verstreut wie gefallene Helden nach der Schlacht.

Als er später mit gesenktem Kopf zur Siegerehrung ging, um sich zum zweiten Platz beglückwünschen zu lassen, applaudierten ihm auch die Engländer.

Frank Lampard, der Kapitän von Chelsea, gegen den er schon viele Länderspiele ausgetragen hatte, schloss ihn tröstend in die Arme.

In der Kabine weinte Basti, ohne sein Gesicht zu verstecken. Es wurde kaum gesprochen.

Es war schon nach Mitternacht, als er mit Sarah das Stadion verließ. An den Journalisten ging er kommentarlos vorbei.

Die Stimmung beim Bankett im Postpalast war bedrückt. Basti saß bei Sarah und Steffen Hamann. Er aß ohne Appetit, sprach kaum und drängte kurz nach drei zum Aufbruch.

Also früh, denn das Bankett zog sich hin bis morgens um fünf.

Auch Paco, Sarahs Hund, war niedergeschlagen. Er hatte ein paarmal versucht, sein Herrchen mit ein paar Sprints und Sprüngen aufzumuntern, aber als Basti nicht wie sonst darauf einging, trottete er nur neben ihm her.

Das Wetter passte zur Stimmung. Der graue Himmel filterte das Licht so gleichförmig, dass Bäume und Häuser eindimensional wirkten wie Kulissen.

Basti hatte seine Schildmütze tief ins Gesicht gezogen und trug die dunkelste seiner Sonnenbrillen. Aber die Gefahr, erkannt zu werden, war klein. Es waren kaum Leute an der Isar. Das einzige bekannte Gesicht war das des hageren alten Mannes in der bunten Badehose. Sie nickten sich zu, und der Alte machte eine bedauernde Geste.

Bei seinem großen Stein setzte sich Basti, zog Schuhe und Strümpfe aus und tauchte die Beine in die Isar. Sein rechter Fuß war dick, und der Knöchel schmerzte.

An der linken Wade hatte er einen Bluterguss von einem Schlag, den er in den ersten Minuten des Finales erhalten hatte. Am Nachmittag hatte er einen Termin bei Mull. Hoffentlich nichts, was ihn für die EM ausschaltete. Seine Mannschaftskameraden waren schon beim Training an der Côte d'Azur.

»Damit hättest du doch nicht schießen brauchen«, hatte Sarah erschrocken gesagt, als sie in der Nacht den Fuß und die Wade gesehen hatte.

»Das hätte aber ausgesehen, als wollte ich mich drücken«, hatte er geantwortet.

Dr. Müller-Wohlfahrt diagnostizierte, neben der wieder verschlimmerten Knöchelverletzung, in der linken Wade einen Bluterguss und eine Muskelquetschung und verbot Basti ein normales Training. Er konnte nur auf dem Ergometer trainieren und ein eigenes Fitnesstraining absolvieren. Beim letzten Testspiel gegen Israel musste er passen.

Jogi Löw rüstete ihn mit einem Trainingsprogramm der zuständigen Ärzte, Physiotherapeuten und Fitnesstrainer aus und schickte ihn zur Regeneration bis zu Beginn der Europameisterschaft in den Urlaub.

Sarah und Basti reisten nach Capri.

Es gab zu ihrer Suite im Hotel eine große Terrasse mit Blick auf das grünblaue Meer ganz für sie allein. Aber Basti war lieber unter Menschen. Er wäre gerne, sobald er im Spa sein Trainingsprogramm absolviert hatte, zur Piccola Marina und hätte zwei der grünen Liegen mit den passenden Schirmen gemietet. Es war noch Vorsaison, Ende Mai. Die Sonne stach noch nicht, und es gab noch nicht viele Touristen auf Capri.

Aber Sarah riet davon ab. »Hier sind wir in einem Fünfsternehotel, da ist man diskret. Wir wollen doch keine Paparazzi-Fotos in der *Bild* ein paar Tage vor der EM.«

Also gingen sie zum großen Hotelpool und nahmen sich zwei Liegen.

Bastis Sprunggelenk tat praktisch nicht mehr weh, nur

die Muskelquetschung war noch mit einem rosa Tape ver-
bunden. Wenn sie in drei Tagen zu Hause waren, würde
Mull ihn gesundschreiben. Kurz darauf würde er mit der
Nationalmannschaft nach Danzig fliegen und mit dem
Training beginnen. Er freute sich darauf.

Sarah setzte sich auf und hielt ihm die Sonnencreme hin,
legte sich auf den Bauch und öffnete den Verschluss des
Bikinioberteils. Er cremte ihr den Rücken ein.

»Ich habe Lust auf einen Eiskaffee, magst du auch etwas?«

Sarah hatte keine Lust.

Er stand auf und ging jemanden suchen, bei dem er bestellen konnte.

Auf dem Rückweg rief einer von seiner Liege aus:
»Hallo, Schweini!«

Er reagierte nicht, kehrte zu seiner Liege zurück und
wartete auf den Eiskaffee.

Als dieser gebracht wurde, hakte Sarah ihr Oberteil ein,
setzte sich auf, kostete einen Löffel, gab ihm den Eiskaffee
zurück und legte sich auf den Rücken.

»Hast du gesehen? Da fotografiert uns einer mit dem
Handy.«

Basti blickte auf und sah den Mann, der ihn »Schweini«
gerufen hatte.

Am nächsten Morgen war das Foto auf dem Titel der
Bild.

Und am Tag danach waren die Medien voll mit dem
Thema »Basti mit Sarah auf Capri statt im Training«. Jogi
Löw, Oliver Bierhoff, Dr. Müller-Wohlfahrt und Uli Hoeneß mussten sich rechtfertigen. Und Florian musste juristisch gegen die *Bild* vorgehen.

Basti meinte zu Sarah: »Vielleicht wären wir doch besser zum Strand gegangen.«

☙

Eine Europameisterschaft zum Vergessen.

Zu sagen, Basti sei wieder fit, wäre eine Übertreibung. Nach dem ersten Spiel der Vorrunde gegen Portugal, das Deutschland eins zu null gewann, sagte er selbst, er wisse, dass er noch zu seiner Topform kommen werde.

Nach dem zweiten Sieg, dem zwei zu eins gegen Holland, musste er zugeben, dass sein ganzer Körper schmerzte. Trotzdem bediente er Mario Gómez mit zwei perfekten Torvorlagen.

Beim Sieg gegen Dänemark hatte Basti wieder die meisten Ballkontakte, aber er litt unter seiner Knöchelverletzung.

Deutschland traf als Gruppensieger im Viertelfinale auf Griechenland.

Basti litt, machte Fehlpässe und musste froh sein, dass Khedira immer wieder für ihn einsprang. Deutschland gewann dennoch vier zu zwei.

Und Löw stellte Basti trotz seiner Probleme im Halbfinale gegen Italien auf.

»Das hätte er besser nicht getan«, sagte Basti zu Florian. Es sollte sein schlechtestes Spiel dieser EM werden. Deutschland verlor zwei zu eins und schied aus.

Basti verließ das Stadion in Warschau kommentarlos.

Zu Florian und Sarah sagte er beim Abendessen: »Wisst ihr, was komisch ist? Es ist mir scheißegal. Ich bin nur froh, dass es vorbei ist.«

»Wie geht's?«

Basti hatte Felix Neureuther schon lange nicht mehr gesehen. Jetzt war er zufällig in München, und sie aßen zusammen vor dem ›Monaco‹.

»Frag das bitte nicht in diesem Ton.«

»Wie frage ich es?«

»Es gibt zwei Arten, das zu fragen. Die normale, auf die man antworten kann: ›Danke, gut, und dir?‹ Oder die, auf die man antworten muss: ›Nein, ich habe keine Depression.‹ Das klang jetzt eher so.«

Felix grinste. »Weißt du was? Mit einer Depression kann ich mir dich nun überhaupt nicht vorstellen. Es war eine ›Danke-gut-und-dir-Frage‹.«

Jetzt lachte auch Basti. »Danke, gut, und dir?«

»Danke, gut.«

Giacomo brachte die Vorspeise. Insalata Caprese.

»Ich zerbreche nicht am Elfmeter, wie die Zeitungen schreiben. So ein Quatsch. Zwei Tage später war ich mit mir im Reinen. Mir kommen manchmal die Fans wieder in den Sinn, die ich enttäuscht habe. Aber zerbrechen?«

Felix war ein guter Zuhörer. Er nickte nur und wartete.

Basti aß etwas von seinen Tomaten mit Mozzarella. »Was mich nervt, sind die Verletzungen. Jeden Morgen mit Schmerzen aufwachen. Immer hoffen, dass ich endlich wieder einmal ohne Schmerzen die Treppe runterkomme. Aber wem sag ich das. Das kennst du ja auch.«

Felix nickte.

»Und trotzdem musst du spielen. Und dann pfeifen

sic dich aus, wenn du nicht super spielst, und die Medien machen dich zur Schnecke. Und dann verlieren wir das Halbfinale, und du bist schuld. Das macht mich manchmal sauer. Aber nicht depressiv.«

Er blickte auf die letzte Tomatenhälfte auf seinem Teller. »Weißt du, woran mich das erinnert?«

»Woran?«

»An meinen Bluterguss an der Wade.«

Beide lachten.

Nach dem Urlaub reiste die Mannschaft nach China, Basti blieb in München. Jupp Heynckes hatte ihm individuelles Training verordnet. Er verbrachte jeden Tag viele Stunden alleine im Hightech-Fitnesstempel, den einst Klinsmann eingerichtet hatte, und machte Stabilisationsübungen und Ausdauerläufe und Krafttraining.

Ende Juli begann er wieder mit der Mannschaft zu trainieren. Aber beim Vorbereitungsspiel gegen den HSV knickte er um und holte sich eine Bänderdehnung, die ihn zwang, das Länderspiel gegen Argentinien abzusagen.

Doch dann, eine Woche später, konnte er zum Pokalspiel gegen Regensburg aufgeboten werden. Er freute sich wie damals als kleiner Junge auf ein Spiel mit den G-Junioren des FC Oberaudorf.

An jenem Morgen, als er aus dem Haus ging, bemerkte er, dass etwas anders war. Etwas fehlte. Erst als er in der Säbener Straße zur Spielerkabine ging, wurde ihm klar, was: Die Schmerzen waren weg.

Alle, denen er an diesem Tag begegnete, umarmte er.

Das Pokalspiel gegen Regensburg gewannen sie vier zu null. Doch Basti war enttäuscht, dass er zu diesem Resultat wenig beitragen konnte. Erst in der fünfundsiebzigsten Minute durfte er auf den Platz.

⚽

Am dritten Spieltag der neuen Saison ging es endlich wieder aufwärts. Bayern spielte gegen Mainz. Bereits in der dritten Minute führten sie eins zu null.

In der dreizehnten Minute flankte Bastis Freund Holger Badstuber zu ihm ins Zentrum des Strafraums. Von dort nickte Basti den Ball in aller Ruhe in die rechte Ecke.

Es war ein Spiel wie in früheren Zeiten. Sie gewannen es drei zu eins. Und nach dem Abpfiff lud Basti Holger zum Abendessen ins ›Heart‹ ein, wo sie zum ersten Mal einen Abend miteinander verbracht hatten. Eine der typischen sentimentalen Gesten von Basti.

Sie bekamen Bastis Séparée, und er bestellte zwei Wodka Cranberry.

Beim Anstoßen sagte er: »Danke für den Traumpass. Den konnte ich brauchen.«

»Gern geschehen. War leicht, keiner griff mich an.«

»Shaqiri stand auch frei.«

»Aber du bist größer.«

Beide lachten.

Dann wurde Basti ernst: »Weißt du, dass es nun bald zehn Monate sind, dass ich um mein Comeback kämpfe?«

Holger nickte.

»Und heute habe ich das erste Mal das Gefühl, dass ich es geschafft habe.«

»Das sieht man.«

»Jetzt kommt dann noch die Carbonplatte vom Schlüsselbeinbruch weg, und Jogi hat auch angerufen. In Frankfurt – das ist noch nicht offiziell – bei den WM-Vorbereitungsspielen bin ich dabei.«

Sie tranken ihre Gläser leer.

»Noch einen?«, fragte Basti.

»Und du?«

»Ich nicht. Als ich so alt war wie du, hätte ich noch einen genommen. Doch jetzt … Ich bin jetzt zehn Jahre Profi und denke anders darüber. Mein Körper wird mir wichtiger, meine Gesundheit. Aber nimm du ruhig noch einen. Du bist fünf Jahre jünger.«

»Danke, besser nicht.«

»Gute Entscheidung. Je mehr du dich pflegst, je mehr Pausen du dir zwischen den Spielen gönnst, desto besser. Wirst sehen, es wird sich auszahlen. Früher habe ich darüber nicht viel nachgedacht. Da bin ich nach dem Training immer irgendwo hingefahren und wollte noch etwas unternehmen. Jetzt lege ich mich immer öfter einfach mal hin oder lese etwas.«

Die Bedienung kam und fragte: »Noch einen?«

»Ja«, sagte Basti.

Holger sah ihn überrascht an.

Basti grinste und sagte zur Bedienung: »Aber den Wodka lass mal besser weg.«

✪

»Ich glaube, ich sollte eine Party machen.«

Basti saß bei Florian im Büro. Sie hatten ein paar geschäftliche Dinge besprochen, über Werbeaufträge und Geldanlagen und über die Chancen, aus dem laufenden Jahr das Beste seit langem zu machen. Sie waren beim Thema gelandet, wie Basti die Mannschaft auch anders als nur mit Fußball motivieren und zusammenschweißen könnte.

»Eine Party?«, fragte Florian.

»Ich meine, eine richtige Party. Etwas Großes. Nicht einen Vereinsanlass, so ein Bankett oder so. Etwas, zu dem ich einlade. Etwas Verrücktes, verstehst du?«

»Hast du denn eine Idee?«

»Ja. Eine Faschingsparty. Das sind die besten.«

»Weil du dich bis zur Unkenntlichkeit verkleiden kannst?«

»Die Faschingstage sind für mich die schönsten im Jahr. Da kann ich mich endlich einmal frei bewegen, niemand kennt mich. Die meisten Leute wollen im Fasching nicht so sein, wie sie sonst immer sind. Bei mir ist es genau umgekehrt. Das sind die paar Tage im Jahr, in denen ich Basti sein kann. Ich möchte dich einmal erleben, wenn du überall von allen erkannt würdest.«

»Wenn ich noch oft mit dir zusammen gesehen werde, ist es bald so weit.«

Basti ging nicht darauf ein. »Also, wo machen wir das?«

»Für wie viele?«

Basti, schulterzuckend: »Hundertfünfzig, zweihundert?«

Florian ließ sich keine Überraschung anmerken. »Dann im ›Upside East‹.«

»Warum dort?«

»Groß, gute Infrastruktur, guter Service, gutes Essen. Und ganz wichtig: gut kontrollierbar. Zugang ist per Aufzug.«

»Warum ist das wichtig?«

»Sonst kommt da rein, wer will.«

»Wir machen keine offiziellen Einladungen, das läuft alles unter der Hand.«

»Bei hundertfünfzig bis zweihundert kannst du das nicht geheim halten. Da braucht es eine Eingangskontrolle.«

»Wie willst du Verkleidete kontrollieren?«

»Wir lassen nur die gut Verkleideten rein.«

Ein Mann mit grünen, zurückgekämmten Haaren stand in Gedanken versunken an der Glasfront hoch über den Lichtern der Stadt und blickte nach Südwesten. Dort würde er bei Tag und gutem Wetter die Alpen sehen.

Er trug einen roten Anzug, in dessen Hosentaschen er seine Fäuste tief vergraben hatte.

In ohrenbetäubender Lautstärke lief *My Doorbell* von The White Stripes.

Plötzlich drehte er sich tänzerisch um die eigene Achse.

Sein Gesicht war schneeweiß geschminkt. Die Augen blitzten aus schwarzen Rhomben, über denen hoch in der Stirn zwei kleine chiliförmige Augenbrauen lagen. Die Nasenspitze war blutrot, und in der gleichen Farbe grinste ein überbreiter Mund, der auf das ernste weiße Gesicht gemalt war.

Er trug ein grünes Hemd und eine gelbe Weste.

Es war Joker, der entsetzliche Clown. Und niemand wusste, wer er wirklich war.

In den Räumen der obersten gläsernen Etagen wimmelte es von Monstern und Bösewichten.

Shrek trieb sein Unwesen, ein barocker Casanova machte den freizügig verkleideten Damen den Hof, Leatherface, der Mann mit der Kettensäge, erschreckte sie, Skelette und Vampire geisterten durch die Räume.

Niemand wusste, wer wer war. Alle waren persönlich, diskret und unter dem Siegel der Verschwiegenheit eingeladen worden. Keine Presse. Keine Fotos. Am Eingang zum Fahrstuhl verglich die Security die Gästeliste mit den Ausweisen und wies Pressevertreter ab, die doch von dem Event Wind bekommen hatten.

Überall wurde gegessen und getrunken. Als die Münchner Hip-Hop-Band Blumentopf live zu spielen begann, tanzte bald die ganze gruselige Gesellschaft.

Die entzückendsten Gespensterchen verführten die hässlichsten Gestalten, denn es könnten ja Bayern-Stars sein.

Unbekannte knutschten miteinander. Und blieben Unbekannte.

Der Spuk dauerte bis sechs Uhr früh.

Der Letzte, der ging, war Joker. Man hätte ihn auf dem Rücksitz einer Limousine fotografieren können, die Schminke verschmiert und – sagen wir mal: sehr, sehr müde.

Aber die Fotografen waren alle schon gegangen.

⚽

Als Erstes gewannen sie die Salatschüssel.

Basti holte sie höchstpersönlich:

In der zweiundfünfzigsten Minute, es stand noch immer Null zu Null gegen Eintracht Frankfurt, rannte er vom Mittelkreis aus los gegen das Tor. Rechts außen etwas vor ihm Robben, links außen etwas hinter ihm der schnelle Lahm.

Basti wusste, dass Lahm Robben überholen und Robben ihm den Ball zur rechten Strafraumlinie schicken würde. Lahm würde ihn scharf in den Torraum spielen, wo er, Basti, inzwischen empfangsbereit sein würde.

Und so geschah es.

Basti rannte in den Torraum; Lahm zugewandt, stoppte er kurz auf dem linken Fuß und kickte den Ball mit der rechten Hacke am Torhüter vorbei in die rechte Torecke.

Das eins zu null und das Siegestor und das Tor des Monats und der Treffer zum frühesten Titelgewinn aller Zeiten.

Basti hatte seine Geschwindigkeit wiedererlangt. Nicht die eines Sprinters, sondern die eines Denkers. Er wusste immer, wo der Ball sein würde und wo welcher Spieler. Und wo er selbst dann sein musste.

Diese Fähigkeit hatte er zwar auch in den Monaten, in denen er verletzt war, besessen. Aber jetzt, wo ihn keine Schmerzen mehr behinderten, konnte er auch wieder schnell genug reagieren und handeln.

Bayern hatte seinen Regisseur und Strategen wieder.

Zu seinen Mitspielern, die ihm in der Kabine gratulierten, sagte er nur: »Was so eine Faschingsparty bewirkt. So eine machen wir nächstes Jahr wieder.«

Gut zwei Wochen später musste Bayern München zu Hause im Hinspiel der Champions League gegen Barcelona antreten. Ein paar Stunden vor dem Anpfiff wurde ruchbar, dass gegen Uli Hoeneß wegen seiner Steuergeschichte, von der sie immer wieder Ungenaues gehört hatten, ein Haftbefehl erlassen worden war. Gegen eine Kaution von mehreren Millionen sei er aber auf freiem Fuß.

Das war keine gute Nachricht vor einem so wichtigen Spiel gegen einen so starken Gegner. Die Stimmung in der Kabine war nervös, bis Basti sagte: »Wisst ihr, was das bedeutet? Dass wir jetzt umso mehr gewinnen müssen.«

Als sie einliefen, schielte jeder von ihnen hinauf zum Tribünenplatz, wo Hoeneß und Rummenigge und Beckenbauer immer saßen. Und dort war auch Hoeneß im blütenweißen Hemd, als wäre alles wie immer.

Bayern dominierte das Spiel unter Bastis Führung. Als Schweinsteiger und Martinez vom Platz gingen, applaudierte den beiden sogar das katalanische Publikum. Sie hatten die spanischen Stars Iniesta und Xavi ausgeschaltet.

Bayern gewann vier zu null.

Aber es wurde nicht groß gefeiert. Als einer der Ersten ging Basti mit Sarah nach Hause. Und die andern folgten seinem Beispiel.

Alle wollten nur das eine: den Champions-League-Pokal.

Nicht allen in der Mannschaft ging es so gut wie Basti inzwischen wieder. Seit einem halben Jahr laborierte Holger Badstuber an einem Kreuzbandriss am rechten Knie. Als er gehofft hatte, das Schlimmste sei überstanden, wurde er wegen einer Reizung im April ein zweites Mal operiert.

Und dann, eine Woche vor dem Champions-League-Finale gegen Borussia Dortmund, die Mannschaft, gegen die er sich vor einem halben Jahr diese Verletzung ursprünglich zugezogen hatte, riss das Kreuzband erneut. Er wurde nach Colorado geflogen und dort operiert.

Zu der Pressekonferenz vor der Abreise nach London erschien Basti im Trainingspullover mit der Nummer 28, Badstubers Nummer. Und er nutzte diesen Auftritt, um der Presse Badstubers Trikot zu zeigen und zu erklären: »Dieses Trikot kommt direkt aus dem Koffer, den wir mit nach Wembley nehmen. Wir werden es Holger per Kurier in die USA schicken. Als Zeichen, dass wir an ihn denken und die Daumen drücken, dass er für die WM wieder fit ist.«

Er hatte das Gefühl bereits im eleganten Seminarraum des Landmark Hotels: Wir werden gewinnen.

Nein, nicht weil sie die Borussen in dieser Saison aus dem DFB-Pokal geworfen hatten. Und nein, es war auch nicht einfach ein Gefühl. Auch keine Hoffnung oder ein Wunsch oder ein Glaube. Es war ein… ja, es war ein Wissen. So, wie er es auch früher manchmal vor Spielen hatte.

Jupp Heynckes nahm noch einmal alles durch, was er schon x-mal durchgenommen hatte, und Bastis Gedanken waren beim Sieg. Leicht würde es nicht werden, und auch etwas knapp. Aber ein Sieg, das ganz sicher.

Diese Gewissheit begleitete ihn in den Bus, ins Wembley Stadion, in die Kabine. Und beim Aufwärmen vor dem Anpfiff war sie zu etwas so Unverrückbarem geworden, als läge das Spiel bereits in der Vergangenheit.

Auch nach dem Anpfiff, als sie von Dortmund fast erdrückt wurden, ließ Basti keinen Zweifel am Sieg aufkommen. Auch nicht, als sie mit null zu null in die Pause gingen.

Als Jupp Heynckes in der Kabine beschwörend auf sie einsprach, sagte er nur: »Das gewinnen wir.«

Keine Viertelstunde nachdem die zweite Halbzeit angepfiffen war und Mandžukić einen kurzen Pass von Robben von der Grundlinie in den Torraum unbedrängt versenkte, folgte der Spielverlauf in Bastis Augen einfach nur seiner zwingenden Logik.

Selbst als Dante acht Minuten später im Strafraum foulte und Gündoğan den Elfmeter verwandelte und zum eins zu eins ausglich, machte Basti sich keine Sorgen.

Erst als es in der neunundachtzigsten Minute noch immer unentschieden eins zu eins stand, begann er mit einer Verlängerung zu rechnen.

Doch dann, kurz vor dem Abpfiff, ein Freistoß vom Mittelkreis aus. Boateng schoss ihn weit in die Mitte des Dortmunder Strafraums. Ribéry stoppte den Ball und schob ihn mit der Sohle rückwärts Robben zu. Der umspielte Mats Hummels und schickte das Leder am falschen Bein des Torhüters vorbei gemächlich ins Tor.

Als der Schiedsrichter kurz darauf abpfiff, fiel Basti auf die Knie, stützte die Hände auf den Boden und senkte die Stirn auf den Rasen.

Das gleiche Bild wie vor einem Jahr in München.

Als Basti nach der Siegerehrung mit der Goldmedaille um den Hals neben Robben auf dem Rücken lag und den Nachthimmel anlachte, sagte der Holländer: »Ich glaube, so glücklich werde ich nie mehr sein.«

»Ich schon«, antwortete Basti.

Es wurde eine lange Nacht im Ballsaal des Grosvenor House mit etwa tausendachthundert Gästen. Über einen Großbildschirm im Ballsaal flimmerten ununterbrochen die wichtigsten Szenen und die Tore zum zwei zu eins. Die Spieler waren gegen Mitternacht mit Pauken und Trompeten in den Saal einmarschiert, alle Gäste hatten sich erhoben und blieben klatschend lange stehen. Jeder einzelne Spieler wurde vorgestellt.

Basti hatte einen Schal seines ukrainischen Teamkollegen Timoschtschuk um den Kopf gebunden, er sah aus wie ein Pirat. In der Rechten hielt er eine Flasche Veuve Clicquot, aus der er immer wieder einen Schluck trank.

Die Spieler trugen T-Shirts mit dem Aufdruck »Football is coming hoam«.

Jupp Heynckes in Anzug und Krawatte genoss das Fest still und zufrieden. Erst als Basti mit seiner Champagnerflasche kam und ihn wie bei der Damenwahl mit einem Diener zum Tanz aufforderte, ging er aus sich heraus.

Sein Mittelfeldstar führte ihn auf die Bühne, und dort tanzten sie zur Rockband. Angeblich habe er sogar den Satz gesagt: »Heute können die Spieler die Sau rauslassen.«

Und Karl-Heinz Rummenigge rief in die Runde: »Wir haben zwar in sechs Tagen wieder ein Finale, aber ich glaube, mit eins Komma acht Promille haben wir trotzdem noch eine Chance.«

⚽

In der achtundvierzigsten Minute stand das Pokalspiel gegen den VfB Stuttgart wie erwartet: Bayern München führte zwei zu null, und das drei zu null schien nur noch eine Frage der Zeit. Bayern ließ den Ball laufen, und Stuttgart leistete kaum Gegenwehr.

In der einundsechzigsten war es dann so weit: Lahm bediente Müller steil, dieser flankte zu Gómez, und der schob den Ball lässig an Ulreich vorbei ins Tor.

Das war es dann wohl. Das erste Triple einer deutschen Mannschaft überhaupt war zum Greifen nahe.

Und blieb es auch noch zehn Minuten später, als Harnik mit dem Kopf unhaltbar in den linken Winkel traf.

Doch als keine Minute später derselbe Mann auf drei zu zwei verkürzte, folgten die dramatischsten fünfzehn Schlussminuten eines Pokalfinales seit langem.

Würde Stuttgart ihnen noch in den letzten Minuten das Triple entreißen?

Nur jetzt keine Verlängerung, dachte es in Bastis Kopf, nur jetzt keine verfluchte Verlängerung!

Als Bayern München den hauchdünnen Vorsprung über die Runden rettete, bebte das Stadion.

Noch mehr bebten danach nur die Edeldiskos von Berlin.

Und zwar die ganze Nacht.

Seit Tagen regnete es unentwegt auf die Dächer und Straßen von München. Tausende hatten stundenlang unter Schirmen und mit Regenschutz geduldig auf die Mannschaft gewartet und jubelten nun jedem Einzelnen zu, außer Christian Ude, dem Oberbürgermeister mit dem Makel, dass er ein Fan von 1860 München war.

Sie hatten das Triple geholt, alle drei Pötte, deren Kopien sie jetzt auf dem Balkon des Rathauses immer wieder in die Höhe stemmten, singend und lachend und grölend und mit Bierduschen über die Köpfe.

Nach der Heimkehr aus Berlin, wo sie im Olympiastadion das Pokalfinale gegen Stuttgart drei zu zwei gewonnen hatten, war es spät geworden. Und heute war es fast ohne Unterbrechung weitergegangen. Um vierzehn Uhr war der Champions-Doppeldecker losgefahren, um sechzehn Uhr hatten sie sich auf dem Balkon gezeigt. Jetzt war es nach siebzehn Uhr und die, die am längsten ausgeharrt hatten, Schweinsteiger, Ribéry und Timoschtschuk, winkten den übriggebliebenen Zuschauern noch einmal zu.

Als Basti endlich mit Sarah in der Wohnung war, heiß geduscht und in seinem Schlosshotel-Grunewald-Frottiermantel, fühlte er sich leer und etwas traurig.

Dabei hatte er in allen Spielen der Bundesliga, des Pokals, der Champion League und der WM-Qualifikation, bei denen er nicht verletzt oder gelb gesperrt oder geschont worden war, also in bisher zwanzig Spielen, immer nur gewonnen.

Sarah hatte ihm einen ihrer Kräutertees gemacht und sich neben ihn gesetzt. Sie sah ihn forschend an, wie er die Tasse in beiden Händen hielt, als wolle er sie sich wärmen.

»Alles okay?«

Basti hob die Schultern.

»Das ist normal«, sagte sie, »nach der Euphorie fällt man manchmal in ein Loch.«

Noch sieben Minuten
bis Weltmeister

Mull informierte seinen Patienten Basti, dass er wieder am Sprunggelenk operiert werden müsse.

»Da sind Gelenkstücke abgesplittert, die müssen weg.«

»Das heißt, ich kann nicht mit an den Gardasee und Guardiola als neuen Trainer kennenlernen?«

»Nein, das heißt, du gehst auch mit, du kannst einfach noch nicht mit dem Team trainieren. Du trainierst individuell unter meiner Aufsicht.«

»Wäre es nicht gescheiter, ich bliebe zu Hause?«

»Guardiola will es so. Er will die Mannschaft beisammenhaben. Sogar Mario Götze und Holger Badstuber müssen mit und dort ihre Reha machen. Trainer und Mannschaft müssen jetzt zusammenwachsen und Guardiolas neue Ideen kennen- und verstehen lernen.«

Basti nickte. Etwas skeptisch.

Die Sonne war schon lange untergegangen, aber man ahnte ihr Licht noch immer an der Stelle, wo sie verschwunden war.

Es war tropisch heiß, zu heiß, um zu schlafen. Holger war bei Basti zu Besuch, seinem Zimmernachbarn. Sie saßen auf dem kleinen Balkon, Holger hatte sein krankes Bein hochgelagert.

»Wie lange bist du schon mit Sarah?«, fragte Holger unvermittelt.

Basti musste nachdenken. »Gut sechs Jahre. Warum?«

»Einfach so.«

Sie schwiegen beide. Die kleinen Wellen des Gardasees rollten träge über den nahen Strand, ihre Gischt leuchtete weiß im Licht der heißen Nacht.

Holger nahm den Faden wieder auf: »Heiratest du mal?«

»Klar. Du nicht?«

»Doch.«

Langes Schweigen.

»Sarah?«

»Vielleicht.«

»Aber nicht sicher.«

»Sicher ist man nie.«

»Aber wenn man mit jemandem sechs Jahre zusammenlebt?«

Von irgendwoher wehte ein Lachen herüber. Zwei Männerstimmen. Mannschaftskollegen, denen es auch noch zu früh war.

Basti sagte: »Wenn man ganz sicher wäre, würde man es gleich tun.«

»Ja. Bei der Frau fürs Leben. Aber wie merkt man, dass sie es ist?«

»Ich denke, das merkt man dann schon«, vermutete Basti.

Eine Böe spielte mit der Tischdecke, die mit zwei Klammern am kleinen runden Tisch befestigt war, an dem Basti am Morgen seinen ersten Kaffee getrunken hatte.

Holger sagte: »Einmal dachte ich, das ist sie.«

»Und dann?«

»Dann war sie's doch nicht.«

»Wie hast du es gemerkt?«

»Sie. Sie hat es gemerkt.«

»Ach so. Kenne ich.«

»Und Sarah?«

»Ob sie's ist? Weiß nicht.«

»Aber *sie* weiß es?«

»Ich glaube, sie auch nicht. Wir sprechen nicht darüber.«

Holger nickte nachdenklich.

Eine Grille begann zu zirpen und hörte wieder auf. Eine Welle war etwas lauter als die anderen. Sie lauschten ihr nach.

Dr. Müller-Wohlfahrt musste zurück nach München in seine Praxis. Für Basti bedeutete das, dass er das Trainingslager ebenfalls früher abbrechen musste. So konnte er mit all den Geräten in der Säbener Straße trainieren, war in der Nähe von Mull und konnte sich von ihm täglich behandeln lassen.

Es ging ihm nämlich langsam besser. Dass er vom *Kicker* zum »Fußballer des Jahres« gewählt wurde, war ihm ein zusätzlicher Ansporn.

Aber im August in der neunundsiebzigsten Minute gegen den sc Freiburg blieb Basti im Rasen hängen und stauchte sich das Sprunggelenk. Erneut fiel er für drei Wochen aus.

Immer wieder fuhr er nach Oberaudorf an den Auerbach. Er tat es, ohne sich bei seinen Eltern zu melden und sie zu besuchen. Er konnte nicht genau sagen, weshalb. Er brauchte einfach etwas Zeit für sich alleine.

Auch in München hatte er zurzeit dieses Bedürfnis. Das war etwas Neues. Er kannte es nur von früher, als er noch klein war. Da konnte er stundenlang alleine für sich spielen. Aber als er größer wurde und in München lebte, brauchte er immer Menschen um sich.

Auf einem dieser Ausflüge sah er seinen Vater. Er fuhr auf der Rosenheimerstraße am Sportgeschäft Schweinsteiger vorbei und sah, wie sein Dad gerade aus der Tür kam. Instinktiv trat Basti aufs Gas und erschrak über sich selbst.

Im Grunde wusste er, weshalb er es getan hatte: Er wollte keine Fragen nach seinem Befinden beantworten. Sein Gesundheitszustand war ein Thema, das er mied. Auch Sarah hatte er verboten, es anzuschneiden. Aber Dad hielt sich nicht daran. Er machte sich Gedanken um Bastis Karriere. Besser gesagt: um die Konkurrenz.

Pep Guardiola setzte immer wieder Philipp Lahm als Mittelfeldstrategen ein. Und Jogi Löw hielt große Stücke auf Gündoğan und Khedira. Kam dazu, dass Basti mit dem Spiel gegen Paraguay zum zwölften Mal ein Testspiel der Nationalmannschaft hatte absagen müssen. Auch da spielte ein anderer auf Bastis Position, wo Löw ohnehin über eine große Auswahl hervorragender Spieler verfügte.

Das war ein Thema, das Dad nicht meiden würde. Basti kam es jedes Mal so vor, als würde er ihn für sein Verletzungspech verantwortlich machen.

Mit schlechtem Gewissen fuhr Basti weiter. Bis zur Eisenbahnbrücke, dem Picknick- und Badeplatz seiner Jugend.

Dort stellte er seinen Geländewagen ab, gegen den er im Zuge seines Imagewandels inzwischen sein Sportcoupé getauscht hatte, ging hinunter zum Bachufer und badete seine Füße.

Es sah noch alles aus wie damals, als er unter dem Kommando von Dad mit seinem Bruder und seinen Freunden spielte und lärmte und gefährliche Sprünge vom Geländer der Fußgängerbrücke über die Eisenschwelle in die künstliche Gumpe machte.

War das lange her? Wenn er sich vor Augen führte, was seither alles geschehen war, kam es ihm vor wie eine Ewigkeit. Und das tat er in letzter Zeit immer öfter. Es kam ihm vor, als befinde er sich an einem bestimmten Punkt, er wusste nur nicht, an welchem. War es ein Wendepunkt?

In weniger als einem Jahr würde er seinen dreißigsten Geburtstag feiern. War das ein Wendepunkt? Und in weniger als einem Jahr würden die Weltmeisterschaften ausgetragen. Das war ein Höhepunkt. Sein persönlicher. Er würde im besten Alter dafür sein. Aber vielleicht nicht in der besten Verfassung.

Das Sirren und Rattern eines Zuges näherte sich, wurde lauter, wurde leiser und verebbte. Basti hatte nicht hingeschaut, so sehr war er in Gedanken versunken.

Änderte sich sein Leben? Oder musste er es selbst ändern?

⚽

Am 21. September in der einundzwanzigsten Minute – Timing ist wichtig, sagte Basti immer – schoss er das eins zu null gegen Schalke. Er hoffte insgeheim, dass Angela Merkel es gesehen hatte, denn es war ihr gewidmet. Er mochte sie seit dem Sommermärchen, und morgen waren Bundestagswahlen.

Die Stimmung im Publikum war eigenartig. Aufgeregt, aber auf eine andere Art als sonst. Als wäre das Publikum nicht ganz bei der Sache, sondern gespannt auf den Ausgang der Wahlen.

Am nächsten Tag gewann Angela Merkel.

»Weißt du, warum?«, fragte er Sarah.

Sie schüttelte den Kopf.

»Weil ich ihr das Tor gewidmet habe.«

Um die erste Veränderung kümmerte sich Guardiola. Er machte Philipp Lahm zum Sechser, die Position, auf der Basti sich am wohlsten fühlte. Für ihn bedeutete das, dass er mit Robben, Ribéry, Götze oder Müller auf gleicher Höhe lag und das Spiel nicht mehr vor sich hatte und Tempo und Rhythmus bestimmen konnte. Der Trainer war überzeugt, dass sie so schneller nach vorne spielen würden.

Als Guardiola diese Änderungen durchsetzte, hatte der FC Bayern gerade die Rekordzahl von sechsunddreißig Spielen ohne Niederlage aufgestellt.

Für die nächste Veränderung sorgte Bastis Körper. In den fünf Monaten, in denen er ständig unter Schmerzen gespielt hatte, waren am rechten Sprunggelenk Verknöcherungen entstanden. Diese führten zu einer Sehnenreizung, aus der eine chronische Erkrankung zu werden drohte.

Basti musste schon wieder operiert werden. Er musste die wichtigen Testspiele der Nationalmannschaft gegen Italien und England absagen. Und alle Einsätze für Bayern in der Bundesliga, der Champions League, dem DFB-Pokal und bei der Club-Weltmeisterschaft.

Das alles konnte er verschmerzen.

Wenn er nur für die Weltmeisterschaft in Brasilien wieder in Form war.

Basti hatte seine morgendlichen zwei Stunden Training im Spa des Hotels hinter sich und war eine halbe Stunde im lauen Wasser des Golfs von Mexiko geschwommen. Jetzt ging er zurück zu seiner Liege.

Die von Sarah war leer. Auf dem Tischchen daneben stand ein halbleeres Cocktail-Glas mit zwei bunten Trinkhalmen und einem chinesischen Schirmchen.

Er legte sich in den Schatten seines Schirms und schloss die Augen.

Ruhige Stimmen waren zu hören und Rufe übermütiger Badender. Von der Beach Bar her klang Chillout Music.

Als er erwachte, war der Schatten gewandert, und die Sonne beleuchtete die noch immer geröteten Narben an seinem rechten Fußgelenk.

Basti drehte sich auf die Seite und zog die Beine an.

Sarah lag neben ihm auf dem Bauch, das Gesicht zu ihm gewandt, die Augen offen.

»Wo warst du?«, fragte er.

»Ach, du hast bemerkt, dass ich nicht hier war?«

Er entschied, dass es klüger war, darauf nicht zu antworten, und schloss die Augen.

Stimmen, Meer, Lachen, Musik, Stille.

Dann Sarah: »Wie ein altes Ehepaar. Nichts mehr zu sagen.«

Noch einmal zog er es vor, nicht zu antworten. Vielleicht nahm sie ihm ab, dass er schlief. Falls nicht, würde er antworten. Etwas Versöhnliches sagen. Er wollte keinen Streit. Er war harmoniesüchtig, sagte man ihm nach. Manchmal stimmte das. Aber nicht immer.

Sarah sagte nichts mehr. Aber Basti spürte, wie sie ihn ansah.

Er schlug die Augen auf, und ihre Blicke trafen sich.

»Schön hier«, sagte er.

Auch in Katar sprach Basti nicht viel. Er machte seine Laufübungen auf dem Trainingsgelände, noch bevor es hell wurde, und fuhr damit fort, wenn seine Kollegen mit Guardiola nebenan trainierten.

Er trainierte so konzentriert und intensiv, dass ihm plötzlich die Patellasehne zu schaffen machte und er sein Training unterbrechen musste.

Zurück in der Säbener Straße quälte er sich wie kein anderer. Beide Sprunggelenke schmerzten nun, die Lendenwirbel machten ihm Probleme, ebenso das Becken.

Neben den Ärzten und Therapeuten in der Säbener Straße ließ er sich auch noch auf eigene Rechnung von auswärtigen Spezialisten behandeln.

So schaffte er es schließlich, dass Jogi Löw begann, die WM in Brasilien mit Bastian Schweinsteiger zu planen. Und bei Bayern kämpfte er sich zurück in die Stammelf.

Dabei schien es, als hätte er seinen Platz verloren. Thiago war in die Stammelf aufgerückt und bewährte sich. Für die Fachleute war Schweinsteiger abgeschrieben.

Aber dann verletzte sich Thiago und musste am Knie operiert werden. Und der Abgeschriebene wurde plötzlich wieder unentbehrlich. Er musste die aus dem Tritt geratene Mannschaft wieder führen und motivieren.

Und er tat dies nicht durch Autorität und Kommando. Er tat es wie immer durch seine unbändige ansteckende Freude an diesem Spiel.

Guardiola brauchte ihn und sagte ihm das auch. Und er machte seine Umstellungen rückgängig.

Sogar Philipp Lahm, den Guardiola zum neuen Sechser gemacht hatte, spielte wieder auf seinem ursprünglichen Platz.

Es ruckelte wie auf einer vereisten Buckelpiste. Basti schreckte aus dem Schlaf auf. Neben ihm saß Lahm. Auch ihn hatte die Turbulenz geweckt.

Die Stimme des Kapitäns bat, sich anzuschnallen. Die Turbulenzen würden etwa zehn Minuten dauern.

Es war dunkel in der Kabine, bis auf ein paar Leselampen da und dort und das Leuchten einiger Bildschirme.

Es war kurz nach drei Uhr früh deutscher Zeit. Die Reise ins Mannschaftsquartier, Campo Bahia, würde insgesamt fünfzehn Stunden dauern, mit Umsteigen in ein anderes Flugzeug, einer Busfahrt und einer Flussüberquerung auf der Fähre. Um acht Uhr früh sollten sie dort sein, am Nachmittag ging es zum ersten Training.

In der Kabine herrschte jene Stimmung, die dazu einlud, sich mit dem Sitznachbarn über Dinge zu unterhalten, die man sonst gern für sich behielt.

»Du hast doch immer ein so gutes Gefühl. Was hast du jetzt für eines?«, fragte Philipp.

Basti wusste, was er meinte. »Ich habe immer gesagt, dass wir eines Tages mit Jogi Löw einen großen Titel gewinnen werden.«

»Stimmt, das hast du immer gesagt. Und du meinst, jetzt wird das passieren?«

»Genau.«

»Warum nicht in vier Jahren?«

»In vier Jahren auch.«

Das Campo Bahia sah aus wie eine gepflegte Einfamilienhaus-Siedlung in einem Vorort in Süddeutschland. Bloß lag sie am Südatlantik. Die Häuser hatten vier oder sechs kleine Zimmer mit Bad, ein Wohnzimmer und eine Küche. Jedes Haus bekam einen Hausmeister, und der entschied, wer diesen – im besten Fall – Monat in seinem Haus verbringen würde.

Basti hatte ein Sechszimmerhaus am Strand zugeteilt bekommen. Er hatte nur einen Star und Stammspieler dorthin eingeladen: seinen Freund Neuer. Die anderen waren alles junge Reservespieler: Großkreutz, Ginter, Höwedes und Draxler. Basti hatte allen geschrieben und sich erkundigt, ob diese Hauseinteilung für sie in Ordnung sei.

Er empfing alle herzlich und kümmerte sich um sie, so wie er damals gewünscht hätte, dass man sich um ihn kümmerte.

☃

So herzlich, wie er mit den Mannschaftskameraden umging, so eiskalt behandelte er die Medien. Sie hatten seit der EM und während der Zeit, als er sich unter Schmerzen durch die Monate quälte, immer wieder so auf ihn eingeprügelt, dass er keine Lust auf sie hatte.

Sie waren nun schon zwei Wochen in Brasilien, aber Bastian Schweinsteiger hatte noch keinen einzigen Presseauftritt gehabt. Auch nicht nach seinem ersten Einsatz im zweiten Spiel, als Ghana zwei zu eins führte, Löw ihn in der neunundsechzigsten Minute gegen Khedira einwechselte und er ins Spiel die Ordnung brachte, die Klose den Ausgleich ermöglichte. Er war präsenter als Khedira, mit dem er nach Löws Plan im Jobsharing seine Position teilen sollte, und machte, wie das Hitzfeld einst beschrieben hatte, immer etwas Gescheites mit dem Ball, wenn seine Mitspieler damit nichts anzufangen wussten.

Als die Journalisten ihn nach diesem Spiel mit Fragen bestürmten, gab er ihnen mit einem Handzeichen zu verstehen, dass er nicht zu sprechen sei.

Nur als ein Journalist ihm zurief: »Wie fühlen Sie sich in Ihrer neuen Rolle als Joker?«, raunte er Neuer grinsend zu:

»Das ist keine neue Rolle, Joker. Das war ich schon auf der Faschingsparty.«

Auch nach dem dritten Spiel, dem gegen die USA unter ihrem Trainer Klinsmann, blieb er der Pressekonferenz fern. Dabei hätte er viel zu erzählen gehabt. Es war nämlich das erste Mal, dass er von Anfang an gespielt hatte. Er hatte sich schon beim Aufstehen frisch und munter gefühlt und bis zur sechsundsiebzigsten Minute gespielt.

Sein Körper hatte ihm gesagt: Ich funktioniere wieder, du kannst mit mir rechnen.

Als Basti nach langer Zeit doch zur Pressekonferenz im weißen Zelt am Strand erschien und ein Journalist wissen wollte, warum er die Presse so lange gemieden habe, antwortete er: »Ich habe mich erst auf meine Gesundheit und meine Fitness konzentriert. Reden tu ich lieber intern. Und das vor allem über die Dinge, die wichtig sind.«

»Tatsächlich?«, antwortete der Fragesteller. »Und wir dachten, Sie seien sauer auf uns.«

»Ach nö«, gab er zurück, »ich wüsste nicht, warum.«

Er liebte dieses fußballverrückte Land. Und das Land liebte ihn. »Eswainstaigrr!«, riefen sie ihm zu, wo immer er auftauchte.

Natürlich wollte er sie schlagen, das war ja der Sinn der Sache. Aber demütigen, das nicht.

Das Spiel begann dann auch, wie es zu erwarten gewesen war: Brasilien machte Druck, nach einer Minute der erste Eckball für die Gastgeber. Erster Torschuss gegen Deutschland nach drei, Neuer geprüft nach vier. Brasilien war der Chef auf dem Platz.

Dann der erste Eckball für Deutschland nach zehn Minuten. Kroos führte aus, Müller verwandelte. Eins zu null für Deutschland.

Dann das: Kroos stand frei im Sechzehner, schickte Müller los, der legte den Ball zu Klose und – zwei zu null. Nach dreiundzwanzig Minuten.

Doch dann begann die Demütigung: Bereits eine Minute später fiel das drei zu null. Und zwei Minuten darauf das vierte Tor.

Das brasilianische Publikum war jetzt still. Wenn Basti manchmal einen kurzen Blick hinauf zu den sonst so fröhlich lauten Rängen warf, sah er viele Menschen weinen.

In der neunundzwanzigsten Minute schoss Khedira das fünf zu null.

Viel weniger demütigend wäre es auch dann nicht gewesen, wenn Özil seinen Münchner Mannschaftskameraden Dante dazu nicht hätte tunneln müssen.

Das Spiel endete mit dem historischen Resultat sieben zu eins. Dass Oscar dos Santos in der neunzigsten Minute noch das Ehrentor gelungen war, freute Basti. Und er versuchte seinen Mannschaftskameraden Dante zu trösten.

Am liebsten hätte er das ganze brasilianische Publikum umarmt und getröstet.

»Wie spricht man es aus? Gavéa oder Gávea? Nur etwa zwanzig Minuten vom Hotel. Bei normalem Verkehr.« Basti lachte. »Normaler Verkehr? In Rio?«

Florian lachte mit.

Basti fuhr fort. »Das sei der Beste, sagt der Concierge, die ersten neun Loch durch den Regenwald, die zweiten erst am Strand, dann wieder am Fuß des Berges. Klingt doch gut, nicht?«

»Ja, das schon.«

»Vierzehn Uhr? Kannst du das versuchen? Ob wir dann eine Tee-Time bekommen?«

»Ja schon, aber …«

»Sorry, muss. Teamsitzung, tschüss.« Und legte auf.

Florian betrachtete sein Handy, als hätte es von sich aus aufgelegt. Dann sah er Stefanie an, die vom Strand zurück war und sich für das Spiel bereitmachte. Sie wohnten im selben Hotel wie die Mannschaft, im Sheraton Rio, hoch oben mit Blick auf das Meer und Ipanema, das in der Nacht glitzerte wie Christbaumschmuck.

»Morgen, vierzehn Uhr«, sagte er mit einem ungläubigen Lächeln.

»Ist was?«, fragte Stefanie etwas zerstreut. Sie konzentrierte sich auf ihr Make-up.

»Will Basti golfen gehen.«

Sie legte die Hände auf die Platte des Schminktischchens. »Ist vielleicht ein wenig früh. Je nachdem, wie es ausgeht.«

»Das auch«, erwiderte Florian. »Aber jetzt spielt er dann gleich das Weltmeisterschaftsfinale vor wohl über einer

Milliarde Zuschauern. Aber was ihn jetzt gerade interessiert, ist, ob wir morgen um vierzehn Uhr eine Tee-Time auf einem bestimmten Golfplatz bekommen.« Er schüttelte mit staunendem Lächeln den Kopf.

Stefanie wandte sich wieder dem Make-up zu und sagte, auch lächelnd: »Er ist, wie du weißt, ein Jetzt-gerade-Mensch. Vielleicht hat er es deshalb so weit gebracht.«

⚽

Pfeif schon, pfeif schon, dachte er.

Der Schiedsrichter stand auf der Mittellinie mit ausgebreiteten Armen. Lahm wartete beim Ball auf den Anpfiff.

Das Maracanã-Stadion dröhnte und vibrierte von fast neunzigtausend Stimmen. Es war sechzehn Uhr. Der Sonnenstand verzog die runde Öffnung im Dach zu einem leuchtenden Oval und warf dieses auf die Osttribüne.

Pfeif schon, pfeif schon, dachte Basti wieder, wie damals als Junge in Oberaudorf. Nur stand er jetzt auf dem heiligen Rasen der Welthauptstadt des Fußballs und würde gleich gegen den zweifachen Weltmeister um die Weltmeisterschaft spielen. Als Herz und Hirn und Motor der Nationalmannschaft.

Pfeif schon, pfeif schon.

Und dann schrillte der Pfiff, und Lahm stieß an.

Von da an konnte er sich auf nichts anderes mehr konzentrieren als auf die Lektüre des Spiels.

Er las, wer von seiner Mannschaft wo stand und sich wohin bewegte, wohin er selbst sich bewegen musste, um von wem anspielbar zu sein, welchem Mitspieler er welche Anweisung geben musste, um von wem nicht geblockt, ausgedribbelt oder übersprintet zu werden. Er machte das Spiel langsam und plötzlich schnell.

Der Mann, der die letzten Monate immer mit Verletzungen gekämpft, immer wieder Rückschläge erlitten hatte, abgeschrieben, als Symbol der Niederlage und »Chefchen« bezeichnet, ausgebuht und ausgepfiffen worden war, gewann nun neunundsechzig Prozent seiner Zweikämpfe gegen diese Weltklassespieler, nahm Messi, dem vierfachen Weltfußballer des Jahres, immer wieder den Ball weg, und von fünfundneunzig Prozent seiner Pässe erreichten phänomenale siebenundachtzig ihr Ziel.

Der Mann, der ursprünglich nur als Reservespieler aufgeboten worden war, dem man anfangs nur kurze Einsätze zugetraut und zugemutet hatte, wurde nun zu dem, der von allen eingesetzten achtundzwanzig Spielern die meisten Kilometer zurücklegte.

Je mehr den Argentiniern klar wurde, wie entscheidend die Rolle dieses Mittelfeldspielers und wie unentbehrlich Schweinsteiger für Deutschland war, desto mehr verlegten sie sich darauf, ihn zu foulen.

Das Spiel ging mit null zu null in die Verlängerung, und die Fouls gegen Basti wurden härter. Aber immer wieder stand er auf.

Gleich zu Beginn der zweiten Halbzeit der Verlängerung trat Mascherano Basti voll auf den Fuß. Nachdem der sich wieder aufgerappelt hatte, fasste er sich kurz mit schmerzverzerrtem Gesicht an die Leiste. Und kämpfte weiter.

Eine Minute später schlug ihm Agüero voll ins Gesicht.

Sofort begann er unter dem linken Auge zu bluten und musste am Spielrand versorgt werden. Agüeros Attacke hätte Rot verdient, aber sie blieb ungeahndet.

Mull tackerte ihm den tiefen Cut, und es sah aus, als müsste Deutschland die letzten Minuten ohne seinen Regisseur weiterspielen.

Aber dann halfen die Pfleger Basti wieder auf die Beine.

Eine Minute später schoss der kurz vor Ende der regulären Spielzeit eingewechselte Mario Götze das eins zu null. Er nahm Schürrles Hereingabe mit der Brust an, ließ den Ball auf seinen schwächeren Fuß fallen und verlängerte aus spitzem Winkel in die weite Ecke.

Götze rannte jubelnd zu den Fans, wurde eingeholt von seinen Mitspielern und begraben unter einem Berg von Jubel.

Noch sieben Minuten bis Weltmeister.

Basti hatte das Gefühl, als hätten sich alle Schmerzen der vergangenen Jahre in ihm zusammengeballt und versuchten nun, ihn in die Knie zu zwingen.

Argentinien stürmte mit dem Mut der Verzweiflung in die deutsche Spielhälfte, und Deutschland stemmte sich mit allem, was es hatte, dagegen.

Unter der Regie des erschöpften, blutenden Bastian Schweinsteiger.

Der Ball war nun meistens in der Luft, von den Köpfen und Füßen der Spieler beider Mannschaften immer wieder so weit wie möglich vom eigenen Tor wegbefördert.

Wenn der Ball manchmal in Bodennähe kam, suchten die Argentinier immer Messi. Und fanden ihn auch immer wieder.

Dann waren hundertzwanzig Minuten gespielt, der Schiedsrichter ließ nachspielen. Die blauweißen Fans waren still, viele weinten, manche beteten. Die Schwarzrotgoldenen sangen, skandierten, schwenkten ihre Fahnen und Spruchbänder.

Noch zwei Minuten.

Neuer machte einen weiten Abstoß in die gegnerische Hälfte.

Der Ball ging ins Out, der Einwurf zu Mascherano. Der enteilte dem ausgepumpten Thomas Müller und spielte den Ball – nein! – Messi zu.

Basti hatte ihn im Auge, griff ihn an, grätschte ihm den Ball weg.

Messi fiel, der Unparteiische pfiff Freistoß, Basti blieb mit einem Krampf liegen.

Während man die Mauer ein paar Meter vor dem Sechzehner aufstellte, wurde Basti gepflegt und dann zum Spielrand geführt.

Messi legte den Ball sorgfältig auf den Rasen und nahm einen kurzen Anlauf.

Pfeifkonzert von den deutschen Fans.

Messi schoss den Ball – weit über das Tor.

Basti durfte wieder aufs Spielfeld.

Noch eine Minute.

Neuer stieß ab, weit in die gegnerische Hälfte.

Romero, der argentinische Torhüter, stieß auch ab, weit in die gegnerische Hälfte.

Dort wurde der Ball ein paarmal ziellos in die Luft gekickt.

Basti stieg noch einmal hoch zu einem Kopfballduell

und wurde ein letztes Mal brutal in der Luft umgerempelt.

Und das Spiel war aus.

Basti war Weltmeister.

Basti hatte geweint nach dem Schlusspfiff, und als er Jogi Löw innig umarmte, war er noch immer tränenüberströmt.

Als er die Tränen getrocknet hatte, sah er Lionel Messi, der verloren etwas abseits stand, sein Gesichtsausdruck eine Mischung aus Trauer und Ratlosigkeit.

Basti umarmte und tröstete ihn.

Danach führte er die Mannschaft durch die Ränge die lange Treppe hinauf zur Ehrentribüne, wo sie die Honoratioren, die Goldmedaillen und der Pokal erwarteten.

Man sah ihm an, wie schwer ihm der Gang fiel. Sein einziger Gedanke war: Hoffentlich schaffe ich die sechsundvierzig Stufen.

Er nahm die Gratulationen entgegen. Jeder Händedruck schmerzte.

Als er zur Kanzlerin kam, fielen sie sich strahlend in die Arme.

Auf dem Platz unten beim Siegerfoto hatte er Mühe, über das Schild mit der Aufschrift »Champion« zu steigen.

Fast zwei Stunden nach dem Sieg im WM-Finale gegen Argentinien waren sie immer noch dort, feierten und jubelten, alle Spieler und auch ihre Familien. *Tage wie diese*, der Stadionsong der Toten Hosen, dröhnte über die Lautsprecher, und am Ende gab es dieses Bild: Louis, der fünf-jährige Sohn von Lukas Podolski, lief mit weißem Trikot und weißer Mütze über den Platz, um seinen Hals baumelte die WM-Medaille seines Vaters, er schwang sie lässig um sich, stolz, als wäre er es, der eben Weltmeister geworden war.

Und an seiner Hand Bastian Schweinsteiger.

Im Interview der ARD mit Christoph Kramer und Lukas Podolski und dem WM-Pokal sagte Basti: »Und ein ganz spezieller Gruß, wirklich, an einen Mann, der … Ich glaube, ohne ihn wären wir nicht hier, Uli Hoeneß. Vielen Dank für Ihre Unterstützung. Wir glauben daran, dass alles gut wird, und wir unterstützen Sie sehr. Vielen Dank!« Hoeneß saß wegen Steuerhinterziehung für dreieinhalb Jahre im bayrischen Landsberg im Gefängnis.

Kurz danach fragte ihn der Mediendirektor etwas verlegen: »Basti, da will noch einer ein Interview.«

»Okay«, antwortete Basti leichthin. »Soll kommen.«

Der Mediendirektor zögerte. »Es ist aber jemand, mit dem du eigentlich nicht redest. Stichwort *Chefchen*.«

Basti zögerte kurz. »Falk von der *Bild*?« Dann wiederholte er: »Soll kommen.«

Und erwähnte die Chefchen-Geschichte während des Interviews mit keiner Silbe.

Später an diesem Abend in Rio schlurfte Schweinsteiger durch den Kabinengang. Wie ein Fan sah er aus, eine deutsche Fahne hatte er um den Bauch gebunden, und als Trikot trug er ein Leibchen, auf dem viele deutsche Weltmeister von früher, 1954, 1974 und 1990, unterschrieben hatten.

Es hatte in der Kabine gehangen zur Motivation der

Mannschaft, und als es dort nicht mehr gebraucht wurde, hatte es Basti einfach mitgenommen.

Als Florian, sein Freund und Berater, ihn in diesem Aufzug in den Katakomben des Maracanã traf und ihn endlich beglückwünschen konnte, war Bastis erste Frage: »Haben wir die Tee-Time bekommen?«

Ana Ivanović war in ihrem Haus auf Mallorca und machte Vorbereitungen für die Saisonmitte. Ihr Bruder und ein paar Freunde waren zu Besuch.

»Wo wollen wir heute Abend essen?«, fragte sie ihre Gäste, als sie sich am Pool sonnten.

»Sag du es, du kennst die Insel«, sagte Miloš, ihr Bruder.

»Im ›DaiCa‹, meinem Lieblingsrestaurant. Eine Art mallorquinische Nouvelle Cuisine.«

»Oder wie heißt der wunderbare Japaner, wo wir einmal waren?«, fragte Justine.

»Du meinst das ›Kairiku‹, mit nur einem Tisch für zehn. Da muss man lange im Voraus reservieren.«

»Heute ist WM-Finale, da haben wir vielleicht Glück«, gab Miloš zu bedenken. »Da geht kein Mensch ins Restaurant.«

»Außer uns«, lachte Ana. Sie nahm ihr Handy und suchte nach der ersten Nummer.

»Oder wollen wir das Finale auch schauen?«, fragte Jaime.

»Und was essen wir?«, wollte Justine wissen.

»Wir machen es wie alle«, erklärte Jaime lachend. »Die Männer schauen Fußball, und die Frauen kochen.«

Ana lachte und wählte kopfschüttelnd die erste Nummer. Und danach die zweite.

Als sie auch bei der dritten keinen Erfolg hatte, entschieden sie sich für Jaimes nicht ganz ernst gemeinte Variante: Die Männer schauten das Finale, und die Frauen machten Pfannkuchen und schwatzten.

Erst als nach langer Zeit aus dem Salon Torjubel drang, gingen die Frauen hinüber. Es liefen die letzten Minuten der Verlängerung, und Deutschland hatte soeben das eins zu null geschossen.

Pfleger halfen einem blonden deutschen Spieler auf die Beine.

»Der blutet ja!«, rief Ana.

»Die Argentinier fürchten ihn, darum foulen sie ihn ständig«, erklärte Miloš.

Das Spiel lief weiter, der Blutende wurde wieder hart umgerempelt. Dann wurde abgepfiffen. Argentinien hatte verloren.

»Geschieht ihnen recht«, sagte Ana.

Von der Straße klangen die Geräusche herauf, die Basti so liebte. Die Stimmen, das Lachen, die Musik, die Motoren von Vespas und frisierten Sportwagen.

Er wäre gerne hinuntergegangen zu einer kleinen Kneipentour, aber es war zu kurz nach der WM, sein Auftreten würde zu viel Aufsehen erregen.

Es war eine schöne Sommernacht. Er hatte ein kaltes Bier auf dem Klapptischchen des Deckchairs, in dem er saß.

Eigentlich wäre alles gut, wenn diese seltsame Unruhe nicht wäre.

Sarah war nicht zu Hause, sie war bei irgendeinem Event, den er aus dem gleichen Grund mied. Aber ihre Abwesenheit war nicht der Grund für seine Unruhe. Es kam in letzter Zeit öfter vor, dass sie Freizeit ohne einander verbrachten.

Er trank das Bier aus, brachte beide leeren Flaschen rein, holte sich eine neue aus dem Kühlschrank und ging zurück auf die Dachterrasse.

In den Medien sagte er immer, dass er nicht der Typ sei, den große Erfolge mit einem Gefühl der Übersättigung zurückließen, sie würden ihn noch hungriger machen.

Aber stimmte das? Wie stand es mit seinem Appetit auf mehr?

Wenn er sich die Frage jetzt stellte, in einer schönen Sommernacht, ein wenig angedudelt nach dem dritten Bier – oder war es das vierte? Wenn er sich also jetzt diese Frage stellte, dann war die Antwort: nein. Er fühlte sich ziemlich satt. Nicht, dass er nicht Lust auf mehr hätte. Aber auf was, das wusste er nicht.

Von der Dachterrasse der ›Deutschen Eiche‹ drang jetzt laute Musik herüber. Freddie Mercury sang *I Want To Break Free*. Es erklang dort fast jeden Abend.

Das rauschende Siegesfest vor dem Brandenburger Tor hatte er noch in vollen Zügen genossen, hatte rumgetobt und rumgeblödelt. Aber danach im Hotel war die Leere wiedergekommen. Die Leere, die ihn in letzter Zeit nach solchen Höhepunkten immer wieder ereilte.

War es Philipp Lahm auch so gegangen? Philipp, der

Kapitän der Nationalmannschaft, frischgebackener Weltmeister, Philipp auf dem Gipfel seiner Karriere? Er hatte ein paar Tage nach der Siegesfeier alle überrumpelt mit der Nachricht, dass er ab sofort aus der Nationalmannschaft zurücktrete.

Die Entscheidung hatte Basti zu denken gegeben. War das Erreichen des höchsten Ziels, das ein Fußballer erreichen konnte, auch für ihn nicht nur der Höhepunkt, sondern zugleich der Wendepunkt?

Basti war nur ein Jahr jünger als Philipp und musste sich ebenfalls fragen: Was will ich mehr? Er hatte alles erreicht, was man im Fußball erreichen konnte. Und er war reich, er war berühmt, er war beliebt.

Was will ich mehr?

In Rio, nach dem Triumph, als sie alle noch nachfeierten im Maracanã-Stadion und er mit Podolskis fünfjährigem Louis ganz allein im Strafraum plauderte, da hatte er gedacht: Lukas kann schon mit dem eigenen Jungen feiern und ist ein Jahr jünger als ich.

War es das, was ihm fehlte? Die eigene Familie? In ein paar Tagen wurde er dreißig. War es nicht höchste Zeit?

Und warum hatte er damit so lange gewartet?

Er nahm einen Schluck Bier. Es war schon etwas warm geworden.

Und Sarah? Mit Holger Badstuber hatte er einst im Trainingslager am Gardasee darüber gesprochen, wie man die Frau seines Lebens erkenne. Er hatte geantwortet, das spüre man dann schon.

Bis jetzt hatte er es noch nicht gespürt.

Und Sarah?

Warteten sie beide darauf, dass sie es spürten?

Nein. Sarah war nicht die Frau, die demütig darauf wartete, dass der Mann, mit dem sie lebte, ihr endlich einen Antrag machte. Dafür war sie zu stolz und zu selbständig.

Die Musik von der Dachterrasse gegenüber verstummte. Einen Moment war es still bis auf die Geräusche des Gärtnerplatzviertels.

Vielleicht war der Moment gekommen, sein Leben neu einzurichten.

⚽

Ibiza war ein guter Ort für einen Fußball-Weltstar, der seinen Dreißigsten feierte. Es wurden ein paar ganz besondere Partytage.

Sie waren nicht besonders, weil er sich zufällig mit Neymar anfreundete. Nicht weil im ›Ushuaia‹ zufällig David Guetta auflegte. Nicht weil er zufällig Paris Hilton traf.

Das Außergewöhnliche an seinem Dreißigsten war, dass er ihn ohne Sarah feierte. War das vielleicht der erste Schritt dazu, sein Leben neu einzurichten?

⚽

Er hatte vorgehabt, gleich nach seiner Rückkehr aus Ibiza mit Sarah zu sprechen, aber im Stillen gehofft, sie sei nicht zu Hause.

Doch sie hatte ihn gefasst im Wohnzimmer erwartet und das Gespräch mit dem Satz eröffnet: »Sag es.«

»Was?«

»Das, was du mir schon lange sagen willst.«

»Wenn du es schon weißt, warum muss ich es noch sagen?«

»Weil ich es von dir hören will.«

Basti zögerte kurz. Dann sagte er: »Ich glaube, wir haben uns auseinandergelebt.«

Sarah nickte mit einem bitteren Lächeln. »Klingt wie eine Pressemitteilung.«

Der Mannschaftsarzt, Müller-Wohlfahrt, war dagegen, dass Basti am 5. August zur Mannschaft in die USA reiste und das Training für die Saisonvorbereitung begann. Öffentlich verkündete er: »Schweinsteiger bräuchte sechs Wochen Pause – mindestens.«

Aber Pep Guardiola ließ sich nicht erweichen. Er hatte Basti für ein Testspiel in Portland eingeplant, und dabei blieb es.

Basti reiste also mit seiner lädierten Patellasehne, die ihn schon seit Jahresbeginn plagte und dazu geführt hatte, dass er bei der WM nur mit schmerzstillenden Mitteln spielen konnte, für ein einziges Spiel in die USA.

Nach zehn Minuten auf dem Platz gegen MLS All-Stars wurde er gefoult und musste mit einer Prellung am – ausgerechnet – Sprunggelenk vom Platz.

Basti wurde bei Bayern München wieder bis auf weiteres krankgeschrieben.

Ein folgenreicher Satz

Im Fitnesstraining ist es wie beim Friseur: Es wird viel gesprochen über dies und jenes. Basti arbeitete jeden Tag in der Säbener Straße mit Physiotherapeuten und Fitnesstrainern, und einer von ihnen erzählte, dass ein Freund von ihm der Fitnesscoach der Tennisspielerin Angelique Kerber sei, und der hätte sich angefreundet mit dem Fitnesscoach von Ana Ivanović, und diese vier würden während der Turniere die Freizeit immer zusammen verbringen, und das sei stets sehr vergnüglich.

Und da sagte Basti den folgenreichen Satz: »Die würde ich auch gerne einmal kennenlernen.« Ein Satz, den er nie bereuen würde.

Der Fitnesscoach sah ihn an, schmunzelte und sagte: »Ich kann ihn ja mal fragen, vielleicht kann er das arrangieren. Ich glaube, sie ist im Moment single.«

Am nächsten Tag schon fragte Basti: »Und?«

»Sie hätte gesagt, sie würde dich überhaupt nicht kennen. Nie von dir gehört. Das käme nicht in Frage.«

Über ihren Fitnesscoach schrieb er Ana Ivanović eine SMS, wie sehr er es bedauert habe zu sehen, wie sie das Spiel gegen Plíšková verloren habe. Dass er ein großer Bewunderer von ihr sei und dass er sie gerne persönlich kennenlernen würde.

Und Ana Ivanović schrieb tatsächlich zurück.

Sie hätte sich gefreut über seine Nachricht und vielleicht ergebe es sich einmal, dass sich ihre Wege kreuzten.

Er schrieb zurück, wie es der Zufall wolle, sei er am Wochenende in New York.

»Das kannst du nicht machen, Basti, das gibt eine Katastrophe.«

»Ach Quatsch. Ich kann ja eh nicht spielen, ich bin krankgeschrieben.«

»Deshalb kannst du doch nicht einfach nach New York fliegen.«

»Ich muss aber.«

»Weißt du, was das für Konsequenzen hat?«

Basti sah ihn verwundert an. »Beim Verein? Mit denen rede ich.«

»Wann?«

»Nach meiner Rückkehr.«

Florian sagte es noch einmal: »Das gibt eine Katastrophe.«

»Auch das nach meiner Rückkehr.«

Florian wollte noch etwas sagen, aber er überlegte es sich anders. »Okay, du bist der Chef.«

»Also: Zwei Tickets. Morgen um zehn über Zürich, First Class. Sie wohnt im Plaza. Also zwei Suiten dort für uns.«

»Uns?«, fragte Florian.

»Steffen kommt mit.«

Florian lächelte. »Als Anstandsdame?«

Basti stand auf. »Genau.«

⚽🎾

»Nervös?«, fragte Steffen.

Basti nickte. »Hundertmal mehr als vor dem WM-Finale.«

Sie saßen beim Frühstück im Palm Court des Plaza zwischen Palmen und Marmorsäulen. Im Zentrum des gewölbten Glasdachs hing ein Kristallleuchter. Die Kellner trugen Black Tie, die meisten sahen aus, als arbeiteten sie schon ihr halbes Leben hier.

Steffen aß mit Appetit, Basti hatte seine Waffeln mit Ahornsirup beiseitegeschoben und trank Cappuccino.

Um zehn hatte Basti sich mit Ana Ivanović in der Lobby verabredet. Jetzt war es noch nicht einmal acht, früh für Touristen. Es waren nur ein paar ältere Paare beim Frühstück, die wohl unter dem Jetlag litten oder einfach aus Altersgründen nicht gut schlafen konnten. Der Rest waren ein paar Geschäftsleute und New Yorker, die sich hier zum Frühstück verabredeten.

Basti hatte mit Steffen vereinbart, dass sie gemeinsam in die Lobby gingen. Wenn Ana Ivanović dann auftauchte, würde Basti seinem Freund zu verstehen geben, ob er zu dem geplanten Spaziergang mitkommen oder sich diskret zurückziehen solle.

»Das merkt man sofort«, hatte Basti erklärt. »Man kann jemanden digital noch so anziehend finden. Und wenn man sich dann trifft, dann passen die Schwingungen nicht. Weißt du, dass das stimmt? Jeder Mensch hat seine Schwingungen, und wenn die nicht übereinstimmen, kannst du es vergessen.«

»Und wenn es bei euch so ist, was dann?«

»Dann sage ich: ›Is it okay, if my friend joins us?‹«

»Und wenn nicht?«

»Dann stelle ich dich vor, und wir machen etwas Konversation. Und dann sage ich zu dir: ›See you later.‹«

»Was ist?«

Basti war rot geworden. »Da ist sie«, flüsterte er.

Steffen wandte sich um.

Ana Ivanović stand am Eingang zum Palm Court in Begleitung eines Mannes. Sie sprachen mit der Empfangsdame. Diese nahm jetzt zwei Speisekarten und ging den beiden voraus zu ihrem Tisch. Direkt auf Basti und Steffen zu.

Die erhoben sich. Jetzt erst bemerkten Ana und ihr Begleiter die beiden und erschraken ebenfalls über das ungeplante Zusammentreffen.

Basti streckte ihr die Hand entgegen. »Hi, I'm Basti, pleased to meet you«, sagte er verlegen.

»I'm Ana«, erwiderte sie und gab ihm ihre schmale Hand.

Mehr wussten sie nicht zu sagen.

Steffen wartete darauf, dass Basti ihn vorstellte. Und Anas Begleiter tat dasselbe.

Schließlich stellte sich Steffen selbst vor. »Hi, I'm Steffen, a friend of Basti's.«

Anas Begleiter tat es ihm gleich. »Ich bin Steve, Anas Coach.«

Steffen und Steve gaben sich die Hand.

Jetzt erst ließ Basti Anas Hand los, schüttelte die von Steve und sagte zu Steffen: »See you later.«

Der sagte »See you later« zu den dreien. Ana und Steve sagten »See you later« zu Steffen. Steffen entfernte sich, Steve sah Ana unsicher an.

Sie sagte zu Steve: »See you later.« Und auch Steve entfernte sich.

Die Empfangsdame, die während des ganzen Zeremoniells neben ihnen gestanden war, fragte nun, ob Madam sich dazusetzen wolle oder ob Sir lieber zu ihr an den Tisch gleich daneben umziehen möchte.

Ana, die als Erste ihre Verlegenheit abgelegt hatte, entschied, dass sich Basti zu ihr setzte.

Während sie ihr Frühstück bestellte, saß Basti nur da und schaute sie an.

Er hatte gewusst, dass sie schön war. Aber nicht so absolut wunderschön.

Nach der Bestellung fragte sie im Konversationston: »Was führt dich nach New York?«

»Du.«

Ana blickte ihn amüsiert an. »Wie nett«, lächelte sie. »Und wirklich?«

»Wirklich. Ich habe gelogen. Ich bin nicht zufällig hier. Ich wollte dich treffen. Ich muss morgen Abend wieder zurück nach München.«

»Ehrlich?«

»Ehrlich. Sorry, dass ich gelogen habe. Es war das letzte Mal.«

Ana schüttelte lächelnd den Kopf. Dann sagte sie: »Und jetzt?«

»Was du sagst.«

»Da draußen beginnt gleich der Central Park. Da gehen wir nach dem Frühstück spazieren.«

⚽✏

Vor dem Hotel war ein kleiner Platz mit einem Brunnen. Am Straßenrand warteten Pferdekutschen, wie er sie aus Wien kannte. Jenseits der Straße lag der Eingang zum Park.

Sie schlenderten langsam nebeneinander her, viel langsamer als man es von zweien erwartete, die beruflich davon lebten, dass sie sich schnell bewegten.

Ana erzählte. Später kam es ihr vor, als hätte sie ihm ihr ganzes Leben erzählt. Wie sie mit fünf mit Tennis begonnen hatte, wie sie im leeren Hallenbad trainiert hatte, wie die Bomben über Belgrad fielen, wie sie entdeckt wurde, gesponsert wurde, in die Schweiz zog. Wie sie mit ihrer Mama in der Welt herumreiste, Langstreckenflüge in der Economy, billige Hotels und Pensionen. Von ihren Erfolgen, ihrer schnellen Karriere, ihrer Krise, ihrem Wiederaufstieg.

Basti sagte wenig. Vielleicht lag es an der Sprache. Sie sprachen Englisch, noch immer nicht Bastis Lieblingssprache. Vielleicht lag es an Ana. Er sah sie an, hörte ihr zu, fühlte ihre Gegenwart, und alles verschlug ihm die Sprache.

Sie schaukelten auf den Holzpferden des Karussels zu der Drehorgelversion von *Ob-La-Di-Ob-La-Da*. Sie beobachteten einen Schneeleoparden im Central-Park-Zoo. Sie hörten einer Gruppe Straßenmusikanten zu und kauften ihre CDs. Sie aßen Soft Ice auf einer Parkbank. Und als ein dickes Grauhörnchen um die leere Eistüte bettelte, sagte Basti: »In den USA ist alles größer als bei uns. Auch die Eichhörnchen.«

Beim Lachen darüber hätte Basti am liebsten wie aus Versehen seine Hand auf die gelegt, die neben ihm auf der Parkbank ruhte.

Aber er wagte es nicht.

Sie befanden sich schon länger im Sinkflug, und Basti schlief noch immer. Steffens Bett war wieder in einen Sitz umgewandelt, und er hatte längst gefrühstückt. Jetzt langte er mit der Hand über die niedrige Trennwand zwischen ihren beiden First-Class-Sitzen und schubste Basti erst sanft, dann etwas beherzter. Bis er die Augen aufschlug.

»Du scheinst glücklich«, sagte Steffen.

»Woran sieht man das?«

»Du lächelst im Schlaf.«

»Dazu habe ich auch allen Grund.« Und dann leise: »Ich bin der Frau meines Lebens begegnet.«

Er zog Chinos, T-Shirt und Sneaker an und spazierte zum Viktualienmarkt. Es war ein richtiger Münchner Spätsommertag. Vielleicht noch ein wenig lauschiger, friedvoller und leichter.

Die Leute vom Markt grüßten ihn. Sie kannten ihn seit langem, und er kannte sie und grüßte zurück. Das war sein

Viertel, das waren seine Nachbarn, und so gingen sie mit ihm um. Nicht wie mit jemand ganz Besonderem.

Er kaufte sich eine Brezel und ließ sich einen frischen Saft pressen. Dann schlenderte er zur Isar.

Ein paar Jungs spielten Fußball am breiten Flussufer. Einer kickte den Ball weit daneben. Er flog auf Basti zu. Der stoppte ihn im Vorbeigehen und spielte ihn beiläufig zurück. Genau dem Jungen vor die Füße.

Der blickte überrascht zu Basti und sagte etwas zu seinen Freunden.

Basti war schon ein ganzes Stück weiter, als er die Stimmen hinter sich hörte: »Fußballgott! Fußballgott!«

Basti winkte ihnen zu und ging weiter.

Bei seinem Stein zog er Schuhe und Socken aus und kühlte die Beine im heilenden Wasser.

Bald war es zehn Uhr in New York. Die Zeit für das nächste telefonische Rendezvous mit Ana.

»Wie geht es?«, fragte Jogi Löw.

»Nicht meine Lieblingsfrage, Trainer«, antwortete Basti.

Er lag auf der Behandlungsliege bei seinem Lieblingsphysio, Fredi Binder. Man hatte Basti sein Handy gebracht, es sei wichtig.

»Verzeihung«, sagte Löw, »ist eben so eine Redensart.«

Basti antwortete: »Wie es einem so geht mit Kapselbandriss im Fußwurzelgelenk, Schlüsselbeinbruch, Bänderriss im Sprunggelenk, Gelenkstauchung und Verknöcherung, um nur ein paar zu erwähnen.«

Er hörte so etwas wie ein unterdrücktes Auflachen des Trainers. Dann den formellen Satz: »Ich habe beschlossen, dich zum Kapitän der DFB-Mannschaft zu ernennen. Herzlichen Glückwunsch.«

Basti wusste nicht gleich eine Antwort auf diese Nachricht. Das gab Löw die Gelegenheit hinzuzufügen: »Das ist noch top secret. Kein Wort zu niemandem. Erst in einer Woche wird das offiziell kommuniziert.«

»Kapitän? In meinem Zustand?«

»Wir kennen uns nun schon seit zehn Jahren, Basti. In dieser Zeit habe ich mich immer auf dich verlassen können.«

»Wenn ich fit war«, schränkte Basti ein.

»Das wirst du auch wieder werden.«

Nach dem Gespräch sagte Basti zu Fredi: »Hast du gehört? Du musst mich dringend fit machen.«

»Okay, wird gemacht.«

Basti lachte. »Aber das ist noch streng geheim.«

Der Physiotherapeut streckte die Hand nach Bastis Handy aus. »Moment«, sagte Basti, »ich habe noch ein wichtiges Telefonat zu machen.«

Er wählte eine Nummer und sprach länger zärtlich auf Englisch. Wie so oft in letzter Zeit.

Die Cessna Citation landete nach gut anderthalb Stunden in Belgrad. In der Lobby der Jet Aviation erwartete ihn ein junger Mann, den er sofort als Anas Bruder Miloš erkannte, so viele Fotos hatte Ana ihm schon gezeigt und gemailt.

Schüchtern kam er auf den Star zu. Basti umarmte ihn und drückte ihn fest wie einen Bruder.

Sie zankten sich ein wenig darüber, wer die Reisetasche tragen durfte, und Basti überließ sie Miloš. Er folgte Anas Bruder zu seinem Wagen, und sie fuhren zur Wohnung der Eltern.

Miloš parkte vor einem älteren Wohnhaus im Stadtzentrum, rief mit seinem Handy Anas Nummer an und bat Basti zu warten.

Kurz darauf wurde die Hauseingangstür aufgerissen, Ana stürmte heraus und fiel Basti um den Hals.

Miloš wandte sich diskret ab.

Dragana und Miroslav, Anas Eltern, waren verreist. Aber ein paar Freunde von Ana erwarteten Basti neugierig an der offenen Wohnungstür.

Sie führten ihn in eine geräumige und gemütliche Wohnung. Im Wohnzimmer warteten zwei Eiskübel mit Champagner. Auf einem runden Silbertablett standen Kelche für alle.

Miloš entkorkte die Flasche und schenkte ein. Sie stießen an, und Ana sagte: »Dobrodošli kući, willkommen zu Hause.«

An jedem Wochentag war Basti nun wieder in der Säbener Straße und trainierte, so gut es ging. Entweder im Fitnesstempel auf dem Spezial-Laufband, das das Gewicht auf das Kniegelenk verringerte, oder manchmal auch auf dem Rasen. Er wollte so bald wie möglich wieder spielen. Mit der Nationalmannschaft, deren Kapitän er jetzt war. Und mit dem Club, für den er seit seinem vierzehnten Lebensjahr spielte.

Mit Ana war er jeden Tag mehrmals in Kontakt. Seit New York hatte er sie erst einmal bei seinem Besuch in Belgrad wiedergesehen. Sie hatte ihm die Stadt gezeigt und mit ihm serbische Spezialitäten gekostet: Burek, Sarma und Čevapčići.

❖

Vor dem Champions-League-Spiel gegen AS Rom wartete Basti in ziviler Kleidung am Kabinenausgang auf die Spieler. Als sie kamen, klatschte er mit ihnen ab.

Er saß neben Steffen auf der Tribüne und sah zu, wie die Mannschaft ohne ihn die Römer mit zwei zu null besiegte.

Als Steffen ihn nach dem Spiel fragte: »Was machst du jetzt?«, antwortete Basti: »Das Gleiche wie immer: Ana vermissen.«

❖❖

Der einzige Passagier der Cessna Citation trug diesmal einen Smoking von Giorgio Armani mit Weste, gestärkter Piquébrust und Stehkragen.

Ein schwarzer Mercedes fuhr vor die ausgeklappte Treppe. Der elegante Herr kam die paar Stufen herunter, überreichte dem Fahrer seine Reisetasche und stieg ein.

Nach einer kurzen Fahrt hielt der Wagen hinter einem Haus mit einem unscheinbaren Eingang. Er wurde durch eine Küche geführt und in den Raum eines Restaurants, in dem nur ein Tisch gedeckt war. Eine kleine Gruppe eleganter Gäste mit Cocktailgläsern stand plaudernd beisammen. Eine Band spielte Dinner Music.

»Basti!«, stieß Ana Ivanović hervor. Sie trug ein dunkelblaues Abendkleid mit tiefem Rückenausschnitt, eilte auf Basti zu, sie fielen sich in die Arme, und er gratulierte ihr zum Geburtstag.

Sie küssten sich, und die Gäste applaudierten.

Immer wieder schweiften seine Gedanken ab. Dabei war es ein wichtiger Tag, der wichtigste seit langem. Fußballerisch gesehen, natürlich. Ansonsten waren die hundertzweiunddreißig Tage, in denen er nicht hatte spielen können, nicht weniger gefüllt mit Wichtigem.

Der Tag, an dem er Ana getroffen hatte. Die Tage, an denen er es geschafft hatte, Ana zu besuchen, alle Tage, an denen er mit ihr geschrieben und FaceTime-Gespräche geführt hatte, die Nächte, in denen er von ihr geträumt hatte.

Aber der heutige Tag war auf eine andere Art wichtig: Er konnte wieder seinen Beruf ausüben. Sachte, sachte zwar nur, aber es war das Comeback, auf das er sich gefreut hatte.

Das Publikum jubelte, Lewandowski hat gerade das zwei zu null gemacht, Basti jubelte pflichtbewusst. Aber ehrlich gesagt hatte er es gar nicht richtig mitbekommen.

Er konzentrierte sich wieder aufs Spiel. Sechs Minuten später ertönte der Pausenpfiff.

Sie führten mit zwei Toren, und die Tabelle führten sie am zwölften Spieltag mit sieben Punkten vor Wolfsburg an. Guardiola riskierte nichts, wenn er ihn in der zweiten Halbzeit einwechselte. Basti war nicht überrascht, als der Trainer zu ihm sagte: »Ich lasse dich vorsichtshalber zwanzig, dreißig Minuten warmlaufen, dann: Comeback!«

Schon als er sich einzulaufen begann, brach Jubel aus, und Fußballgott-Rufe ertönten. Er spürte, wie er am Nacken Gänsehaut bekam.

Als er sechsundzwanzig Minuten später gegen Mario Götze eingewechselt wurde, bebte die Allianz Arena. Und die Gänsehaut breitete sich auf seinem ganzen Körper aus.

Basti spielte dreizehn Minuten, und wie er fand, ganz ordentlich. Er zeigte die Übersicht, die man von ihm gewohnt war, machte ein paar schöne Pässe und lieferte die Vorlage zum vier zu null. Mit dem Rhythmus haperte es noch ein wenig, und an der Kondition würde er weiter arbeiten müssen.

Nach dem Spiel sagte er den Medien, der Moment, in dem er das erste Mal wieder auf den Platz gekommen sei, sei der schönste seit Monaten gewesen.

Was nicht ganz der Wahrheit entsprach.

Ein wenig erinnerte ihn die Skyline hinter der Parklandschaft an ihren ersten Spaziergang in New York. Auch das Wetter war ähnlich: blauer Himmel und warm.

Sie schlenderten auf dem Golden Mile Heritage Trail quer durch Melbourne. Ana wollte ihm die Stadt zeigen und war der Meinung, dass man Städte am besten zu Fuß besichtigt.

Die Straße führte an den wichtigen Sehenswürdigkeiten vorbei, durch elegante Einkaufsstraßen, ins bunte Chinatown, zu Theatern und Museen und zu der Stelle, wo angeblich die ersten Europäer gelandet waren.

»Wenn ich dir München zeige, dann auch zu Fuß«, drohte er Ana, als sie sich auf der Treppe des Immigration Museums etwas ausruhten.

»Ich liebe diese Stadt. Nein, dieses Land. Ich liebe dieses Land und seine Leute. Man nannte mich Aussi Ana, weil ich immer von Australien schwärmte. Ich habe mich hier immer willkommen und gemocht gefühlt.«

Ana blieb in Melbourne für die Australien Open.

Basti reiste in der Zwischenzeit nach Doha ins Trainingslager.

Anas lange Beine lagen ausgestreckt auf dem Zugeisen des Schlittens, die Beine von Basti links und rechts neben den Kufen. Er war der Steuermann.

Sie waren mit einem ordentlichen Tempo unterwegs, und Ana schrie vergnügt.

Es war schon die zweite Fahrt auf der Naturrodelbahn. Nach der ersten hatte Ana auf einer weiteren bestanden. Sie war seit mindestens zehn Jahren nicht mehr im Schnee gewesen.

Ana hatte sich bei den Australian Open drei Tage vor dem Turnier den kleinen Zeh angestoßen, und bei der

Untersuchung stellte sich heraus, dass er gebrochen war.

Gebrochene kleine Zehen konnte man weder operieren noch schienen. Man konnte nur warten, bis der Bruch zusammengewachsen war, und Schmerzmittel schlucken.

So spielte sie ihr erstes Match in Melbourne und verlor.

Es war ein schwerer Schlag, Ana Ivanović war immerhin die Weltranglisten-Fünfte.

Sie war ins Flugzeug gestiegen und nach München geflogen. Basti hatte ihr wie versprochen München zu Fuß gezeigt, vor allem das Gärtnerplatzviertel.

Danach waren sie nach Oberaudorf gefahren zu einem Überraschungsbesuch zu Hause. Es war eine etwas verlegene Begegnung gewesen, Basti hatte sich schnell wieder verabschiedet und Ana hier herauf zur Rodelbahn gebracht.

Sie trugen beide große dunkle Skibrillen und Wollmützen, die sie tief in die Stirn ziehen konnten, damit sie nicht erkannt wurden.

Das hätte auch funktioniert, wenn sie nicht in einer Berghütte erkannt worden wären, weil Basti Ana hatte zeigen müssen, wie herrlich Germknödel schmecken.

Wie es der Zufall wollte, den es laut Basti nicht gab, weil Timing alles war, fand zwei Tage später seine Faschingsparty statt. Diesmal im ›Café Reitschule‹. Das Motto war »Wilder Westen«.

Basti kam als Tonto aus dem Film *Lone Ranger* mit einem toten Vogel auf dem Kopf.

Ana musste improvisieren. Sie war der Texas Ranger mit schwarzer Halbmaske und weißem Cowboyhut und kam so natürlich nicht unerkannt an den Fotografen vorbei.

Die Faschingsparty verlief diesmal etwas gesitteter als in den vergangenen Jahren. Trotzdem dauerte sie bis sechs Uhr früh.

Danach musste Basti sich wieder von Ana trennen. Sie hatte Turniere zu spielen in Nord- und Südamerika. Und er spielte alle paar Tage an anderen Orten in Deutschland und Europa.

Nach den medialen Pannen beim Schlitteln und bei der Faschingsparty war ihr Geheimnis keines mehr. Basti ließ offiziell verlauten, dass Ana und er einander liebten. Juristisch hieß das, dass sie »eine gefestigte Paarbeziehung« pflegten. Basti ließ es auf Englisch übersetzen, »a steady couple relation«, und als er das Ana bei ihrem nächsten WhatsApp-Rendezvous vorlas, fanden sie es beide kolossal lustig.

Aber die Offizialisierung brachte auch eine große Erleichterung. Sie waren jetzt ein Paar. Und die Welt durfte das wissen. Nein: musste es!

Basti ließ sich auf die Fußballschuhe die serbische Flagge aufdrucken und das Wort »dušo«, »Liebling«. Und daneben die Nummern 31, Bastis Rückennummer bei Bayern, und 7, seine Rückennummer im DFB-Team.

Auf dem rechten Schuh war die deutsche Flagge abgedruckt. Und das Datum, an dem sie sich zum ersten Mal getroffen hatten.

Das Testspiel gegen Australien endete zwei zu zwei. Als Basti auf der Pressekonferenz vor dem Spiel gefragt wurde, was sich für ihn nach dem Triumph bei der Weltmeisterschaft und der Beförderung zum Mannschaftskapitän geändert habe, antwortete er: »Mehr Titel auf der Autogrammkarte.«

Und als die Presse nachbohrte und wissen wollte, wie man sich fühle als Weltmeister und Mannschaftskapitän, antwortete er: »Es müssen elf Kapitäne auf dem Platz sein. Und bei den Titeln, die ich geholt habe, war das immer der Fall.«

Später, beim FaceTime-Gespräch mit Ana, erzählte er ihr von dieser Episode. »Und weißt du, warum ich das gesagt habe? Wegen dem, was gestern mit der Germanwings 9525 passiert ist. Da hält sich ein lebensmüder Pilot für so wichtig, dass er sein Flugzeug mit hundertneunundvierzig Passagieren an einer Felswand zerschellen lässt. Niemand ist wichtiger. Alle sind wichtig.«

Bastis erstes Spiel als neuer Kapitän der Nationalmannschaft fand dort statt, wo er vor elf Jahren sein erstes Spiel für Deutschland gespielt hatte: am Betzenberg in Kaiserslautern.

Nicht er war darauf gekommen, sein Dad hatte ihn darauf aufmerksam gemacht. »Verlier nicht, wie damals gegen Ungarn«, hatte sein Vater angeordnet.

Richtig, er war damals neunzehn und wurde spät eingewechselt. Und sie hatten null zu zwei verloren.

Jetzt, elf Jahre später, stand er wieder hier. Und er hatte alles erreicht. Er war Weltmeister und Chef auf dem Platz und Mannschaftskapitän.

Und er liebte Ana.

Und sie liebte ihn.

Florians Ball lag knapp außerhalb des Greens. Basti zögerte einen Moment, ob er den Driver nehmen sollte oder ein Eisen. Seit seinem Schlüsselbeinbruch gerieten ihm die Eisenabschläge manchmal etwas kurz.

Er entschied sich für den Driver. Doch er war nicht ganz bei der Sache und traf den Ball mit der Hacke. Der Drall trug ihn aus der Flugbahn, und er landete im Rough vor dem Waldrand.

Sie hatten sich angewöhnt, ihre Schläge nicht zu kommentieren, und gingen weiter zum Green.

»Worüber wolltest du reden?«, fragte Basti.

»Über etwas, worüber du nicht reden magst.«

»Und das wäre?«

»Wie's weitergeht.«

Basti schwieg.

»Du als Jetzt-Mensch brauchst nicht über die Zukunft nachzudenken. Aber dein Berater schon.«

Basti lachte auf. Dann sagte er: »Also, reden wir über die Zukunft.«

Sie hatten die Stelle erreicht, wo Bastis Ball im halbhohen Gras lag. Er schlug ihn mit seinem Sand-Wedge hinaus, aber er erreichte den kurzen Rasen des Greens nicht und blieb im Semi-Rough liegen.

Sie gingen zu Florians Ball am Rande des Greens.

»Du weißt, dass Bayern dir noch keine Vertragsverlängerung angeboten hat.«

»Ja. Das hättest du mir gesagt.«

»Was denkst du, warum?«

»Aus dem gleichen Grund, weshalb Guardiola mich nicht auf meiner Position einsetzt. Sondern dort, wo er auch Xabi, Lahm und Thiago hat. Dort, wo ich nicht so gut bin.«

»Genau.«

Basti fuhr fort: »Er hofft, dass ich mir einen Club suche, bei dem ich dort spielen kann, wo ich am besten bin.«

Florian korrigierte: »Wo du Weltklasse bist.«

Er nahm den Putter, studierte den Break des Greens, zielte sorgfältig und spielte.

Der Ball nahm den Break an und rollte bis an die Lochkante. Dort blieb er liegen. Florian stieß ein zischendes Geräusch aus.

»Die wollen mich rausekeln.«

»Sieht so aus.«

Florian bückte sich und markierte seinen Ball.

Basti ging zu seinem im Semi-Rough und chippte ihn ins Grün. Der Ball landete etwa einen Meter vom Loch entfernt, rollte in die Richtung des Lochs und – fiel.

Basti lachte, und Florian stieß wieder sein genervtes Zischen aus.

Sie notierten ihre Schläge auf die Scorekarten.

»Also schaue ich mich um?«, fragte Florian.

»Du meinst, nach einem anderen Club?«

Florian nickte.

Nachdenklich sagte Basti: »Weg von München?«

»Ja. Die Sechziger können sich dich nicht leisten.« Er schmunzelte.

»Weißt du, Ana liebt München. Als Ana in Stuttgart in der ersten Runde rausflog, stieg sie in den Hubschrauber und flog her. Wir gingen zu ›Schumann's‹ auf die Terrasse, und sie war ganz hingerissen. Und die Wohnung findet sie auch super. Ich glaube, sie wäre sehr enttäuscht.«

»Aber als sie in Rom in der ersten Runde ausschied, und du kein Spiel und kein Training hattest, kam sie ja nicht nach München. Da habt ihr das Trastevere genossen, im ›Trilussa‹ bei Pasta und Rotwein. Und habt ihr im Mai nicht geplant, euch mit ihren und deinen Eltern in ihrem Haus auf Mallorca zu treffen?«

»Doch. Und im Mai besuche ich Ana in Paris, French Open. Und im Juni in London, Wimbledon. Und sonst hoffentlich noch ab und zu zwischendurch.«

»Ihr seid ein mobiles internationales Sportlerpaar. Du kannst wohnen, wo du willst. Einfach an einem Ort mit guten Flugverbindungen.«

Ein greller Pfiff durch die Finger unterbrach das Gespräch. Am Abschlag warteten vier Spieler und zwei Caddies. Einer davon hatte gepfiffen. Florian und Basti hatten nicht bemerkt, dass sie einen Flight aufhielten. Beide machten eine entschuldigende Geste, und sie räumten das Green.

»Soll ich mich also umsehen?«

Sie erreichten das nächste Loch. »Ja«, sagte Basti, »schaden kann's nicht.«

Basti schlug ab. Wieder etwas unkonzentriert. Nach Florians Abschlag sagte er: »Weißt du noch? Ich habe immer gesagt, wenn ich am Fußball keine Freude mehr habe, dann höre ich auf.«

»Und an diesem Punkt bist du jetzt?«

»Nein, bin ich nicht. Ich bin an einem Punkt, an dem mir etwas anderes mehr Freude macht. Viel mehr.«

Florian nickte. »Ana.«

»Ja«, bestätigte Basti. »Ana.«

Wieder stand er auf dem Balkon des Rathauses und stemmte die Meisterschale in die Höhe. Aber er hielt sie nicht, wie in anderen Jahren, am häufigsten und am längsten.

Die Meisterschale war der einzige Pokal, den Bayern München in diesem Jahr gewonnen hatte. Die Saisonbilanz war zwar nicht so schlecht: Ein Halbfinale der Champions League hatten sie erreicht und ein Finale im DFB-Pokal und eines in der Meisterschaft, aber nur eines davon gewonnen. Insgeheim war Basti sicher, dass diese Bilanz viel besser gewesen wäre, wenn Guardiola ihn auf seiner Position hätte spielen lassen. Aber das behielt er natürlich für sich.

Er war ganz froh darüber, dass es nicht allzu viel zu feiern gab und dass seine Rolle auf dem Balkon am Marienplatz wie diejenige auf dem Fußballplatz diesmal nicht so zentral war. So konnte er sich nämlich bald diskret verdrücken. Ab nach Paris.

Es würde noch reichen fürs erste Match im French Open von Ana gegen Yaroslava Shvedova. Er würde zum ersten Mal ganz offiziell auf der Tribüne sitzen und sie anfeuern.

Für Ana lief es hervorragend in dieser Saison. Besser als für ihn. Sie hatte sich erholt von ihren Krisen und war zurzeit wieder in den Top Ten als Weltnummer sieben.

Er ließ sich unmerklich von den tanzenden und jubelnden Mannschaftskollegen an den Rand des Balkons treiben und schlüpfte bei günstiger Gelegenheit durch die Tür. Er verließ das Rathaus durch einen Hinterausgang. Dort erwartete ihn Steffen Hamann mit einer Baseball-Cap, einem Sakko und langen Hosen und einer großen Sonnenbrille.

Basti zog sich um, und Steffen führte ihn zu seinem Wagen. Sie schafften es, unerkannt zu entkommen. Und am Flughafen ließen sie Basti dank seiner Prominenz noch boarden, obwohl das Gate schon geschlossen war.

Kurz vor Ende des ersten Satzes saß er auf der Tribüne.

Er erschrak. Sie lag vier zu fünf zurück, und im sechsten Spiel stand es null zu dreißig für Yaroslava Shvedova und deren Aufschlag.

Nach einem langen Ballwechsel gewann Ana diesen Punkt. Es stand 15:30.

»Ajmoooooo, Ana!«, rief Basti.

Sie schaute zur Box, und er war sich sicher, dass sie ihm zugezwinkert hatte.

Der nächste Aufschlag von Shvedova ging ins Out.

Aber der zweite war ein Ass.

Ana hatte den ersten Satz verloren.

Aber den zweiten gewann sie.

Und den dritten auch.

Basti lag auf dem Rücken, Anas Kopf ruhte auf seiner Schulter. Das Fenster stand weit offen, der Tüllvorhang war vorgezogen und blähte sich manchmal im Nachtwind. Die Geräusche der niemals schlafenden Stadt Paris wehten herein.

»Paris Saint-Germain wäre auch ein guter Club«, sagte Basti. »Und eine Wohnung hier in der Gegend. Ich würde dir am Morgen die Croissants bringen. Und am Abend würden wir in eine der Brasserien im Viertel gehen.«

Ana stieß einen träumerischen Seufzer aus. »O ja. Das wäre schön.«

Eine Polizeisirene war zu hören, wurde lauter und verstummte in der Ferne.

»Oder der FC Barcelona. Eine gute halbe Stunde Flug zu meinem Haus in Mallorca.«

»Gute Idee«, fand Basti. »Und ich mache den Flugschein.«

Er spürte, dass Ana lächelte. Dann sagte sie: »München ist auch schön. Ich liebe München. Die Stadt, die Berge.«

»Es sieht einfach so aus, als wollten die mich nicht mehr.«

Ana hob den Kopf und küsste ihn. »Das kann ich mir nicht vorstellen. Alle wollen dich.« Sie gab ihm noch einen Kuss und schmiegte den Kopf wieder an seine Schulter.

Ein Windstoß blies die Gardine weit ins Zimmer herein. Einen Moment schwebte sie beinahe waagrecht, dann ließ sie sich wie erschöpft sinken.

»Als ich kam, hatte ich Angst, du würdest verlieren.«

Ana lachte. »Ich nicht«, sagte sie.

»So sicher warst du, dass du gewinnst?«

»Nein, nein, so habe ich es nicht gemeint. Ich meinte, falls ich verlieren würde, hätte ich dich, der mich trösten würde.«

Basti zog sie an sich. Als er den Arm wieder entspannte, sagte er: »So gewinnt man. Indem man keine Angst hat vor dem Verlieren.«

⚽

»Es muss etwas Wichtiges sein, dass wir uns hier treffen.«

Sie saßen auf derselben Parkbank wie bei ihrer ersten Begegnung im Hofgarten. Der Springbrunnen in der Mitte des runden, mit niedrigen Buchshecken eingefassten Kiesplatzes plätscherte. Nur ganz selten kamen Spaziergänger vorbei.

Basti hatte zwei Becher Kaffee geholt, und während Florian auf ihn wartete, war er mit seinem Handy seinen Geschäften nachgegangen, wie bei ihrem ersten Treffen hier.

Jetzt konnten sie ungestört sprechen.

»Es ist etwas Wichtiges«, bestätigte Florian. »Du stehst wieder am Scheideweg.«

»Bayern will mich nicht mehr.«

»Das weiß ich nicht, aber ein Angebot von ihnen liegt nicht vor.«

Florian machte eine Kunstpause.

»Aber?«

»Aber von Manchester United. Van Gaal will dich.«

Basti ließ das auf sich wirken.

Erst nach geraumer Zeit machte er: »Wow!«

»Beckham, Cantona, Schweinsteiger«, sagte Florian.

»Van Gaal«, ergänzte Basti.

»Einziges Problem: Ich habe vorgefühlt. Mehr als hier können wir wohl nicht herausholen.«

»Aber Pfund Sterling?«

Beide lachten.

»Soll ich verhandeln?«

»Auf jeden Fall. Manchester United! Weißt du, mit welchem Trikot ich auf dem Bolzplatz vor unserem Haus gespielt habe?«

Und ohne eine Antwort abzuwarten: »Eben.«

»Okay«, sagte Florian. »Und wenn Ana etwas dagegen hat?«

Ohne eine Sekunde nachzudenken, antwortete Basti: »Dann nicht.«

Sie saßen im kleinen ›Arancina‹, dem Italiener mit dem Fiat 500 im Schaufenster. Dem Auto, mit dem das Wirtepaar einst von Rom nach London gefahren war, um ein Restaurant zu eröffnen.

Die Pizza dort hieß »Paletta«, weil sie viereckig war. Basti fand sie wunderbar, und Ana widersprach ihm nicht.

In zwei Tagen begann Wimbledon, Basti hatte Urlaub und würde diesen als Fan und Assistent mit Ana verbringen.

Es hatte etwas geregnet, aber jetzt erhielt die Wolkendecke blaue Lücken.

Sie hatten gegessen, ein wenig Brunello getrunken und eine Zabaglione zur Nachspeise geteilt.

»Wollen wir noch einen kleinen Spaziergang machen? Wir sind in Notting Hill. Julia Roberts und Hugh Grant, kennst du den Film?«

»Natürlich.«

Sie schlenderten Hand in Hand durch die Straßen, bewunderten die Häuser mit ihren kunstvollen schmiedeeisernen Zäunen und den hübschen Gärten dahinter.

Vor einem großen alleinstehenden Haus blieb Basti stehen. Eine Buchshecke hinter dem Zaun verbarg dem Blick das Innere des Gartens. Nur durch das Gittertor konnte man gepflegten Rasen und sorgfältig getrimmte Buchse sehen.

Basti legte die Hand auf die geschwungene Türklinke.

»Was tust du da?«, fragte Ana erschrocken.

»Schauen, ob man hineinkann.«

Er drückte. Das Tor ging auf.

»Das dürfen wir doch nicht«, kicherte Ana.

Basti öffnete und ging voraus.

Der Garten glich einem kleinen Park. Er war geometrisch angelegt. Gemischte, mit niedrigen Buchshecken eingerahmte Rabatten voller Rittersporn, Lupinen, Flammenblumen und Zwergflieder flankierten die Rasenwege.

In einer streng getrimmten Buchsnische setzten sie sich auf eine Bank.

»Schön«, sagte Ana.

Basti nickte. Nach einer Weile sagte er: »Ich wollte dich etwas fragen.«

Ana blickte ihn verwundert an. Es war das erste Mal, dass Basti ankündigte, etwas fragen zu wollen.

Basti erhob sich von der Bank, nahm etwas aus der Hosentasche, das er in der Faust verbarg, und kniete vor Ana nieder.

Ana blickte überrascht auf ihn hinunter. Dann lachte sie. »Wird das ein Heiratsantrag?«

Basti blieb ernst. Er öffnete die Faust, nahm den Brillantring, der auf seiner Handfläche lag, zwischen Daumen und Zeigefinger und hielt ihn Ana hin.

Die Strahlen der Sonne, die die Regenwolken vertrieben hatten, ließen das Kleinod wie ein Feuerwerk funkeln.

»Möchtest du meine Frau werden?«

»Seriously?«, fragte sie.

Basti nickte eifrig. »O ja, ganz im Ernst.«

Sie nahm den Ring, steckte ihn an den Finger, kauerte sich zu ihm nieder und warf ihm die Arme um den Hals: »Yes! Of course! Oh, how sweet. Yes!«

In diesem Moment ertönte hinter einer der Buchshecken Applaus.

Eine Frau trat hervor. Sie hatte ein Tuch mit Gucklöchern über dem Kopf und zog es nun weg.

»Katja!«, schrie Ana und fiel der Frau um den Hals.

Und schon kam die nächste Vermummte hinter der Hecke hervor und gab sich zu erkennen.

Am Ende waren es dreiundzwanzig Freundinnen und Freunde. Und als Extra-Überraschung: Miloš, ihr Bruder.

Am Abend feierten sie im Quaglino's, einem Restaurant, das einst ein Ballsaal gewesen war. Dort hatte Queen Elisabeth ihren ersten offiziellen Walzer getanzt.

Die Frischverlobten ließen sich nicht dazu überreden, es ihr gleichzutun. Auch nicht zu vorgerückter Stunde.

Als sie einen Moment für sich hatten, fragte Ana: »Und was hättest du gemacht, wenn ich nein gesagt hätte?«

Basti zögerte. »Das hast du aber nicht.«

Ana lächelte. »Nein.«

»Siehst du.«

Ana schied in Wimbledon in der zweiten Runde aus.

Ihre erste Reaktion war: »Lass uns ein paar Tage irgendwohin fahren.«

»Wohin?«, fragte Basti.

»Irgendwohin, wo wir beide noch nie waren.«

»Da gibt es vieles.«

Beide dachten nach.

»Warst du schon mal in Venedig?«

»Nein, nur einmal in der Gegend als kleiner Junge.«

»Das zählt nicht. Lass uns nach Venedig fahren.«

Und nun saßen sie im üppig möblierten Wohnraum ihrer Suite vor den Resten ihres Frühstücks und blätterten in Zeitschriften.

Der stille Canal Grande vor dem Fenster war von Regentropfen durchsiebt, keine einzige Gondel war zu sehen, nur da und dort ein Vaporetto.

Gegenüber lagen die Basilica di Santa Maria della Salute und der Palazzo Salviati. Vor der Basilica stand eine Reisegruppe in bunten Regenumhängen.

»Etwas weiter vorne an diesem Canal haben George Clooney und Amal Alamuddin geheiratet«, erklärte Ana.

»Ich weiß.«

»Natürlich. Du Hochzeitsexperte.«

Der nächste Tag war strahlend schön. Sie machten eine kleine Ausfahrt mit einem Motorboot des Hotels.

In der Nähe der Rialto-Brücke fuhren sie am diskret beschrifteten Hotel der Clooney-Hochzeit vorbei.

Basti klopfte dem Bootsführer auf die Schulter und bat ihn, sie am Hotelsteg aussteigen zu lassen und zu warten.

An der Rezeption sagte Basti: »Bitte sagen Sie der Direktion, Ana Ivanović und Bastian Schweinsteiger würden sie gerne sprechen.«

Drei Minuten später kam eine elegante deutsche Dame und stellte sich als Managerin vor.

Eine knappe Stunde später stiegen Ana und Basti wieder ins Motorboot. In ihren Kalendern war jetzt ein Hochzeitstermin eingetragen.

Durch kleine Kanäle fuhren sie zurück zu ihrem Hotel. Unter jeder Brücke küsste Basti seine Braut. Es fehlte nur der Gesang eines Gondoliere.

Ihre Fahrräder lehnten sie an einen Baum am Viktualienmarkt und schlenderten zu ›Müller's frischgepressten Säften‹.

»Ich hoffe, du bist in Manchester noch fit genug ohne meine Säfte«, sagte Mauro, als er ihm den Orangen-Karotten-Sellerie-Saft reichte.

»Das hoffe ich auch«, antwortete Basti.

Ana nahm einen Granatapfel-Drink, weil er sie an Mallorca erinnerte. Sie stellten sich an die Theke und tranken ihre Vitaminbomben.

»Wir sollten längst in der Luft sein«, sagte Ana.

»Privatjets starten, wann die Passagiere wollen«, erklärte Basti. Aber er sandte trotzdem eine SMS mit einer neuen Startzeit. Es war an diesem Tag schon die dritte.

An der Isar stellten sie ihre Räder wieder ab und schlenderten am Ufer entlang flussabwärts bis zu Bastis Plätzchen. Sie zogen die Schuhe aus, setzten sich nebeneinander auf den großen Stein und schwenkten ihre Füße im Wasser.

»Glaubst du, der Fluss Irwell hat auch Heilkräfte?«, fragte Basti.

»Bestimmt«, versicherte Ana.

Sie spazierten zurück zu ihren Rädern und fuhren zur Wohnung, um sich für die Reise umzuziehen und das Gepäck zu holen.

»Ach, noch einen Abschieds-Espresso«, sagte Basti, als sie beim Hauseingang am ›Paradiso‹ vorbeigingen.

Mit über sieben Stunden Verspätung kamen sie schließlich am Flughafen an.

Bevor sie in die Falcon stiegen, mit der Manchester United sie abholen ließ, twitterte Basti noch für seine Fans: »Ich hoffe, ihr versteht mich. Ich werde euch immer in meinem Herzen tragen.«

Kurz vor dem Start sagte Basti zu Ana: »Vielleicht hätte ich doch zur Saisoneröffnungs-Party für die Fans gehen und mich persönlich verabschieden sollen.«

Ana legte ihre Hand auf seine. »Das kannst du ja immer noch.«

Und die Maschine hob ab in die Zukunft.

Die Ärzte von Manchester United hatten ihn zwar für fit genug befunden, aber der Trainer nicht. Bei seinem ersten Einsatz musste Basti die ersten fünfzig Minuten noch das hellgrüne Leibchen des Ersatzspielers tragen, bis er sich warmlaufen durfte. Doch als er dann im Trikot der roten Teufel eingewechselt wurde, begrüßten ihn die fünfundsiebzigtausend Fans mit einem herzlichen Applaus.

Basti betrat den Platz mit dem Selbstvertrauen des Weltmeisterkapitäns, gab sofort Anweisungen, wie er es gewohnt war, und riskierte mit einem taktischen Foul bereits in den ersten Minuten eine gelbe Karte, die er auch prompt bekam.

Sie siegten knapp mit eins zu null, und Basti war auch ganz zufrieden mit sich. Die Presse weniger. Sie schrieb, der »Kraut« habe wohl zu viel Sauerkraut gegessen, und seine Hose könnte als Großsegel beim America's Cup dienen, und er habe etwas Mühe bezeugt mit dem Tempo. Aber Basti machte sich nichts draus, man hatte ihn vor der englischen Presse gewarnt.

Beim Videochat mit Ana sagte er: »Erstens esse ich kaum Sauerkraut. Und zweitens macht Sauerkraut nicht dick.«

»Sauerkraut nicht«, entgegnete Ana, die viel Erfahrung besaß mit der richtigen Ernährung, »aber das, was man dazu isst. Speck und Würste und Schinken. Alles Sachen, die du magst.«

Basti begann, das Krafttraining zu intensivieren und das Essen zu reduzieren. Aber ohne Erfolg. Er hatte immer wieder kleinere Beschwerden, die ihn daran hinderten, mit voller Kraft zu trainieren. Er erfüllte van Gaals Erwartungen nicht. Und seine eigenen noch weniger.

Sein Lieblingsphysio bei Bayern, Fredi Binder, war wie Basti bei Pep Guardiola in Ungnade gefallen und hatte Zeit. Einmal die Woche ließ Basti ihn einfliegen.

Das Haus in Hale sah aus wie eine Parodie auf den örtlichen Baustil. Es war aus dem typischen roten Backstein gebaut, und die Giebel waren noch steiler und spitzer als die traditionellen. Die Fenster waren groß und ließen eine Menge Licht in die unzähligen Räume, das Fitnesscenter und das Hallenbad.

Es lag am Ortsrand im Prominentenviertel. Und es war langweilig, wenn Ana nicht da war. Sie war nicht oft da. Sie trafen sich zwar täglich im Internet, aber je nachdem, wo Ana sich gerade befand, machte die Zeitverschiebung diese Treffen etwas umständlich.

Das Leben eines Fußballers lief geregelter ab als das einer Tennisspielerin. Fußballer genossen meistens feste Arbeitszeiten und freie Tage. Sie hatten mit ihren Clubs Heimspiele und Auswärtsspiele, und sie bestritten eine Handvoll Turniere, die ihre Kalender nur dann durcheinanderbrachten, wenn sie besonders erfolgreich waren.

Im Tennis war das anders. Ana spielte ein Turnier, und wenn es gut lief, spielte sie eine Runde weiter und noch eine weiter, vielleicht bis ins Finale. Und wenn sie es gewann, blieb ihr meistens keine Zeit zum Feiern. Dann packte sie ihre Sachen und reiste zum nächsten Turnier und begann wieder bei null. Es interessierte niemanden, wie lange sie gereist war und wie wenig sie geschlafen hatte.

Wenn sie im nächsten Turnier gewann, verschob sie ihre Abreise, wenn sie verlor, musste sie umdisponieren. Natürlich hatte sie Leute, die das für sie organisierten. Und Leute, die sie trainierten. Und solche, die sie massierten. Und solche, die sie pflegten. Ana hatte, wie alle Topspielerinnen, ein ganzes Team, das sie betreute und mit ihr reiste. Und das sie bezahlte.

Basti lag auf dem Massagebett im Fitnessraum seines Hauses, und Fredi arbeitete an seinem rechten Bein. Es lief *Lovesong* von Adele. »Whenever I'm alone with you, You make me feel like I am home again«, sang sie.

»Du vermisst sie«, sagte Fredi.

»Immer. Von der ersten Sekunde an, nachdem sie in der Sicherheitskontrolle verschwunden ist.«

»Soll ich nicht fröhlichere Musik machen?«

»Nein. Das passt perfekt zu meiner Stimmung. Mach es lieber noch etwas lauter.«

Fredi drehte die Lautstärke der Anlage auf.

Als der Song zu Ende war, sagte Basti: »Jetzt einmal ganz ehrlich: Glaubst du, ich werde jemals wieder fit?«

Fredi zögerte ein wenig. Dann antwortete er: »Ja.«

»So wie früher?«

Wieder zögerte sein Physio. »Wie früher nicht. Aber fit genug.«

»Genug wofür? Dass mich van Gaal nicht mehr auf der Bank versauern lässt oder vorzeitig auswechselt wie gestern gegen Wolfsburg?«

»Fit genug wärst du schon jetzt. Du kannst auch ein Match entscheiden, ohne topfit zu sein.«

»Und weshalb spiele ich dann nicht?«

»Du kennst doch die englische Presse. Wenn du einen Fehler machen würdest, bekäme van Gaal die Prügel. Umdrehen, bitte.«

Basti drehte sich auf den Rücken, und Fredi machte sich am rechten Knie zu schaffen.

»Und Löw? Meinst du, der nimmt mich nächstes Jahr mit zur EM, wenn ich hier kaum gespielt habe?«

Fredi nickte. »Klar. Jogi hat keine Angst vor der Presse. Wenn du fit bist, bist du dabei.«

»Dann mach mich fit.«

Basti schloss die Augen und dachte an Ana. Sie war in Bejing und hatte gestern das Viertelfinale gewonnen. Er freute sich für sie. Aber der Gedanke, dass er sie morgen in die Arme hätte schließen können, wenn sie verloren hätte, ließ ihn auch nicht ganz los.

»Wie viel Uhr ist es?«, fragte er.

Fredi grinste. »Hier oder in Bejing?«

Früh am Morgen hatte es ausgesehen, als würde es einen trockenen Tag geben. Sie saßen an der Theke der durchgestylten Küche und frühstückten. Basti hatte seine Spezialität zubereitet: Fünf-Minuten-Eier. Ana hatte auf der Hamilton-Beach-Presse Orangensaft gemacht. Jenny, ihre Haushälterin, würde erst in einer halben Stunde eintreffen, sie waren noch ganz alleine im großen Haus.

Es war fast ein Tag von der Art, nach der sich Ana immer mehr sehnte. Man stand auf, plauderte ein wenig, ging seiner Tätigkeit nach, besprach die Pläne für den Abend. Ein ganz normaler Tag ganz normaler Leute. Mit dem Unterschied, dass es bei den Tätigkeiten, denen sie nachgingen, bei ihnen beiden gerade nicht so gut lief. Basti war nicht in Bestform und wurde von den Medien und dem Trainer kritisiert. Und sie, die sich im letzten Jahr endlich wieder auf Platz 5 der Top Ten befand, war auf Platz 16 abgerutscht.

Für Basti war Fußballspielen nicht mehr einfach das, was er am liebsten tat, sondern hartes Training auf dem Übungsgelände der Red Devils.

Und Anas Spiel auf »The Northern« in West Didsbury, wie die Insider den Northern Lawn Tennis Club nannten, war Tennisarbeit. Kein Vergnügen.

Im neuen Jahr würde es schon wieder vorbei sein mit den fast normalen Tagen. Dann musste sie gleich nach Silvester nach Neuseeland und danach nach Australien.

Sie beendeten ihr Frühstück und verabschiedeten sich zärtlich. Wie immer, als würden sie sich monatelang nicht mehr sehen.

»Du bist in Gedanken schon in Australien«, sagte Basti. »Ich sehe es dir an.«

Ana lachte. »Das muss ich noch üben, das mit dem Jetzt.«

⚽◌

Es blieb nicht trocken. Die graue Wolkendecke sank immer tiefer auf die Plätze und überzog die kurzen Grashalme mit Tau. Bald würde sich der Nebel in Niesel verwandeln. Für ihr Training spielte das keine Rolle, sie trainierte ohnehin immer in der Halle. Aber ihre Stimmung war besser, wenn der Himmel etwas heller war.

André, ihr Sparringpartner, erwartete sie schon.

Sie übten Aufschläge, Aufschläge, Aufschläge. Es hatte eine Zeit gegeben, da war sich die Tenniswelt einig, dass ihre die besten des Damentennis waren. Aber im Moment waren sie das nicht. André konnte zwar kaum einen davon retournieren, aber ihren Topgegnerinnen gelang das in letzter Zeit immer besser.

Früher als sonst sagte Ana: »Let's call it a day.« Sie nahm ihre Schlägertasche und trug sie zu den Umkleidekabinen.

Im Lawn Room, der großen Bar des Clubhauses, setzte sie sich an eine der Glastüren, bestellte einen Cappuccino und blickte auf die gepflegte Parklandschaft hinaus.

Als sie zum ersten Mal das Fachwerkhaus am Rande von West Didsbury betrat, war sie überrascht gewesen von der unvermuteten Idylle so nahe an der Metrostation und den verkehrsreichen Straßen des geschäftigen Vororts. Im Sommer standen die Glastüren weit offen, und die einzigen Geräusche, die zu hören waren, waren die der Bälle. Die Vorstellung gefiel ihr, hier mit Basti manchmal etwas Zeit zu verbringen nach ein paar spielerischen Sets. Ohne Druck, ohne beobachtet zu sein, ohne gewinnen zu müssen.

Das »Nicht-gewinnen-Müssen« war für sie allerdings nicht ganz einfach.

Wenn sie als kleines Mädchen mit ihrer Großmutter *Mensch ärgere dich nicht* spielte, ließ die Oma sie immer gewinnen. Denn wenn Ana verlor, ärgerte sie sich fürchterlich. Wenn also die Zahlen, die sie würfelte, sie auf ein Feld brachten, das ihr nicht passte, ließ Oma sie so lange weiterwürfeln, bis die richtige Zahl herauskam.

Auch im *Memory* musste sie gewinnen. Sie war zwar nicht gut in diesem Spiel, aber sie hatte zu gewinnen.

Carol, die Bedienung, brachte den Cappuccino. Im selben Moment verwandelte sich der Nieselregen in einen strömenden Regen. »Lovely day today«, scherzte Carol.

Ana hing weiter ihren Gedanken nach.

So war es bis heute geblieben. Sie musste gewinnen. Sie liebte Tennis. Aber noch mehr liebte sie das Gewinnen.

Starker Wind ließ nun den Regen gegen die Scheiben prasseln. Ana nahm einen Schluck vom Cappuccino und wischte sich den Schaum mit der Papierserviette des Clubs von den Lippen.

Ihr größter Sieg war, die Weltnummer eins geworden zu sein. Dass es ihr gelungen war, sich in sechs Jahren auf Platz fünf der Top Ten zurückzukämpfen, lag daran, dass sie sich beweisen wollte, dass sie noch immer siegen konnte.

Aber jetzt war sie wieder auf Platz sechzehn zurückgefallen, und wenn sie ganz ehrlich zu sich war – und das war sie an diesem verregneten Vormittag in West Didsbury –, musste sie sich eingestehen, dass sie das Siegen zwar noch immer liebte, aber dass es mit ihren Verletzungen immer schwieriger wurde. Und dass Niederlagen erträglicher geworden waren, seit sie diese mit jemandem teilen konnte.

Sie trank die Tasse aus und wusste plötzlich, warum. Weil es noch etwas gab, das sie liebte.

Danach zu Basti nach Hause zu kommen.

Ana hatte den ersten Satz gegen Madison Keys 4:2 gewonnen und führte im zweiten 1:0, als ein vielstimmiges Aufstöhnen durch die Rod-Laver-Arena ging. Es kam aus der Richtung ihrer Spielerbox.

Sie beförderte den Ball ins Aus und näherte sich der Tribüne. Ihre Gegnerin folgte ihr.

Bei der Treppe zur Box bildete sich eine Menschenansammlung. Offizielle und Sanitäter eilten herbei. Der Schiedsrichter kletterte von seinem Hochsitz herunter, sprach kurz mit einem Offiziellen und ging dann zu den Spielerinnen.

»Was ist los?«, fragte Ana.

»Nigel Sears ist zusammengebrochen.«

»Nigel? No!«, rief Ana aus. »No!«

Sears war ihr Coach. Sie hatte ihn nach ihrer Wimbledon-Niederlage 2013 entlassen und im Sommer 2015 wieder engagiert.

Die Ränge in der Nähe des Vorfalls wurden geräumt, Sanitäter und Mitglieder ihres Teams beugten sich über Nigel.

Ana blickte ängstlich hinauf. Mach, dass es nichts

Schlimmes ist, betete sie stumm. Mach, dass er gleich wieder aufsteht.

Aber jetzt wurde eine Trage gebracht. Ein Raunen ging durch die Arena.

Kurz darauf wurde der Coach unter dem mitfühlenden Applaus der Zuschauer hinausgetragen. Die Spielerinnen gingen in die Kabinen und wartete, wie die Zuschauer, wie es weiterging.

Ana versuchte, Basti anzurufen, aber sie erreichte ihn nicht. Er war etwas früher nach München gereist zu einem Marketingevent für die Europameisterschaft, und es war dort kurz vor Mittag.

Sie setzte sich auf den Polstersessel, und ihr kamen die Tränen. Schon wieder, dachte sie. Vor zwei Tagen war ihr Zweitrundenspiel gegen Sevastova über eine halbe Stunde unterbrochen worden, weil eine Zuschauerin die Treppe hinuntergestürzt war und sich eine schlimme Kopfverletzung zugezogen hatte. Der Zwischenfall hatte sie mehr mitgenommen, als sie sich erklären konnte, obwohl sie die Verletzte nicht kannte.

Und jetzt das. Was hatte es zu bedeuten? Ein Zeichen?

Sie begann, Basti eine SMS zu tippen, als es klopfte. Ein Offizieller betrat die Kabine, und sie sprang auf. »Wie geht es ihm?«

»Er macht schon wieder seine schlechten Witze und will einen Fernseher im Zimmer, um die Fortsetzung des Spiels zu sehen.«

»Gott sei Dank!«

»Madison ist bereit weiterzuspielen. Einverstanden?«

Ana überlegte einen Moment. Sie hob beide Hände etwas in die Höhe und schaute sie an. Sie zitterten. Aber sie sah es nicht, sie spürte es nur.

»Okay.«

Nach einer Unterbrechung von einer knappen Stunde spielten sie weiter.

Doch Ana fand den Rhythmus nicht mehr und verlor.

Sie gab keine Interviews, zog sich sofort um und ließ sich zu Nigel ins Krankenhaus fahren.

Er empfing sie mit angestrengter Fröhlichkeit. »Anscheinend sind mir die Sushi gestern nicht bekommen.«

»Du hinkst ein bisschen«, sagte Holger Badstuber.

Jogi Löw hatte Kapitän Schweinsteiger und etwa dreißig Spieler nach München eingeladen, um sie auf die EM vorzubereiten. Der Teammanager, Oliver Bierhoff, hatte den Anlass als »Startschuss für die EM« bezeichnet. Man wollte das Team auf den Fokus dieses Turniers einschwören. Und der hieß: endlich den vierten EM-Titel holen.

Jetzt war der Anlass zu Ende, und Basti hätte wieder nach Manchester zurückkehren können. Aber er hatte keine Eile, Ana war noch in Melbourne, und van Gaal hatte keine Verwendung für ihn. Er wollte auch, dass Mull sein Knie untersuchte.

Also hatte er die Rückkehr auf den nächsten Tag verschoben und sich mit Holger Badstuber, der nicht beim Anlass dabeigewesen war, und Manuel Neuer zu einem sentimentalen Treffen in seinem früheren Viertel verabredet. Sie saßen in seinem Münchner Stammlokal ›Monaco‹.

Bastis Besuch hatte bei Wirt und Personal und vielen Gästen ein großes Hallo ausgelöst. Und bei Basti ein wenig Heimweh nach früher.

Er nahm das Thema wieder auf. »Ich hinke seit dem Spiel gegen Sheffield. Das Knie.«

»Schlimm?«, fragte Neuer.

»Ich dachte, nein. Ich habe mich kurz pflegen lassen und dann weiter bis zum Schluss gespielt.«

»Keine gute Idee«, bemerkte Holger.

»Vielleicht nicht. Aber ich wollte van Gaal nicht einen neuen Grund für die Bank geben.«

»Pass bloß auf, dass du es an die EM schaffst«, sagte Manuel.

»Ihr kennt mich. Ich bin Turnierspieler. Wenn es darauf ankommt, bin ich immer fit.«

»Und wenn nicht?«

»Gebe ich dir die Binde.«

»Super«, brummte Neuer sarkastisch.

Holger lachte.

»Sorg du lieber dafür, dass du fit bist bis Mai«, befahl ihm Basti.

»Bleibe«, korrigierte Badstuber. »Ich bin fit.«

Die drei Pizzen wurden gebracht.

Das Endspiel der Australian Open verfolgten Basti und Ana am großen Bildschirm in ihrem Haus in Hale.

Sie hatten bis zum Aufschlag an der Gästeliste für ihre Hochzeit gesessen. Morgen sollte Florians Büro die überarbeitete Liste erhalten und an die Gäste das streng vertrauliche *Save the Date* für den 12. bis 14. Juli 2016 verschicken.

Jenny hatte ihnen Tee gemacht und ihre unvergleichlichen Sandwiches zubereitet.

Anas Freundin Angelique Kerber spielte gegen Serena Williams, die Nummer eins des Turniers und der Welt. Sie hatte den ersten Satz 6:4 gewonnen, den zweiten 3:6 verloren und führte nun im dritten 5:4. Eine Sensation lag in der Luft: der erste deutsche Grand Slam seit Steffi Grafs French-Open-Triumph 1999. Und die Weltnummer zwei für Angie.

Als es im dritten Satz 5:3 für Angie stand und sie 0:30 führte, hielt nichts mehr Ana auf dem Sofa.

Aber Serena verkürzte mit einem Break auf 4:5.

Angelique blieb noch die Chance, mit einem Gegenbreak das Spiel, den Satz und das Match zu gewinnen.

Es wurde ein Hitchcock-Finale.

Angelique führte mit 15:0, mit 30:0.

Serena glich auf 30:30 aus.

Angie erhöhte auf 40:30.

Basti stand jetzt auch.

Serena glich auf 40:40 aus.

Angie machte den Punkt. Vorteil Kerber.

Serena schlug auf.

Angie retournierte.

»Yess!!«, schrie Ana.

Serena retournierte und rannte ans Netz.

Angies Return war scharf.

Serena machte einen Stoppball am Netz.

Aber sie unterschätzte die Schärfe des Balls ein wenig, und der flog weiter, als sie gewollt hatte.

Angie rannte zu ihm und hätte ihn wohl nicht mehr erreicht.

Aber dann sah sie, wie er jenseits der Rücklinie aufsprang.

Sie ließ den Schläger los und sich mit ausgestreckten Armen auf den Boden fallen.

Ana und Basti schrien auf und lagen sich in den Armen.

Jenny kam erschrocken herein.

»Everything okay?«, fragte sie.

Sie reservierten für den Abend einen Tisch bei ›San Carlo‹, ihrem Lieblingsitaliener, um den Sieg der Frau, der sie verdankten, dass sie einander kennengelernt hatten, gebührend zu feiern. Basti twitterte Angie: »Yeeeeeees! Gratulation zu diesem historischen Sieg!!!«

Dann wandten sie sich wieder der Arbeit an der Gästeliste zu.

Ana kehrte zurück in ihr unstetes Tennisleben. Sie reiste nach Sankt Petersburg und schied dort im Halbfinale aus.

Nach einem kurzen Zwischenhalt in Manchester flog sie weiter nach Dubai.

Basti hingegen schob ganz gegen seinen Willen eine ruhige Kugel. Er hatte sich das Knie beim Training wieder verletzt und musste erneut nach München zu Mull, um sich untersuchen zu lassen.

Trainer van Gaal, der wegen der Leistungen der Roten

Teufel immer mehr in der Kritik stand, reagierte wie viele Kritisierte: Er reichte die Kritik weiter. Er erklärte den Medien, dass er Schweinsteiger gesagt habe, er erwarte mehr von ihm. Seine Ansprüche an ihn seien höher.

Basti steckte das, wie es seine Art war, weg, ohne auf die körperlichen Gründe dafür hinzuweisen. Er widersprach auch nicht van Gaals Unterstellung, die Ursache für die schwachen Leistungen gehe von seinem Kopf aus.

Der Trainer verordnete ihm einen kleinen Urlaub, damit er den Kopf frei bekomme.

Auch dem widersprach Basti nicht.

Glenn und Lilly Smith standen Arm in Arm auf der Rolltreppe vor der Glaswand der Lobby des Jumeirah Creekside Hotels in Dubai. Sie waren zehn Tage auf Hochzeitsreise, für beide war es die zweite. Glenn besaß mehrere Autowerkstätten in Lancashire und Lilly drei auf Extensions spezialisierte Frisiersalons in Manchester. Für beide war es das erste Mal seit Jahren, dass sie so lange der Arbeit fernbleiben konnten. Und in Fünf-Sterne-Luxushotels stiegen sie normalerweise auch nicht ab.

Sie waren auf dem Weg in die Bar hinunter für einen Cocktail oder zwei. Danach hatten sie einen Tisch für das Abendessen reserviert.

Auf der Rolltreppe, die hinauffuhr, kam ihnen ein Paar entgegen. Sie eine großgewachsene Schönheit mit langem schwarzem Haar, die ihren blonden gutaussehenden Begleiter mit grauen Schläfen um zwei, drei Zentimeter überragte.

Als sie einander begegneten, nickten sie sich zu.

Die Smiths waren noch nicht richtig außer Hörweite, als Glenn herausplatzte: »Das war Schweinsteiger!«

Und Lilly ergänzte: »Mit Ana Ivanović, seiner Verlobten.«

»Genau. Die spielt hier die Duty Free Championship.«

»Und er?«

»Ich dachte, der sei am Knie verletzt«, antwortete Glenn.

Am nächsten Tag schrieb die englische Boulevardpresse über Basti: »Er scheint Tennis mehr zu lieben als Fußball.«

Ana twitterte über Bastis Überraschungsbesuch: »The Power of Love.«

Einen Monat später traf sich die deutsche Nationalmannschaft zu den ersten Vorbereitungsspielen für die EM. Zuerst ein Testspiel gegen England, danach eines gegen Italien.

Zwei Tage vor dem Spiel gegen England, einem lockeren Trainingsspiel, passierte es. Bastis Knie durchzuckte ein Schmerz, den er kannte. Er kam von der Stelle, die ihn in den letzten Wochen beim Spielen immer wieder behindert hatte und von der er gehofft hatte, sie gebe nun endlich Ruhe: dem Innenband.

Er humpelte zur Kabine und wusste, dass seine nächste Station Dr. Müller-Wohlfahrt sein würde.

Als er sein Handy aus dem Spind holte, war es voller Nachrichten und entgangener Anrufe von Ana. Immer wieder mit der dringlichen Frage: »Everything okay, Darling?????« Oder der nicht weniger dringlichen Bitte: »Please call!!!!«

Ana war in Key Biscayne beim Miami Open. Er hatte wegen der Zeitverschiebung noch keinen Kontakt mit ihr gehabt. Er rief sie an.

Sie meldete sich sofort. »Alles okay?«, fragte sie.

»Es geht so.«

»Warum?«, fragte sie erschrocken.

»Wieder das Knie.«

»Gott sei Dank, nur das Knie«, stieß Ana erleichtert aus und erzählte ihm, worüber sie sich Sorgen gemacht hatte. Sie hatte mit Verspätung von den Terroranschlägen in Brüssel mit dreißig Toten und Hunderten Verletzten erfahren und gehört, dass die Terroristen es auf die Fußballeuropameisterschaft abgesehen hätten.

»Hoffentlich wird die EM abgesagt.«

Basti beruhigte Ana mit dem Trost, dass er vielleicht gar nicht teilnehmen könne. Dann musste er sich verabschieden. Der Trainerassistent holte ihn zur Pressekonferenz.

Die Journalisten beruhigte er mit einem anderen Trost: dass es seine Spezialität sei, rechtzeitig für Turniere wieder fit zu sein.

Aber nach der gründlichen Untersuchung stellte sich heraus, dass fast die Hälfte des Innenbands des Knies gerissen war.

Mindestens vier Wochen absolute Ruhe verordnete ihm Mull. Erst danach würde er, wenn alles gutging, mit ersten

Belastungsübungen beginnen können, etwas Treten auf dem Ergometer-Fahrrad, danach Stabilisierungsübungen, danach Laufeinheiten ohne Ball. Erst Anfang oder Mitte Mai würde er das Training mit der Mannschaft wiederaufnehmen können.

Die EM in Frankreich begann am 10. Juni, er würde also sehr wenig Spielpraxis haben, wenn es losging. Abgesehen davon machte die erneute Verletzung seine Situation bei Manchester United auch nicht besser.

Aber langweilen tat er sich nicht. Jeden Tag war er mit Prinz Antonio Licata di Baucina, dessen Firma die Hochzeit in Venedig organisierte, in Kontakt und traf Entscheidungen. Welche Blumen in welchen Farben sollen die Dekorationen dominieren? Wie soll der Brautstrauß aussehen? Wie die Sträuße der Brautjungfern? Zu welcher Musik betreten Braut und Brautvater die Kirche? Und zu welcher verlässt sie das Brautpaar wieder? Wer von den Gästen wohnte im ›Bauer‹? Wer im ›Cipriani‹? Und wer im Aman Resort?

Eine wichtige Entscheidung hatte er schon ganz am Anfang getroffen: Er würde den Event nicht wie Beckham oder Clooney gegen die Exklusivrechte an ein Magazin verhökern. Er würde jeden Cent aus der eigenen Tasche bezahlen. Das war sein Fest.

Die Tischordnung war das aufwendigste Projekt. Immer wieder tauschten Basti und Ana neu korrigierte Entwürfe der Tische aus, und wenn sie dachten, dass sie nun endlich die perfekte Lösung hätten, stießen sie auf eine neue Unmöglichkeit, die die Ordnung wie Dominosteine umfallen ließ.

Im April, als Anas Tour sie wieder in die Nähe führte, nach Stuttgart zum Porsche Grand Prix, konnten aufmerksame Beobachter ihn trotz tief in die Stirn gezogener Baseball-Cap erkennen. Er saß in den VIP-Reihen und feuerte Ana an. Vergeblich leider. Sie schied bereits in der zweiten Runde aus. Was den Vorteil hatte, dass sie ein paar Tage zusammen an den Hochzeitsvorbereitungen arbeiten konnten.

Danach musste sich Ana, inzwischen auf Platz neunzehn abgerutscht, wieder von ihrem Bräutigam verabschieden. Erst kurz vor dem großen Tag würden sie sich wiedersehen.

⚽

Wie vor zwei Jahren, vor der WM in Brasilien, lautete die Frage: Schafft es Schweinsteiger?

Wenn man ihn fragte, war die Antwort ein klares Ja. Er sei besser in Form als damals vor der WM. Es sei nicht das erste Mal in seiner Karriere, dass er in einer schwierigen Situation stecke, und es werde auch nicht das erste Mal sein, dass er sich daraus herauskämpfe.

Auch sein Physiotherapeut und Dr. Müller-Wohlfahrt waren optimistisch, was den Genesungsprozess anging.

Die Presse hingegen war skeptisch. Weshalb den alten Mann noch mitnehmen, der seit bald drei Monaten keine Spielpraxis hatte? Wen man doch an seiner Stelle alles hätte mitnehmen können.

Ende Mai musste Jogi Löw im Trainingslager von Locarno seinen definitiven Kader bekanntgeben. Würde Schweinsteiger dabei sein?

Basti war dabei, aber nur auf der Bank. Nach dem eins zu null durch Shkodran Mustafi in der 19. Minute musste er zuschauen, wie Deutschland zwei Halbzeiten lang seinen Rhythmus suchte, wie es mit der Abstimmung haperte, wie die Eins-zu-null-Führung gegen die Ukraine nur dank Neuers Akrobatik und einer spektakulären Rettungsaktion durch Boateng hielt.

Doch kurz vor Spielende forderte Löw ihn auf, sich warmzulaufen.

Als die Zuschauer sahen, dass der lange vermisste Kapitän sich anschickte, auf den Platz zu gehen, ging ein Raunen durch das Stadion. Und Jubel brach aus, als Basti die Außenlinie überschritt und zu laufen begann. Und zu traben. Und zu rennen. Und zu sprinten.

Er sah den Pass an Mesut Özil, wie er ihn annahm, wie er sich links freilief und den ukrainischen Verteidiger versetzte.

Er sah, wohin Mesut den Ball spielen müsste, damit er ihn erreichte und so traf, dass er für den Torhüter unerreichbar sein würde.

Basti dosierte sein Tempo so, dass er knapp hinter der Offside-Linie blieb und doch genau dort sein würde, wo er sein müsste, wenn Mesuts Pass landete.

Mehr zur Bestätigung als zur Aufforderung deutete er für seinen Mitspieler auf die Stelle.

Er spürte keinen Schmerz. Sein Knie, seine Beine, sein ganzer Körper fühlten sich an wie damals, als er auf dem Platz des FV Oberaudorf nichts spürte als die Freude auf das Tor, das er gleich machen würde.

Und der Ball landete, und sein Fuß war dort und lenkte ihn elegant am Torhüter vorbei ins Netz.

Der Jubel, der aufbrandete, trug ihn über den ganzen Platz. Alle, an denen er vorbeikam, klatschte er ab, und er sprintete bis zu Manuel Neuer und sprang ihn an wie ein glücklicher Junge seinen Papa.

Noch in der Nacht twitterte Bastis Bruder und bester Freund: »Zu alt! Zu schwer! Zu langsam! Zenit überschritten! Booooooooooooom! Bastian Schweinsteiger nie abschreiben!!!!«

Ein kleiner Dauerregen in Mallorca unterstrich die Traurigkeit von Bastis Ankunft aus Marseille.

Er war mit seiner Mannschaft im Halbfinale gegen Frankreich ausgeschieden. Und er war nicht unschuldig daran.

Basti hatte von Anfang an gespielt, und es war ein gutes Spiel, das er zeigte. Er führte es von hinten, wie in seinen besten Tagen, stand immer am richtigen Ort, war der souveräne Stratege.

Deutschland dominierte, nur das erste Tor fehlte noch.

Kurz vor der Halbzeit gab es einen Eckball für Frankreich. Antoine Griezmann schlug den Ball mit etwas Unterschnitt, und Basti gab alles, um ihn irgendwie noch zu erreichen.

Er sprang hoch, aber Patrice Evra sprang Nanosekunden früher.

Bei einem kraftvollen Sprung in die Höhe machen sich

manchmal die Hände selbständig. Dies tat Bastis Rechte, und bevor er den Reflex noch unterdrücken konnte, berührte sie den Ball.

Der Schiedsrichter besprach sich kurz mit dem Assistenten – und gab Strafstoß.

Griezmann verwandelte.

In der zweiten Halbzeit kämpfte Basti wie ein Löwe, um seinen Fehler wiedergutzumachen. Doch in der zweiundsiebzigsten Minute verwandelte Griezmann einen Abwehrfehler der Deutschen in sein zweites Tor.

Deutschland musste nach Hause. Und Basti direkt nach Mallorca zu Ana.

Sie wartete am Ausgang des Terminals. Er ging lächelnd auf sie zu und winkte ab.

Sie fielen sich in die Arme und hielten sich lange.

Auf der Fahrt in Anas Haus sprachen sie nur über die Hochzeit in einer Woche.

Ana mied das Thema Europameisterschaften. Falls Basti darüber reden wollte, würde er davon anfangen.

Sie waren schon fast zu Hause, als er sagte: »Das war mein letztes Spiel für die Nationalmannschaft.«

»Wirklich?«, fragte Ana überrascht. »Und was sagt Jogi Löw dazu?«

»Er weiß es noch nicht.«

»Das letzte Spiel«, seufzte Ana. »Und ihr verliert es. So ein Pech!«

Er legte den Arm um ihre Schulter und lächelte: »Pech im Spiel, Glück in der Liebe.«

Und wieder verfolgte Basti fasziniert eine Traumhochzeit. Diesmal seine eigene.

Er sah sich am von Blumen überbordenden Altar stehen. Die Gäste – Familie, Freunde, Wegbegleiter, alle, die er mit einem gecharterten Jet hatte einfliegen lassen, ohne ihnen zu verraten, wohin es ging – hatten sich erhoben. Die Kirchentür stand offen, und ein paar Sonnenstrahlen fielen herein.

Jetzt verdunkelte sich die Türöffnung ein wenig, und zwei Schatten fielen auf den Marmorboden.

Die schönste Frau der Welt betrat am Arm ihres Vaters gemessenen Schrittes den Mittelgang der Kirche.

Athair ar Neamh Dia linn erklang, Vater im Himmel, Gott segne uns. Die Musik, die sie sich ausgesucht hatten und die Sofia und ihren Vater bei der Trauung mit Prinz Carl Philip von Schweden an den Altar begleitet hatte.

Ana trug ein schulterfreies Kleid, dessen Corsage bestickt und mit kleinen Schwanenfedern besetzt war. Basti glaubte, das leise Schleifen der langen Schleppe zu hören. Dann verschwammen die Bilder vor seinen Augen.

Er wischte sich die Tränen weg und sah Patrick, seinen Trauzeugen, lächeln.

»Ich hab dich gewarnt«, flüsterte Basti ihm zu.

Miroslav begleitete seine Tochter bis zu ihrem Bräutigam, nickte ihm zu und begab sich zu seiner Frau Dragana, die bei den nächsten Angehörigen stand, Bastis Eltern Moni und Fred, den Brüdern des Brautpaars, Tobi und Miloš.

Als sie sich das Jawort gaben, sah Basti seine Frau noch einmal sehr verschwommen.

Gemessen schritten sie durch die alte Chiesa dell'Abbazia della Misericordia zum Ausgang, gefolgt von ihren Familien, der Trauzeugin und dem Trauzeugen.

Etwa auf halbem Weg spürte Ana einen kleinen Ruck am Kopf, und die Schleppe löste sich aus ihrer Befestigung. Sie machten sie wieder fest und schritten weiter.

»Jemand ist draufgetreten«, flüsterte Ana.

»Vielleicht Mum«, vermutete Basti. »Ein letzter Versuch, mich festzuhalten.«

Vor dem Kirchentor wurden sie von der Sonne begrüßt, von ihren Gästen mit Blütenblättern beworfen, geküsst und beglückwünscht.

Es brauchte viele helfende Hände, um das Paar mitsamt der gewaltigen Schleppe in dem polierten Mahagoni-Motorboot zu verstauen, das an der Anlegestelle vor der Kirche wartete.

Dann fuhr das Boot mit dem Traumpaar Richtung Rialto-Brücke davon. Hinter sich eine weiße Schleppe. Noch länger als die der Braut.

Nach der Hochzeitsreise veröffentlichte Basti auf seinen Kanälen diesen Brief:

Manchester, den 29. Juli 2016

Liebe Fans der deutschen Nationalmannschaft,
ich habe soeben den Bundestrainer gebeten, mich in Zukunft bei der Nominierung für die Nationalmannschaft

nicht mehr zu berücksichtigen, da ich gerne zurücktreten möchte. Mein Dank gilt den Fans, der Mannschaft, dem DFB, den Trainern und dem Team um die deutsche Nationalmannschaft.

In 120 Länderspielen durfte ich für mein Land auflaufen und Momente erleben, die unbeschreiblich schön und erfolgreich waren. Jogi Löw wusste, wie viel mir die EM 2016 in Frankreich bedeutet hat, denn ich wollte diesen Titel, den wir seit 1996 nicht mehr nach Deutschland holen konnten, unbedingt gewinnen.

Es sollte nicht sein, und ich muss es akzeptieren. Mit dem Gewinn des Weltmeistertitels 2014 ist uns historisch und auch emotional etwas gelungen, was sich in meiner Karriere nicht mehr wiederholen lässt. Deshalb ist es richtig und vernünftig, nun Schluss zu machen und der Mannschaft für die Qualifikation und die WM 2018 das Allerbeste zu wünschen. Mit dem Rücktritt verlasse ich die Nationalmannschaft, die mir immer eine wertvolle Familie war. Ich hoffe, dass die Verbindung trotzdem in der ein oder anderen Form erhalten bleibt.

Unseren Fans möchte ich zum Schluss sagen: »Es war mir eine Ehre, für Euch spielen zu dürfen, vielen Dank für alles, was ich mit Euch erleben durfte!«
Euer Bastian Schweinsteiger

»Happy birthday, my darling«, rief Ana und wartete, bis er seine Sporttaschen auf den Boden gestellt hatte, damit sie ihn umarmen konnte.

»Ich habe im ›Tattu‹ reserviert und im ›Danilo's‹. Du sagst, wem ich absagen soll.«

»Am liebsten beiden.«

Jetzt erst sah sie die beiden senkrechten Falten zwischen seinen Augenbrauen.

»Was ist passiert? Warum bringst du deine Sachen mit?«

»Weil ich nicht weiß, wohin damit.« Basti misslang das sarkastische Lächeln, mit dem er den Satz begleiten wollte.

Ana sah ihn fragend an. Als er nicht gleich eine Erklärung nachlieferte, sagte sie: »Wir stoßen jetzt mit dem Roederer Cristal, den ich im Eis habe, auf deinen Zweiunddreißigsten an, dann erzählst du mir alles.«

Basti begleitete sie in den großen Salon und öffnete die Flasche, die dort auf einem weißgedeckten Clubtischchen in einem Kübel mit Crushed Ice steckte.

Er schenkte die zwei Gläser voll, und sie stießen an.

»Darauf, dass du geboren bist«, sagte Ana.

»Und du«, antwortete er.

Sie küssten sich.

»Und auf das Ende meiner Karriere bei der ersten Mannschaft von Manchester United«, fügte Basti hinzu.

Ana erschrak.

»Mourinho will mich nicht.«

»Ich dachte, der will dich seit eurer ersten Begegnung in Barcelona vor über zehn Jahren.«

»Jetzt nicht mehr.« Es klang ernster als gewollt. »Er sagte, er plane nicht mehr mit mir.«

Und noch bitterer fügte er hinzu: »Ich solle meinen Spind räumen.«

Einen Moment verschlug es Ana die Sprache. »Du? Der Weltmeister?«

Basti zuckte mit den Schultern und trank das Glas leer. »Der ist und bleibt der Beste«, sagte er und schenkte sich nach.

Anas Glas war noch fast voll. »Das kann er doch nicht machen!«

»Doch, kann er. Er ist der Boss.«

Ana nickte nachdenklich. »Das ist das Schöne am Tennis. Da bin ich der Boss.«

Sie stand auf, holte ihr Smartphone und begann, eine Nummer zu wählen.

»Wen rufst du an?«

»›Tattu‹ und ›Danilo's‹.«

»Nein, lass. Wir gehen.«

»In welches?«, fragte Ana.

»In beide.«

Im ›Tattu‹ aßen sie eine Vorspeise, im ›Danilo's‹ eine Pizza.

»Und jetzt, was machst du?«

»Fußball spielen.«

»Wo?«

»In der zweiten Mannschaft.«

»Wirklich?«, fragte Ana überrascht. »Du schmeisst den Bettel nicht hin?«

»Das wollen die. Aber ich spiele, solange mein Vertrag läuft. Und zwar so gut, dass die mich wieder in die erste Mannschaft holen müssen.«

Und Basti trainierte, als gelte es, sich auf die Weltmeister-schaften vorzubereiten. Er war der Erste auf dem Platz oder im Fitnesscenter oder im Kraftraum. Er trainierte mit den Nachwuchsspielern, als sei er selbst noch immer einer. Immer wieder überredete er ein paar seiner viel jüngeren Mannschaftskollegen, mit ihm nach dem Training noch ein drei gegen drei zu spielen, bis es zu dunkel geworden war.

Kein Wort gegen Manchester United war von ihm zu hören, keine Kritik an Mourinho. Und er pflichtete auch den deutschen Stimmen nicht bei, die sich über sein Schicksal laut empörten. Nicht einmal seinem Bruder Tobi, der ihn immer in Schutz nahm und twitterte: »No respect!«

Im Oktober bekam er überraschend Besuch von Florian. Sie hatten zwar jede Woche Kontakt, aber diesmal hatte er sich erst am Vortag angemeldet. Es sei wichtig.

Er holte Basti am Trafford Training Center ab, und sie fuhren ins ›The Old Wellington‹ an den Cathedral Gates, Florians Lieblingspub in Manchester.

Dort setzten sie sich an einen der abgewetzten Holz-tische unter einem Ölporträt im Chop Room.

Sie bestellten beide eine Half a Pint of Bitter und zwei Steak Sandwiches with fried Onion.

»Jetzt bin ich aber gespannt«, sagte Basti.

»Tianjin will dich.«

»Tianjin, China?«

Florian nickte feierlich. »Zwanzig Millionen Dollar netto im Jahr. Unverhandelt.«

Basti schwieg. Dann winkte er dem Kellner und bestellte einen Cheesecake.

Bis er kam, schwieg er.

»Und? Was sagst du?«

Basti hob die Schultern, behielt sie ein wenig oben und ließ sie wieder fallen.

»In China? Ich? Mit zwanzig Millionen Dollar? Passt das zu mir?«

Florian überlegte nur kurz. Dann schüttelte er den Kopf. »Nein. Passt nicht.«

Sie stießen an.

»Dafür bist du jetzt so weit gereist«, sagte Basti.

»War mehr ein Vorwand, dich zu sehen.« Florian lächelte. Und fügte hinzu: »Wetten, dass da noch was kommt? Etwas, das passt.«

⚽☽

Seit Mourinho Trainer der Roten Teufel war, hatte Basti nicht mehr für die erste Mannschaft spielen dürfen. Zweihundertfünfundfünfzig Tage hatte er sein individuelles Trainingspensum durchgezogen und darum gekämpft, wieder in der ersten aufgestellt zu werden.

»Vergiss es«, hatten alle gesagt, »Mourinho hat dich abgeschrieben.«

Aber Ende Oktober durfte er zu aller Überraschung wieder mit der Ersten trainieren. Und am 27. November zum ersten Mal wieder auf der Ersatzbank Platz nehmen.

Die Fans feierten ihn wie immer, wenn sie ihn irgendwo entdeckten, sei es auf der Tribüne, sei es auf der Bank, und skandierten »Deutscher Fußballmeister«.

Sie liebten *Swainstaiger* für die gentlemanlike Art, wie er seine nach ihrer Meinung ungerechte Abschiebung durch Mourinho akzeptierte.

Am 30. November wurde er in der siebenundachtzigsten Minute eingewechselt.

Die Fans überraschten Basti mit einem Jubel, wie er ihn das letzte Mal bei seinem Abschiedsspiel gehört hatte.

Und dann: Rooney zu Ibrahimović, dieser zu Schweinsteiger, dieser wieder zu Rooney, der wieder zu Ibrahimović, dieser zu Schweinsteiger. Torschuss. Knapp am Lattenkreuz vorbei. Tosender Applaus.

Kurz darauf: Schweinsteiger zu Ander Herrera, dieser zu Ibrahimović – Tooor! Vier zu null.

Nach dem Abpfiff bescherten ihm die Fans einen mächtigen Spezial-Applaus.

Zu Hause empfing ihn Ana mit einer zärtlichen Umarmung und flüsterte ihm ins Ohr: »Congratulations. Jetzt kann ich ja zurücktreten.«

Das ›Caffe Grande Piccolino‹ in Manchester erinnerte Basti an seine Pizzerias im Gärtnerplatzviertel. Vor allem im Sommer, wenn Tische auf dem Gehsteig standen und die graue Markise heruntergelassen war.

Aber jetzt, im November, mussten sie drinnen sitzen. Immerhin an einem Fensterplatz.

Als Basti und Ana das ›Caffe Grande‹ betraten, saß Veljko Paunović schon am reservierten runden Tisch. Er hatte einen Espresso vor sich und tippte in sein Smartphone.

Basti stellte Ana vor, die beiden begrüßten sich auf Serbisch. Dann wechselten sie ins Englische und setzten sich.

Einen Moment entstand eine kleine Verlegenheitspause, während der sich die beiden Männer neugierig musterten.

Ana brach das Schweigen: »Basti könnte jeden Tag Pizza essen. Sie auch?«

Veljko lachte. »Na ja, jede Woche vielleicht.«

Er war ein ehemaliger serbischer Fußballspieler, der inzwischen einen spanischen Pass besaß, in Chicago lebte – und dort Chicago Fire trainierte.

Das Treffen hatte Florian arrangiert. Chicago Fire wollte Basti unbedingt haben, konnte ihn sich aber eigentlich nicht leisten.

Dennoch war Basti nicht ganz abgeneigt. Sein Vertrag lief zwar noch bis zum Sommer 2018, aber die Vorstellung, bis dahin als Edelreservist auf der Bank zu sitzen, wurde ihm immer unerträglicher. Und falls er noch einmal den Club wechseln würde, durfte es kein europäischer sein. Alles nach Bayern München und Manchester United war in seinen Augen ein Abstieg.

Er hatte lange mit Ana darüber gesprochen, und sie waren zu dem Schluss gekommen: Sich treffen kann man ja mal. Und die USA wären auch nicht ohne Reiz.

Und so saßen sie nun am Fenstertisch mit der weißen Marmorplatte, aßen ihre Pizza und waren sich auf Anhieb sympathisch. Das Gespräch wurde immer angeregter, und sie lachten viel.

Viele der Gäste erkannten Basti und Ana natürlich und blickten immer wieder neugierig herüber. Aber wer der dritte Gast war, wussten sie nicht. Trainer von amerikanischen Fußballclubs am Tabellenende waren in Europa nicht sehr prominent.

Beim Abschied fragte Veljko: »Kann ich Andrew Hauptman sagen, du seist interessiert?« Hauptman war der Eigentümer von Chicago Fire.

Basti antwortete: »Schon. Aber ich wechsle nur, wenn ich wieder in der Startelf der Roten Teufel bin.«

Ana hatte schlecht geschlafen und war den ganzen Tag nervös. Nicht ideal für eine Gastgeberin, fand sie. Ihre und Bastis Eltern waren zu Besuch, und sie war so mit sich selbst beschäftigt.

Es war nämlich der Tag, an dem sie ihren Rücktritt bekanntgeben würde.

»Mach es doch schriftlich, wie ich beim DFB«, hatte Basti ihr geraten.

Aber das wollte Ana nicht. »Ich will es den Fans persönlich sagen, das bin ich ihnen schuldig.« Und sie kündigte den Fans am Vortag eine wichtige Erklärung auf Facebook an. Damit sie es sich nicht anders überlegen konnte.

Immer wieder zog sie sich zurück, formulierte, was sie sagen wollte, und übte es.

Ab und zu kam sie zu Basti und den Gästen, und Basti sah ihr an, dass sie geweint hatte.

Kurz vor neunzehn Uhr ging sie in den Raum, in dem

die Kamera aufgebaut war. Die Familie versammelte sich um den Computer und wartete gespannt auf die Liveübertragung.

Ana sprach schnell. Sie erklärte, dass sie nach dreizehn Jahren professionellem Tennis die schwere Entscheidung getroffen habe zurückzutreten.

Sie sagte: »Jeder Sport verlangt eine körperliche Bestleistung, und ihr wisst, dass ich in letzter Zeit durch Verletzungen geschwächt war.«

Und: »Ich kann nur spielen, wenn ich meinen eigenen hohen Ansprüchen genüge. Und das kann ich nicht mehr.«

Sie bedankte sich mit etwas bebender Stimme bei allen Fans, die sie immer unterstützt hatten. Und der Familie, dem Management, den Sponsoren, Supportern und Freunden.

Nach knapp zwei Minuten war es vorbei. Aber es dauerte noch beinahe eine Viertelstunde, bis sie in den großen Salon kam, das Champagnerglas entgegennahm und mit allen anstieß.

»Wie war es?«, fragte sie. »Nicht zu traurig?«

»Es ist ja auch ein bisschen traurig«, antwortete Basti. Und legte den Arm um sie.

Zwei Wochen später stellte Mourinho zum ersten Mal Schweinsteiger in der Startaufstellung auf. Und zwar im Viertrundenspiel des FA-Cups gegen Wigan Athletic.

In der vierzigsten Minute erhielt Basti aus der Mitte einen weiten Pass von Rooney nach rechts.

Basti flankte herrlich in den Torraum, und Fellaini köpfte in die rechte Ecke zum eins zu null.

In der einundachtzigsten Minute, beim Stand von drei zu null für Manchester United, verwandelte Basti einen Eckball von Rooney im Torraum mit einem spektakulären Fallrückzieher mit dem rechten Außenrist zum vier zu null.

Er feierte es mit einem glücklichen Lausbubenlachen, bis die Mannschaftskollegen sich auf ihn stürzten.

Diesmal war es Basti, der Ana etwas ins Ohr flüsterte: »Jetzt kann ich ja die Mannschaft wechseln.«

Bereits Ende März zogen Basti und Ana nach Chicago. Man hatte sich mit Manchester und Chicago schnell geeinigt. Basti verdiente von nun an etwas mehr als sechs Millionen Dollar im Jahr, nicht einmal ein Drittel seines Gehalts bei Manchester. Wenn man ihn fragte, warum er auf so viel Geld verzichte, antwortete er: »Weil ich nicht auf so viel Fußball verzichten will. Ich liebe dieses Spiel.«

Im nächtlichen Flughafen von Chicago wurden sie von über fünfhundert Fans mit Sprechchören und Trommeln begrüßt. Sie trugen ein Banner mit der Aufschrift »Fußballgott«.

Bereits am nächsten Morgen erschien er zum ersten Training.

Am nächsten Tag konnte man Ana und Basti an der Seitenlinie des Basketballfeldes der Chicago Bulls sehen. Sie spielten gegen die Mannschaft von LeBron James, dem besten Basketballspieler der Welt.

In einer Auszeit sah man das Paar auf der Leinwand, und der Stadionsprecher begrüßte sie.

LeBron James ließ sich kurz von den Instruktionen des Trainers ablenken, sah zu Ana und Basti hinüber und winkte ihnen zu.

Sie winkten zurück.

»*The Chosen One* hat uns zugewinkt«, raunte Basti Ana zu. So nannte man LeBron James. Und das war auch, wie Ana wusste, die Inschrift der Parkbank am Gärtnerplatz, die sein Freund Steffen Hamann Basti gewidmet hatte.

Nach dem Spiel erhielt Basti eine Überraschung, die Ana für ihn organisiert hatte: ein Trikot von LeBron James, signiert. Etwas, was der Star sonst nie machte.

Einen Tag später spielte Basti gegen Montreal Impact sein erstes Match für Chicago Fire. Bereits in der siebzehnten Minute erzielte er mit dem Kopf sein erstes Tor für Chicago.

⚽☄

Ein Penthouse in der achtundfünfzigsten Etage des Waldorf Astoria Hotel & Residences wurde ihr Zuhause. Vor allem für Ana war es seit vielen Jahren das erste Mal, dass sie an einem festen Ort wohnte.

Sie fühlten sich in Chicago so wohl, dass sie beschlossen, sich hier niederzulassen.

Im Januar verlängerte Basti seinen Vertrag mit Chicago Fire.

Im März 2018 kam ihr Sohn Luka auf die Welt.

Für Basti war es die glücklichste Zeit seines Lebens.

Außer natürlich jetzt.

Nur vor der Hochzeit war er nervöser gewesen. Nicht vor seinem ersten Spiel als Profi. Nicht vor dem Elfmeter gegen Chelsea. Nicht vor dem WM-Finale in Rio.

Ana saß auf der Ehrentribüne, Mum, Dad, Tobi; seine Schwiegereltern Dragana, Miroslav und sein Schwager Miloš. Und fünfundsiebzigtausend Freunde und Fans.

Er stand zuoberst auf der Pressetribüne und blickte auf den Rasen, den die Flutlichter im Zwielicht des Spätsommers hellgrün leuchten ließen.

Die Arena dröhnte von »Fußballgott«-Rufen, und Basti kam es vor, als würden sie von seinem Herzklopfen übertönt.

Rummenigge hatte sein Versprechen gehalten und ein Abschiedsspiel für Basti gesponsert. Die erste Halbzeit würde er mit seiner Mannschaft aus Chicago spielen. Die zweite ein letztes Mal mit seinem FC Bayern München.

Er trug das hellgraue Trikot von Chicago Fire, wie seine Mannschaftskameraden, die unten auf dem Platz auf ihn warteten: Cleveland, Hasler, Kappelhof, Dean, Vincent, McCarty, Mihailović, de Leeuw, Nikolić und Katai.

Das Flutlicht erlosch langsam. Als es verglüht war, traf ihn ein Spot.

»So schööön. So schööön!«, sang die Arena.

Der Chor ging über zu »Fußballgott! Fußballgott!«.

Basti begann, die Treppe hinunterzugehen. Manchmal glaubte er, die eine oder andere bekannte Stimme aus der Menge auszumachen, dann verschmolzen sie wieder zu einem einzigen Organ.

Die Treppe war lang, aber einfacher zu meistern als die im Maracanã in Rio, auf der er sich damals mit letzter Kraft hinaufgequält hatte, um den Pokal des Weltmeisters entgegenzunehmen.

»Fußballgott! Fußballgott!«, schallte es empor.

Plötzlich wurde dieser Sound übertönt von *Paradise City* von Guns n' Roses.

Zu diesem Rhythmus schritt er die Treppe herunter.

Die Mannschaften begrüßten ihn stürmisch, als er bei ihnen ankam.

Am Spielrand waren die Trophäen all seiner wichtigen Titel ausgestellt: die acht Meisterschalen, die sieben DFB-Pokale, der Pott der Champions League und der World Cup.

Davor kauerte Basti kurz für ein Erinnerungsfoto, dann ging er zum Anstoß.

Der Ball wartete ungeduldig darauf, gespielt zu werden.

Die Schuhe leuchteten weiß.

Pfeif schon. Pfeif schon.

Der Schiedsrichter pfiff das Spiel an.

Ein Aufschrei erschütterte die Arena, als wäre gerade das erste Tor gefallen.

In der zweiten Halbzeit wurden die Bayern für Chicago Fire noch gefährlicher. Sie waren nun durch Schweinsteiger verstärkt. Es stand zwei zu null, als Basti zum letzten Mal mit der Rückennummer 31 im Rot der Mannschaft einlief, für die er siebzehn Jahre gespielt hatte.

Und alle Spieler von Bayern München trugen Bastis Nummer einunddreißig auf dem Rücken.

Die zweite Halbzeit wurde zu einer einzigen Hymne auf

Schweinsteiger. Bei jedem seiner Ballkontakte applaudierten die Zuschauer und vibrierte die Arena von Fußballgott-Chören. Immer wieder wogte *La Ola* über die Tribüne, alle paar Minuten erhoben sich die Fünfundsiebzigtausend zu Standing Ovations.

In der dreiundsechzigsten Minute erhöhte Robben auf drei zu null.

In der zweiundsiebzigsten feuerte Schweinsteiger aus achtzehn Metern von halbrechts ein Geschoss aufs Tor. Aber sein Chicago-Fire-Teamkollege parierte ihn brillant.

Eine solche Parade hätte ich mir von dir schon oft gewünscht, dachte Basti. Nur nicht heute.

Doch dann, in der dreiundachtzigsten Minute, klappte es. Und wie:

Basti sprintete in den Strafraum, erreichte David Alabas Zuckerflanke und lenkte das Leder volley unhaltbar in den Kasten.

Die Arena explodierte in einem einzigen Aufschrei.

Die Mitspieler stürmten zu Basti und feierten ihn, umarmten ihn, stemmten ihn in die Höhe.

Der Stadionsprecher verkündete das vier zu null mit einem fünffachen »Fußballgott!«

Ein paar Minuten später wurde das Spiel abgepfiffen.

Alle Lichter verloschen.

Ein einziger Scheinwerfer ging an und fiel auf Basti, der jetzt auf der Mitte des Platzes stand.

Er wartete, bis der Jubel sich gelegt hatte, und hoffte, dass es lange genug dauerte, damit das, was er sagen wollte, nicht von den Tränen erstickt würde.

Langsam wurde es still.

Er begann, seinen eingeübten Text aufzusagen, und sah sich dabei klein und allein im Lichtkegel stehen.

Das Schluchzen wollte ihn übermannen, aber im letzten Moment rettete ihn der Gedanke, der ihn in ähnlichen Situationen immer wieder gerettet hatte: Ich bin nichts Besonderes. Ich bin einer wie …

Und dann sagte er einfach mit fester Stimme ins Mikrofon:

»Ich bin einer von euch. Und werde immer einer von euch bleiben.«

Einer dieser Tage, die es für Basti so nur hier geben konnte. Die Luft duftete nach Tannennadeln und der Gischt der Wasserfälle, die der Sommerwind von den Gumpen hertrug.

Die Sonne war von grauweißen Wolken bedeckt, die sich über ihnen zusammenballten und denen alles zuzutrauen war.

»It's going to rain«, sagte Ana.

Basti befeuchtete den Zeigefinger und hielt ihn in die Luft, wie Dad es früher immer getan hatte. »Westwind«, stellte er fest, »der bläst die Wolken weg.«

Ana schien nicht überzeugt. Der dreijährige Luka ging an ihrer Hand. Jetzt steckte er seinen freien Zeigefinger in den Mund und hielt ihn in die Luft. »Westwind«, sagte er.

Leon, Lukas kleiner Bruder, der vor anderthalb Jahren in Chicago auf die Welt gekommen war, ritt auf Bastis Schultern. Er zog an Papas Haaren und sagte: »Wind.«

Von weitem konnten sie nun Gischt aufsteigen sehen, und dumpfes Donnern war zu hören. Sie stiegen an den glattgescheuerten schwarzen Felsen vorbei und den Fichten, die sich mit ihren dicken Wurzeln an sie klammerten, bis sie an die Stelle kamen, von der aus sie zum Wasserfall hochblicken konnten, der aus fast hundert Meter Höhe laut und schäumend herunterstürzte.

»So this is the Tatzel- … how?«, rief Ana laut, um den Lärm zu übertönen.

»Wurm«, rief Basti zurück, »Tatzelwurm!«

»Wurm«, strahlte Leon.

»Das ist ein Wurm?«, fragte Luka.

»Der heißt nur so«, erklärte Basti.

»Warum?«

»Ein Märchen. Ganz früher wohnte da einer, heißt es.«

»Sind die böse?«

»Nein«, antwortete Papa Schweinsteiger, »Tatzelwürmer sind ganz, ganz lieb.«

»Will doch lieber nach Hause«, sagte Luka.

»Yes, let's go back«, fand auch Ana.

Familie Schweinsteiger wandte sich wieder ab von der Vergangenheit und spazierte zufrieden durch die Gegenwart in die Zukunft.

Der Westwind hatte die Wolken vor der Sonne weggeblasen.

Vielen Dank an viele

Danke, Basti, dass Du mir so bereitwillig und freundschaftlich Auskunft über Dich und Dein Leben gabst und mir so großzügig erlaubtest, darüber zu berichten.

Thank you, Ana, for letting me steal a glance at your life and allowing me to discreetly write about it.

Danke, Fred Schweinsteiger, für Deine Führung am Auerbach, Deine bereitwillige und jederzeitige Auskunftsbereitschaft und die vielen Fotos, Dokumente und Anekdoten aus dem Leben Deines Sohnes und Deiner Söhne.

Danke, Tobi Schweinsteiger, für Ihre Erlebnisse mit Ihrem Bruder, Freund und Schützling Basti und die Erinnerungen an Ihre Kindheit und Jugend.

Danke, Alexander Hartl, Du langjähriger Freund und Ratgeber von Basti, für die stets gute und angenehme Zusammenarbeit und die vielen Informationen und biografischen Einblicke.

Danke, Lisa-Marie Hartl, für unsere ausführlichen Gespräche über den Helden dieses Romans und Ihr Vertrauen in meine Diskretion.

Danke, Ottmar Hitzfeld, für die präzisen Reminiszenzen und die generöse Art, wie Sie mich diese ausschmücken ließen.

Danke, Holger Badstuber, für die erste spitzbübische

Begegnung mit Ihrem Freund und Mannschaftskameraden. Und die freizügige Freigabe.

Danke, Felix Neureuther, für Deine bedenkenlose und humorvolle Autorisierung Deiner Dialoge mit Basti.

Danke, Fredy Wettstein, den ich in den vielen Jahren, in denen Du der Sportchef des *Tages-Anzeiger* und der *SonntagsZeitung* warst, immer wieder wegen Deiner wunderbaren Sprache gelesen habe. Danke für Deine Informationen, Deine Tipps, Deine Augenzeugenberichte, Deine Kontakte und Deine Texte (z. B. auf den Seiten 41, 78 f., 165 f., 291 f.).

Danke, Käthe Bergmann, für die professionelle Hilfe bei den Recherchen, die genauen Quellenangaben, die Detektivarbeit in der Chronologie und Deine herzerfrischende Art bei alldem.

Danke, Sarah-Luisa Louzil, stellvertretend für das Family Office Team in München, für die geduldige, präzise und liebenswürdige Koordination des Informationsaustauschs aller Beteiligten.

Danke, Stefanie Saier, für die wiederum schnelle und druckreife Transkription meiner Interviews.

Thank you, Amy La Branch, for the smooth, expeditious and faultless transcription of my interviews.

Danke, Benjamin von Stuckrad-Barre, für Deine Hinweise auf vieles, das mir sonst verborgen geblieben wäre.

Danke, Mitarbeiterinnen und Mitarbeiter des Diogenes Verlags, für die Flexibilität, die Ihr für mich immer wieder aufbringen musstet.

Danke, Thomas Schär, für die juristische Hilfe rund um die Entstehung dieses Romans, die kompetente Beratung in

Sachen Vertrags-, Zitats- und Persönlichkeitsrecht und die angenehme Zusammenarbeit.

Danke, Margrith, erste Leserin und Frau meines Lebens, für Deine strenge, aber immer konstruktive Kritik und Dein Verständnis für … ach was, alles.

Danke, meine liebe Tochter Ana, und verzeih, dass Du während dieser Arbeit, von mir fast unbemerkt, fünfzehn geworden bist.

Danke an alle, die mir nicht übelnehmen, dass sie da und dort zu Romanfiguren geworden sind.

Im Andenken an Stephan Beckenbauer und Christa Schweinberger, die viel zu früh von uns gegangen sind.

Zitatnachweis

S. 41: »Matthäus … Traumpass Völler …« Gerd Rubenbauer und Karl-Heinz Rummenigge im BR-Fernsehen, *Deutschland gegen Argentinien*, 08.07.2015, https://www.br.de/mediathek/video/deutschland-gegen-argentinien-das-wm-finale-1990-in-voller-laenge-av:5b682a16379a0600183e0a1f Aufgerufen am 18.10.2021

S. 73 und S. 82: »So tell me what you want …« Aus: *Wannabe* von den Spice Girls. Geschrieben von den Spice Girls, Matt Rowe und Richard Stannard, erschienen 1996 zunächst als Debüt-Single und danach auf dem Album *Spice* bei Virgin.

S. 135: »Das eine hat mit dem anderen …« Aus: Torsten Rumpf, *Völler verzichtet auf Deisler: »Gibt ein Leben nach der EM«*, DIE WELT, Berlin, 22.05.2004, S. 26

S. 135: »Wer meine Aussagen verfolgt hat …« Aus: Christian Zaschke, *Loyal, wie immer*, Süddeutsche Zeitung, München, 25.05.2004, S. 31

S. 138: »Schweinsteiger hat mich mit seiner frechen Art …« Aus: Walter M. Straten, Wolfgang Ruiner et. al., *Nowotny raus! Schweini rein!* BILD Bund, Berlin, 11.06.2004, S. 10

S. 139 f.: »Ihr könnt mich nachts um drei …« Aus: Jörg Kramer, *Der Filou und die Hoffnung*, DER SPIEGEL, Hamburg, Nr. 25, 13.06.2004, S. 180

S. 140: »Das ist ein sehr guter Fußballer …« Aus: Alexander Laux, *Schweinsteiger – ein guter Griff*, Hamburger Abendblatt, Hamburg, Nr. 139, 17.06.2004, S. 28

S. 141: »Sebastian ist ein richtiger Straßenfußballspieler …« Aus: Torsten Rumpf, *Schweinsteigers Frechheit nervt die Mitspieler*, DIE WELT, Berlin, Nr. 142, 21.06.2004, S. 31

S. 145: »Er hat großes Glück …« Aus: Raimund Hinko und Berries Bossmann, *Wie Hoeneß Ismaël holte*. SPORT BILD, Berlin, Nr. 23, 08.06.2005, S. 28

S. 151: »Magath macht Schweini zur Sau.« Aus: Jörg Althoff, *Magath macht Schweini zur Sau*, SPORT BILD, Berlin, 05.01.2006, S. 13

S. 154: »Wie tief stecken sie im Wett-Sumpf? …« Aus: Gerald Selch und Max Breitner, *Wie tief stecken sie im Wett-Sumpf?*, tz, München, 16.03.2006

S. 158: »Er wird bei uns bald den Kopf frei haben …« Oliver Bierhoff zu Bernd Salamon, *Bei uns ist sein Stellenwert groß*, kicker.de (Olympia-Verlag), Nürnberg, 02.05.2006, https://webcache.googleusercontent.com/search?q=cache:clK_Vp TQI3YJ:https://www.kicker.de/bei-uns-ist-sein-stellenwert-gross-331816/artikel+&cd=1&hl=de&ct=clnk&gl=ch Aufgerufen am 18.10.2021

S. 165: »Die Kinder wünschen sich …« und »Das Bild unseres Landes …« Aus: Gunter Gebauer, *Feiern und Trauern*, Berliner Zeitung, Berlin, Ausgabe 155, 06.07.2006, S. 34

S. 166: »Ich bin Sechzger …« Flo Weber zu Benjamin Kuhlhoff, *»Hau ab, du Bayern-Sau!«*, 11 Freunde, Berlin, 31.5.2013, https://11freunde.de/artikel/hau-ab-du-bayern-sau/582314 Aufgerufen am 18.10.2021

S. 171: »Die Entscheidung steht …« Bastian Deisler im BR Fernsehen, 16.01.2017. https://www.ardmediathek.de/video/br24zeitreise/ruecktritt-fussballprofi-sebastian-deisler/br-fernsehen/Y3JpZDovL2JyLmRlL3ZpZGVvLzdkYzBlYzEz LTAyOTAtNDY4Yyo5MTEyLTNjZGIyYmRlOWJiNA/ Aufgerufen am 18.10.2021

S. 173: »Seit der WM wird Bastian …« und »Für mich ist es …« Aus: Christian Falk, *Seine tiefe Krise*, SPORT BILD, Berlin, Nr. 9, 28.02.2007, S. 39

S. 173: »Dem Schweini haben in den letzten sechs Monaten …« Uli Hoeneß zu Kai Traemann, *Schweini wurde zu viel Puderzucker in den Hintern geblasen*, bild.de, 13.01.2007. https://www.bild.de/sport/bundesliga/hoeness-schweinsteiger-bayern-1259050.bild.html Aufgerufen am 18.10.2021

S. 173: »Ich werde nie aufhören …« Aus: Markus Lotter, *Kritik setzt Kräfte frei*, DIE WELT, Berlin, Nr. 83, 10.04.2007, S. 25

S. 173: »Er muss endlich merken …« Aus: Kai Traemann, *Hoeneß knöpft sich Schweini vor*, SPORT BILD, Berlin, 07.04.2007, S. 15

S. 186: »Schweinsteiger ist auch seit Wochen …« Aus: Michael Neudecker, *Ein Spiel ohne Antworten*, Der Tagesspiegel, Berlin, Nr. 19813, 11.02.2008, S. 22

S. 201: »Das Wichtigste ist …« Aus: Holger Gertz und Alexander Gorkow, *Respekt*, Süddeutsche Zeitung, München, 21.04.2010, S. 3

S. 210: »Da ja doch einige Spieler …« Aus: Andreas Lehner, *FC Bayern Jahreshauptversammlung*, spox.com, 27.11.2009, https://www.spox.com/myspox/blogdetail/FC-Bayern-Jahreshauptversammlu,62162,40.html Aufgerufen am 18.10.2021

S 213: »Wenn Bastian der Chef ist …« Aus: Jörg Althoff und Mario Volpe, *Schweini. Vom Bubi zum Boss*, SPORT BILD, Berlin, Nr. 253, 29.10.2010, S. 11

S. 228: »Schweinsteiger ist der emotionale Leader …« Aus: *Löw über einen weiteren Führungsspieler*, taz, die tageszeitung, Berlin, 12.06.2010, S. IV

S. 267: »Wir haben zwar in sechs Tagen …« Aus: *Rummenigges Bankettrede: Heute machen wir die Nacht zum Tage*, erstellt am 26.05.2013, https://fcbayern.com/de/news/2013/05/heute-machen-wir-die-nacht-zum-tage Aufgerufen am 18.10.2021

S. 333: »Whenever I'm alone with you ...« Aus: *Lovesong* von The Cure. Geschrieben von Robert Smith und Dave Allen, erschienen 1989 auf dem Album *Disintegration* bei Fiction Records. Adeles Coverversion erschien 2011 auf ihrem Album *21* bei XL Recordings / Columbia Records.

S. 353 f.: »Liebe Fans der deutschen Nationalmannschaft ...« Veröffentlicht auf Bastian Schweinsteigers Facebook-Account am 29. 07. 2016, https://m.facebook.com/BastianSchweinsteiger/photos/liebe-fans-der-deutschen-nationalmannschaft-ich-habe-soeben-den-bundestrainer-ge/10154382268729723/Aufgerufen am 18. 10. 2021

Martin Suter arbeitet mit reMarkable.

Martin Suter
Elefant

Roman · Diogenes

Roman
352 Seiten
Auch erhältlich als eBook, Hörbuch und Hörbuch-Download

Ein Wesen, das die Menschen verzaubert: ein
kleiner rosaroter Elefant, der in der Dunkelheit
leuchtet. Plötzlich ist er da, in der Höhle des Ob-
dachlosen Schoch, der dort seinen Schlafplatz
hat. Wie das seltsame Geschöpf entstanden ist
und woher es kommt, weiß nur einer: der Gen-
forscher Roux. Er möchte eine weltweite Sensation daraus machen. Allerdings wurde es ihm ent-
wendet. Denn es gibt auch Leute, die es beschützen
wollen, etwa der burmesische Elefantenflüsterer
Kaung.

Martin Suter
*Allmen
und der Koi*

Roman · Diogenes

Krimi
224 Seiten
Auch erhältlich als eBook und Hörbuch-Download

Eine Einladung von »Unbekannt« lockt Allmen
nach Ibiza auf ein exklusives Anwesen. Die De-
tektei Allmen International erhält den Auftrag,
den verschwundenen Koi »Boy«, fast eine Milli-
on wert, ausfindig zu machen. Allmen und seine
Crew finden diskreten Zutritt zur abgeschirmten
Welt der Insel-High-Society und bekommen Ein-
blick in eine kuriose Sammelleidenschaft.